LA SECONDE GUERRE MONDIALE
en couleurs

un grand reportage photographique

LA SECONDE GUERRE MONDIALE
en couleurs

un grand reportage photographique

Larousse

17, rue du Montparnasse, Paris

La rédaction des textes et le choix de l'illustration
de cet ouvrage ont été assurés par

Philippe Masson

agrégé de l'Université, docteur ès lettres
professeur à l'École de guerre navale
chef de la section historique du Service historique de la marine

avec le concours de
Jacques Grandremy et **Alain Melchior-Bonnet**

Documentation iconographique
Bernard Crochet, Mathilde Griscelli, Viviane Seroussi
et le service des Archives photographiques Larousse

Cartographie
Jean Barbier (S. F. E. R. C.), **Pierre Dufourcq, Michèle Bézille**

Correction-révision
Bernard Dauphin, Nicole Chatel

Mise en pages
Frédérique Longuépée et **Henri Serres-Cousiné**

AVANT-PROPOS

Les débuts de la Seconde Guerre mondiale remontent à près de quarante-cinq ans. Pourtant, l'intérêt suscité par le gigantesque conflit qui mit aux prises les différents peuples ne se dément pas, comme le prouve le flot régulier des publications qui en concernent tous les aspects et qui ne cessent de trouver une audience passionnée auprès du public. Il y a là un intérêt largement justifié par l'ampleur d'un affrontement sans précédent, dont le dénouement commande encore aujourd'hui les données du monde contemporain.

De fait, à la différence de ce qui s'était passé lors de la guerre de 1914-1918, le second conflit, qui a entraîné la disparition de 50 millions de personnes, offre une dimension véritablement mondiale. Les opérations militaires ne se sont pas limitées à la vieille Europe. Elles ont touché l'Afrique du Nord, le Proche-Orient, l'Extrême-Orient. La lutte navale ne s'est pas davantage cantonnée aux mers du Nord, à la Méditerranée ou à l'Atlantique : elle s'est étendue à l'océan Indien et au Pacifique.

Ce conflit planétaire marque un tournant dans l'histoire militaire, avec la réhabilitation spectaculaire de la guerre de mouvement, qui a permis de triompher de l'impasse coûteuse observée de 1914 à 1918. Jusqu'en 1942, les victoires retentissantes de l'Allemagne reposent sur les techniques de la blitzkrieg, grâce à l'association étroite du char et de l'avion. Comme l'avait pressenti le général de Gaulle en juin 1940, la victoire de 1945 sur l'Axe devait être obtenue par les Alliés avec les mêmes moyens, à une échelle encore plus grandiose. Toujours sur le plan militaire, la Seconde Guerre mondiale se signale par l'ampleur, inconnue jusqu'alors, des opérations combinées, qui ont abouti au redéploiement des armées anglo-saxonnes en Europe après les débarquements d'Italie et de France, et à la victoire américaine dans le Pacifique.

Dernier trait enfin. Le rôle de l'avion a largement dépassé le cadre tactique et celui de soutien des armées engagées sur le champ de bataille. L'arme aérienne s'est progressivement tournée vers les bombardements stratégiques, qui ont permis d'atteindre l'arrière de l'ennemi, considéré jusque-là comme un sanctuaire inviolable à l'abri des opérations militaires. L'Allemagne et le Japon devaient avoir le tragique privilège de faire l'expérience d'une forme de lutte élevée à la troisième dimension et qui a trouvé sa conclusion avec les bombes atomiques de Hiroshima et de Nagasaki.

À la faveur de cette énorme mutation, de nouveaux systèmes d'armes ont fait leur apparition. Le porte-avions a ravalé le cuirassé au rôle de brillant second. Le sous-marin à hautes performances de 1945 annonce le bâtiment à propulsion nucléaire contemporain. Des engins entrés en service à la fin du conflit — avions à réaction, roquettes, missiles type V1 ou V2 — dériveront les armes les plus sophistiquées en usage dans les forces d'aujourd'hui, tandis que le radar et le sonar ont conduit à une révolution de la détection.

Le conflit se caractérise encore par une mobilisation considérable de toutes les ressources démographiques et économiques des belligérants, confrontés au problème des armes et des armées. Il s'agit non seulement de rassembler des millions d'hommes, mais aussi de les nourrir et de les équiper dans le cadre d'une conversion totale des économies. Il s'agit également de soutenir le moral aussi bien des combattants que de l'arrière, tout en sapant celui de l'adversaire. Dans un affrontement à caractère idéologique mettant en jeu des régimes de conceptions fondamentalement opposées, la propagande, favorisée par le développement des médias, a pris une ampleur de tout premier plan au point de mériter le nom d'arme psychologique.

Comme l'avait pressenti Clausewitz à l'aube du XIXe siècle, la Seconde Guerre mondiale offre une image saisissante de l'« escalade aux extrêmes » avec un acharnement et une cruauté illustrés dramatiquement par le génocide des Juifs, l'univers concentrationnaire, les raids de terreur sur les agglomérations urbaines ou le calvaire des populations de l'Allemagne orientale lors de l'offensive soviétique de 1944-45.

La Seconde Guerre mondiale constitue enfin un tournant capital dans l'histoire de l'humanité. Son aboutissement donne, en grande partie, la clé du monde actuel. Elle consacre tout d'abord le déclin de l'Europe amorcé en 1919. En dépit d'un indiscutable redressement économique et du maintien d'une forte capacité créatrice, le vieux continent se trouve de nos jours à l'ombre de l'histoire, privé de toute possibilité de peser directement sur le cours des choses et d'orienter son propre devenir.

Même s'il n'y a pas eu à proprement parler de partage à Yalta ou à Potsdam, le conflit est à l'origine d'un monde bipolaire, dominé par deux superpuissances nucléaires, les États-Unis et l'Union soviétique. Par la logique même de son déroulement, par sa victoire sur toutes les formes de fascisme, la guerre a consolidé le système libéral tout en donnant une très forte impulsion au communisme, qui a découvert un remarquable champ d'expansion en Europe orientale et en Extrême-Orient. La guerre s'est trouvée, par ailleurs, la cause indirecte du vaste processus de la décolonisation, qui ne devait s'achever qu'au cours des années 60. Le plus souvent, enfin, dans nombre de pays, les clivages politiques et les manières de vivre procèdent des orientations et des options prises lors des années de guerre.

DANS CETTE PERSPECTIVE, l'ouvrage présenté ici ne peut se confondre avec les publications existantes concernant la Seconde Guerre mondiale. Il s'agit d'un ouvrage d'une conception entièrement neuve fondée sur une documentation intégralement photographique. Cette documentation retient l'attention par sa richesse — près de 650 documents — et surtout par un caractère exceptionnel : l'emploi exclusif de photographies en couleurs d'époque. Le fait mérite d'autant plus d'être remarqué que cette technique n'en est alors qu'à ses débuts, même si les Allemands, à la veille même du conflit, ont joué le rôle de pionniers en la matière.

Soulignons encore que ces documents, rigoureusement authentiques, ont été, au prix d'années de recherches, empruntés à tous les belligérants. On pourra d'ailleurs constater la remarquable qualité de la grande majorité d'entre eux, notamment ceux d'origine allemande ou américaine. Cette documentation ne se limite pas à des scènes de combat. Elle concerne aussi la vie quotidienne de l'arrière, ainsi que des reproductions d'affiches ou de tableaux. Parmi ces photographies, une soixantaine occupent une pleine page et ont été retenues autant pour leur intérêt anecdotique que pour leur caractère spectaculaire.

Indépendamment de cette documentation d'une richesse inestimable, l'ouvrage présente une seconde originalité. Bénéficiant d'un classement par ordre alphabétique, destiné à en faciliter la consultation, il offre l'aspect d'un film retraçant, en quelque sorte, toutes les étapes de la guerre. Cet aspect se trouve renforcé par l'importance des légendes. Très substantielles, à la fois précises et concises, elles dépassent le cadre strict de ce qu'elles commentent et réintègrent l'image dans l'ensemble de l'évolution du conflit.

Au total, beaucoup plus que d'un simple album, le lecteur dispose d'un véritable livre d'histoire dans une conception entièrement inédite, qu'agrémente, en outre, une cartographie en couleurs constituée de cartes politiques et, naturellement, militaires qui permettent de suivre l'évolution des opérations sur leurs différents théâtres. Ainsi conçu, cet ouvrage apparaît donc comme le complément nécessaire du *Dictionnaire de la Seconde Guerre mondiale* qui l'a précédé.

Table des matières

Les hors-texte **pages**

L'EUROPE DE 1919 A 1923

L'EUROPE DES DICTATURES DE 1920 A 1939

L'EUROPE DES DICTATURES

Extension de 1920 à 1939

LA GUERRE ECLAIR EN EUROPE

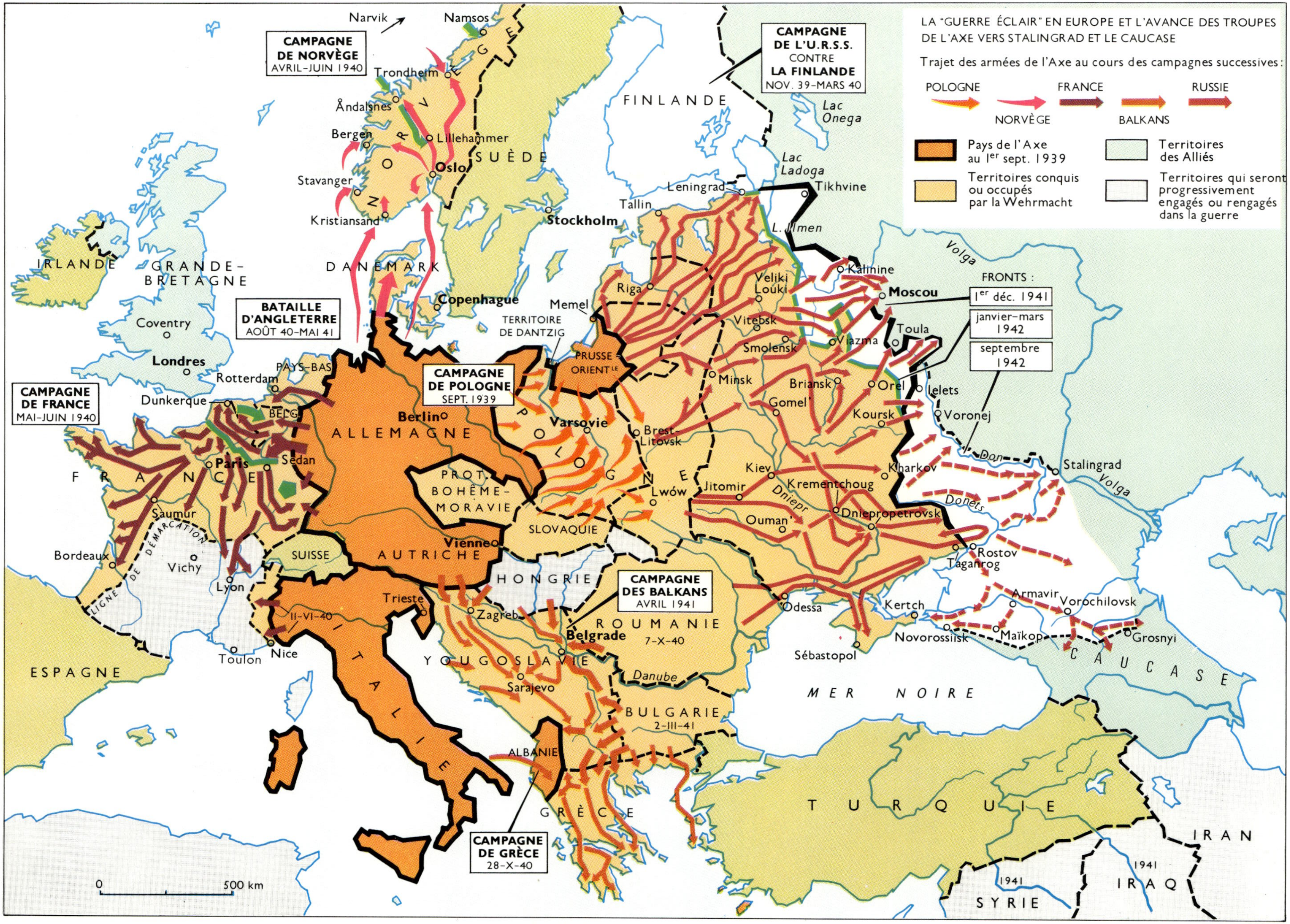

L'APOGÉE DES PUISSANCES DE L'AXE EN 1942

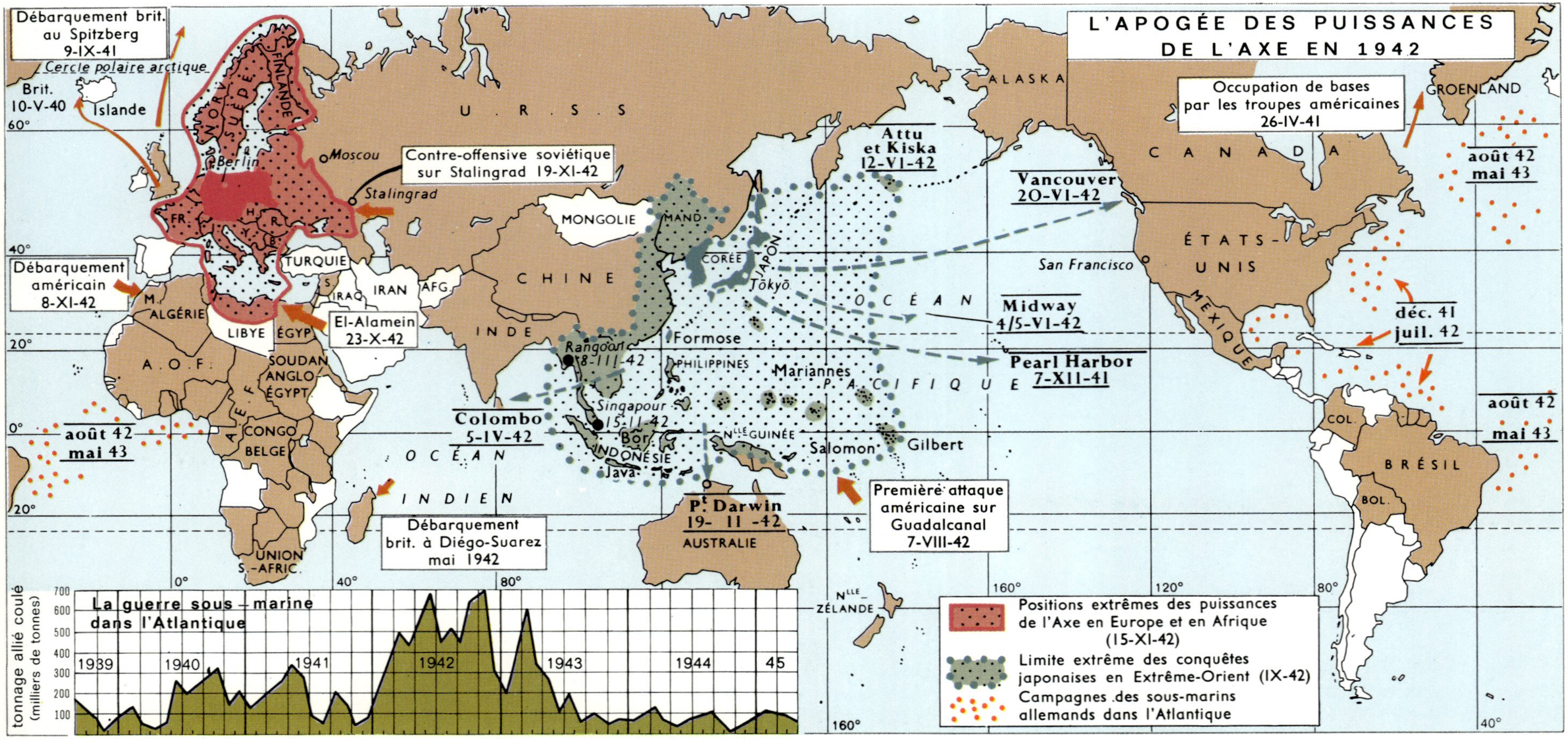

L'OFFENSIVE JAPONAISE 1941-1942

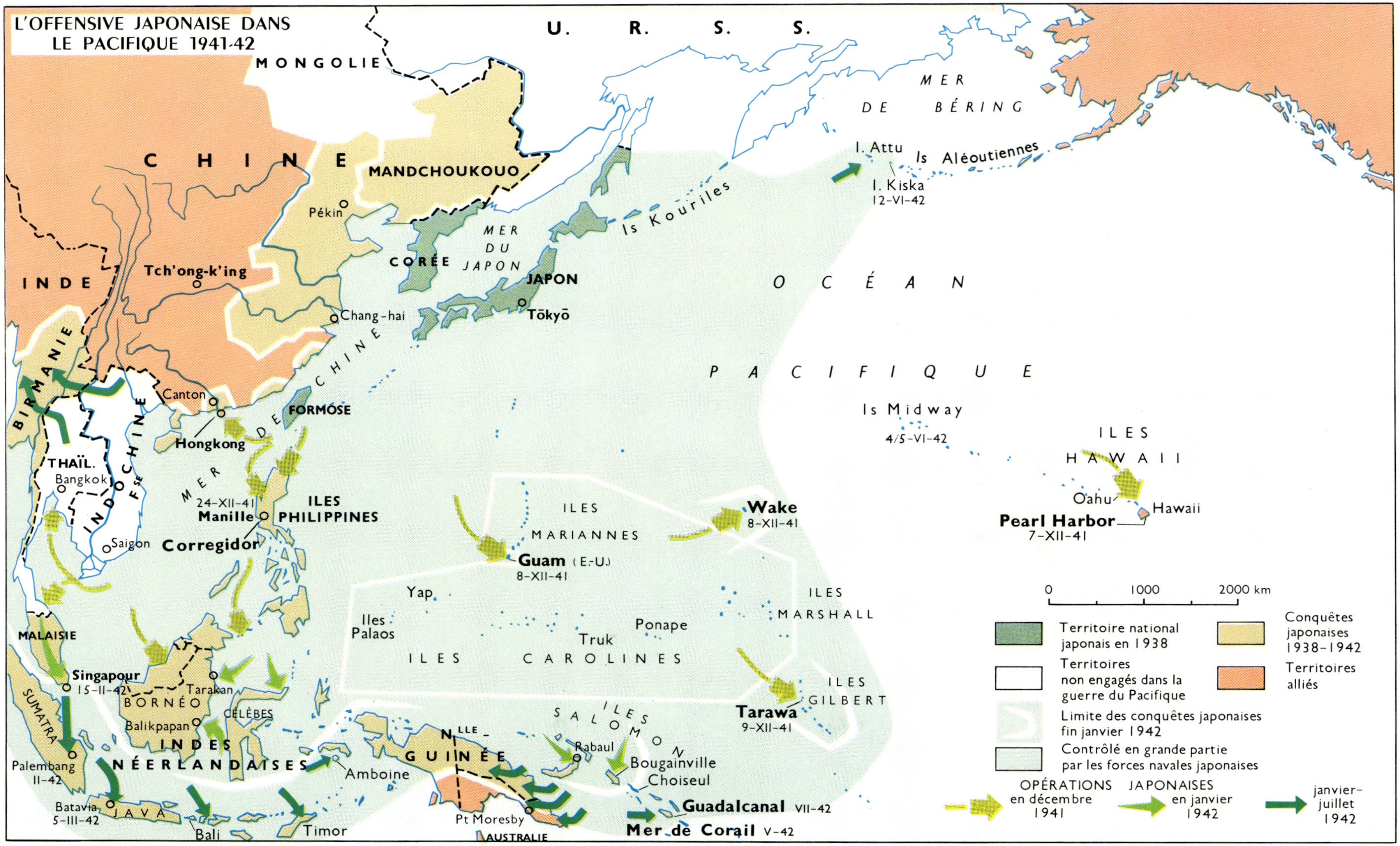

LA RECONQUÊTE AMÉRICAINE DU PACIFIQUE 1943-1945

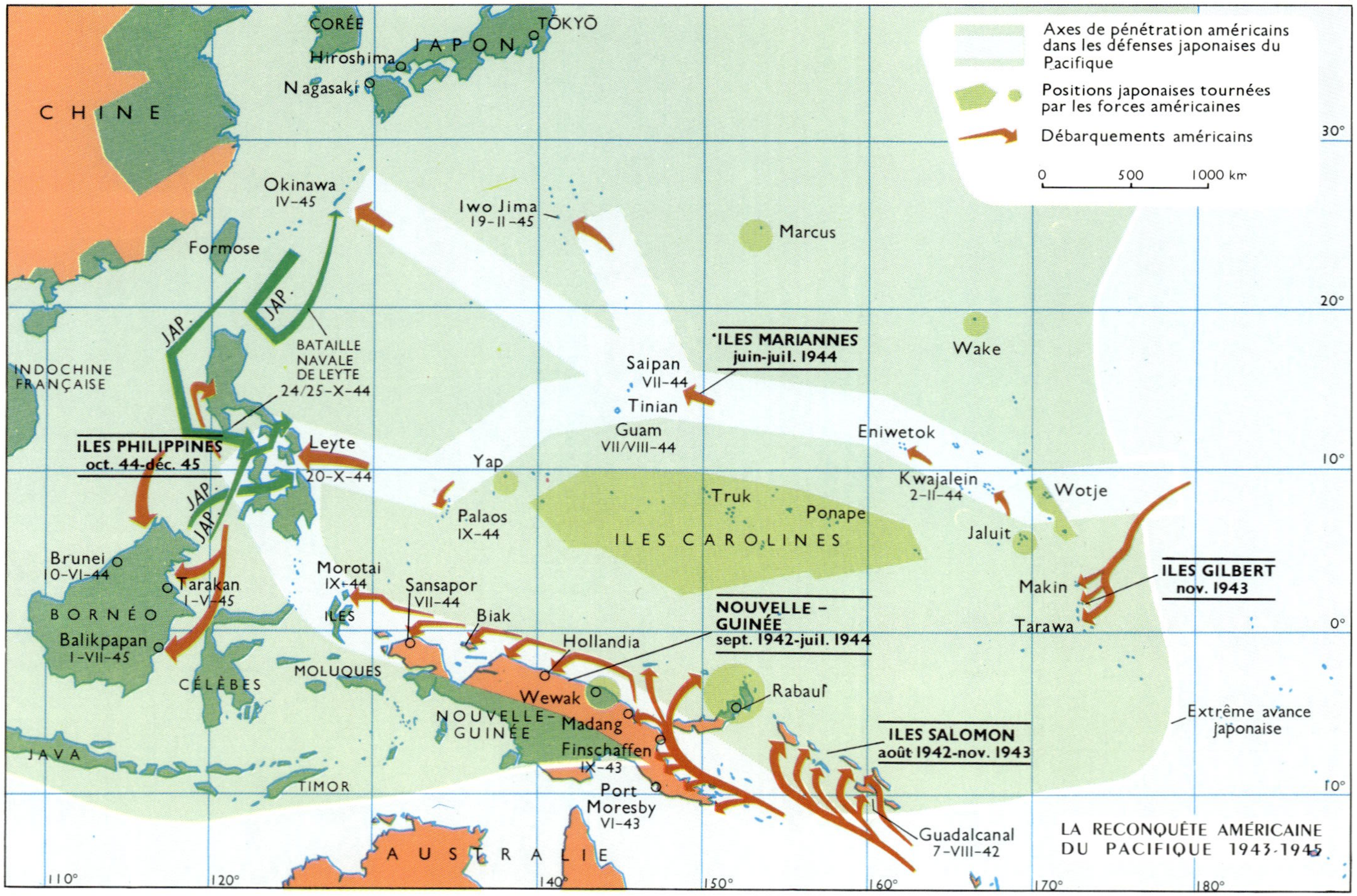

LA LIBÉRATION DE LA FRANCE

LA LIBÉRATION DE L'EUROPE

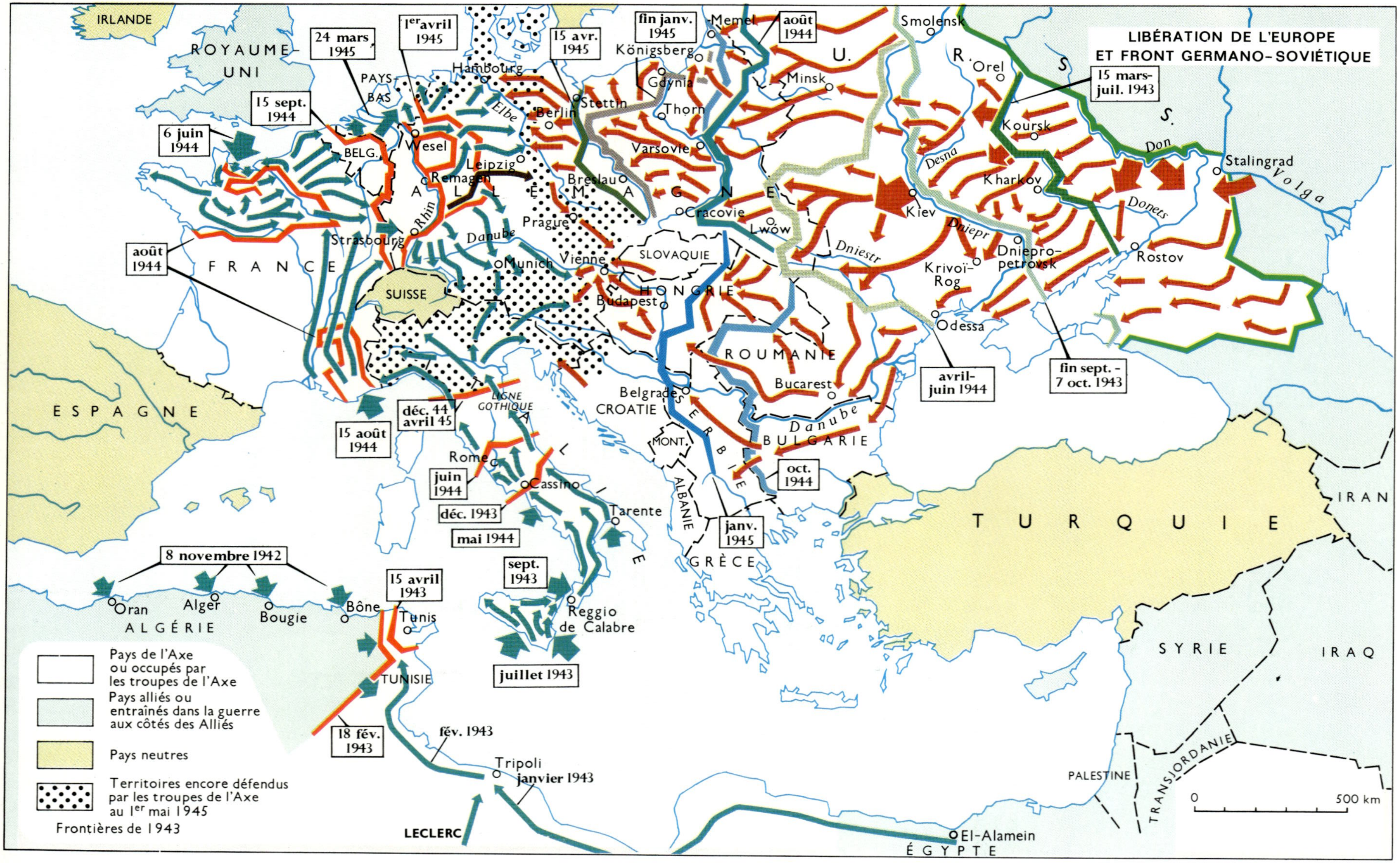

Ci-contre, un bombardier léger allemand Junkers « Ju-87 », ou « Stuka », larguant ses bombes. Le « Stuka » (*Sturzkampfflugzeug*, avion de combat en piqué) est le célèbre appareil de bombardement utilisé en Espagne et pendant la campagne de 1939-40. Il fut le principal artisan des victoires allemandes de la Blitzkrieg, la « guerre éclair », où, associé aux blindés, il mit en évidence le rôle décisif de l'aviation tactique. L'action des « Stuka » était rendue plus terrifiante encore par l'usage de sirènes déclenchées au moment des piqués. Sur le front russe, il fut un redoutable destructeur de chars. (Coll. M. Rieussec.)

La guerre aérienne : chasseurs lourds allemands Messerschmitt « Bf-110 ». Au cours des campagnes de Pologne et de France, le « Bf-110 », employé à des missions d'attaque au sol, ne déçut pas. Mais, durant la bataille d'Angleterre, son efficacité de chasseur fut nulle et il se révéla peu maniable et trop lent face aux chasseurs britanniques. Il devint par la suite un très bon chasseur de nuit. (Phot. Parimage.)

La défense aérienne : batterie côtière britannique de défense antiaérienne en tourelle navale, en action de nuit, en 1944. Au premier plan, le télémètre qui donne les indications de la distance de l'objectif. (Phot. Imperial War Museum.)

La guerre aérienne : *ci-contre,* bombardiers lourds britanniques « Lancaster ». Le « Lancaster » est le plus fameux et le plus réussi des appareils de bombardement lourd de la RAF. De 1942 à 1945, il fut utilisé intensivement dans les grands raids contre l'Allemagne. *Ci-dessous,* une base allemande avec des « Stuka » en cours d'armement. L'aspect particulièrement disgracieux des appareils est encore accentué par la décoration en gueule de requin. Les bombes sont apportées par des chariots spéciaux, qui les mettent en place sur des rails de lancement fixés sous le fuselage, devant le capot du radiateur. Les « Stuka » pouvaient porter des bombes d'un poids maximal de 500 kg.

(Phot. Imperial War Museum et phot. Larousse, doc. Signal.)

L'aéronavale : *ci-dessus*, le pont d'envol d'un porte-avions britannique de la classe *Illustrious*, au large de la Tunisie, en 1942. Plusieurs appareils, d'origine américaine, sont des Grumman F4F « Wildcat ». Sous la dénomination de « Martlet-I », un certain nombre de ces chasseurs, fournis par les États-Unis au titre du prêt-bail, servirent en Angleterre. *Ci-contre*, le porte-avions américain *Enterprise*, surnommé par les historiens navals le « survivant du Pacifique », après avoir échappé au désastre de Pearl Harbor et réussi, quoique endommagé à maintes reprises, à traverser toute la durée du conflit. Il participa à presque tous les engagements majeurs de la guerre aéronavale contre le Japon.

(Phot. Imperial War Museum et US Navy.)

L'aéronavale : *ci-dessus,* un avion-suicide japonais touché par la DCA américaine va s'écraser sur l'eau près d'un porte-avions d'escorte US de l'escadre du contre-amiral Sprague, pendant la bataille de Leyte (25 octobre 1944). *Ci-contre,* épave d'un chasseur japonais « Zero » abattu dans les îles Salomon (1942). Le Mitsubishi 12 Shi A6M type 0 « Zeke » ou « Zero » fut le plus célèbre et le plus fabriqué des appareils japonais de la Seconde Guerre mondiale. Jusqu'en 1943 il surclassa les chasseurs américains et constitua l'élément de base de l'aéronavale japonaise. D'une maniabilité exceptionnelle, il était supérieur dans les combats tournoyants à tous les autres appareils en service. (Phot. Photri et US Navy.)

2491

Les aéroports. Au cours de la Seconde Guerre mondiale, les équipes d'entretien des différentes armées de l'Air furent amenées à opérer sous toutes les latitudes. On voit ici un groupe de « rampants » de la Luftwaffe procéder sur un terrain de Libye à un échange de moteur sur un chasseur Messerschmitt « Bf-109 », au moyen d'une « chèvre ». (Phot. Time-Life-Colorific !)

Rassemblement d'un groupe d'avions allemands sur un terrain de Cyrénaïque, en Libye, au cours de l'été 1941. Indépendamment de deux chasseurs « destroyers » Messerschmitt « Bf-110 », au premier plan, ces appareils comptent essentiellement des Junkers « Ju-52 ». Ces trimoteurs, dérivés d'un appareil commercial de l'avant-guerre et utilisés pour le bombardement en Espagne, s'identifièrent à la « bonne à tout faire » de la Luftwaffe sur tous les fronts. Ils furent employés pour le lancement de parachutistes, comme avions sanitaires et pour le transport de renforts et de matériels. Robuste, se contentant de terrains sommaires, le Junkers « Ju-52 » était handicapé par la faiblesse de sa vitesse et son manque d'armement qui en faisaient une proie facile pour les chasseurs. (Phot. Roger-Viollet.)

Les troupes aéroportées. Inaugurée par les Allemands en 1940, au cours de l'offensive à l'ouest, en attendant l'attaque contre la Crète de juin 1941, l'arme aéroportée fut immédiatement copiée par les Anglo-Américains. On assiste ici, en Angleterre, à un exercice de saut à partir d'une tour d'entraînement métallique.

(Phot. Imperial War Museum.)

Dès 1940, les Allemands utilisèrent l'arme aéroportée sous deux versions, parachutes et planeurs. Les Anglais s'inspirèrent de ces deux formules. Lors des grands débarquements, comme ceux de Sicile ou de Normandie, ou lors de l'opération d'Arnhem, ils utilisèrent des planeurs qui offraient l'avantage d'une grande précision d'atterrissage et d'une capacité de transport pouvant concerner des armes lourdes, mortiers, canons antichars... (Phot. Imperial War Museum.)

Groupe de soldats de l'Afrikakorps au milieu des ruines du temple d'Apollonia, en Cyrénaïque. Bénéficiant d'un équipement adapté à la guerre dans le désert, casque de liège, tenue kaki, brodequins de toile, les soldats destinés à la Libye avaient subi un entraînement spécial dans les landes sablonneuses du Brandebourg.

(Phot. Signal, coll. Tallandier.)

L'Afrikakorps. Pour éviter un effondrement italien en Afrique du Nord, Hitler décida d'envoyer, au début de 1941, l'Afrikakorps en Libye. Les premiers éléments de la 5e Leichtdivision, un régiment blindé à 150 chars, débarquèrent ainsi, en février 1941, à Tripoli. Le passage put s'effectuer sans encombre grâce aux bombardements intenses de la Luftwaffe sur Malte.

(Phot. Larousse, doc. Signal.)

Dès leur arrivée en Afrique, les deux grandes unités de l'Afrikakorps, comprenant la 15e et la 21e Panzer, rétablirent la situation en Libye, refoulant les Anglais en direction de la frontière égyptienne et investissant Tobrouk. À la tête de l'Afrikakorps, Rommel devait démontrer que le désert se prêtait admirablement à la manœuvre des chars. On voit ici un officier observer les positions britanniques à la binoculaire.

(Phot. Signal, coll. Tallandier.)

Les Aléoutiennes. Pendant toute la guerre du Pacifique, les Aléoutiennes ne constituèrent qu'un théâtre secondaire. Toutefois, en juin 1942, les Japonais, à titre de diversion de l'opération de Midway, occupèrent les îles de Kiska et d'Attu. Ils n'en tirèrent aucun bénéfice et ce sont des raisons purement politiques qui amenèrent les Américains à réoccuper ces deux positions un an plus tard. (Phot. Dmitri Kessel - Time-Life - Colorific !)

Le débarquement en Afrique du Nord. Troupes américaines débarquant dans le cadre de l'opération *Torch.* Lancée en novembre 1942, cette opération constitua le point de départ de la reprise de l'offensive anglo-américaine à destination de l'Europe. Mettant en jeu 100 000 hommes et un important matériel, elle permit dans l'immédiat l'occupation du Maroc et de l'Algérie et la rentrée de l'armée française d'Afrique dans la guerre. Elle devait cependant conduire à la dure campagne de Tunisie, qui ne s'acheva qu'en mai 1943. (Phot. Dmitri Kessel - Time-Life - Colorific !)

Alexander (à la gauche de Churchill). Excellent tacticien et bon diplomate, après avoir dirigé la retraite difficile de Birmanie, il reçut le commandement du théâtre du Moyen-Orient et joua un rôle décisif dans le redressement d'El-Alamein. Adjoint d'Eisenhower à partir de février 1943, il dirigea jusqu'à la fin les opérations en Italie, regrettant constamment un manque de moyens qui lui auraient permis d'arracher la décision sur ce théâtre. On reconnaît également sur ce document, pris en 1944, le général Leese commandant la VIIIe armée en Italie. (Phot. Imperial War Museum.)

La campagne d'Alsace. La libération de Colmar, la dernière grande ville d'Alsace encore tenue par les Allemands, au début de 1945, ne fut obtenue qu'après plus de dix jours de combats acharnés. Pour briser la résistance allemande de la « poche de Colmar », il fallut engager 4 divisions de la Ire armée française de De Lattre de Tassigny et tout un corps d'armée américain.

(Phot. Larousse.)

Première Armée Française

HABITANTS DE COLMAR

Après quatre ans et demi d'oppression et de souffrances, quatre ans et demi d'une séparation si cruelle à nos cœurs, votre Cité retrouve la Mère Patrie et le Drapeau Tricolore.

Fraternellement unis, les Français de la 5ème Division Blindée et les fantassins des Divisions Américaines ont pénétré aujourd'hui 2 Février dans la ville de COLMAR, à laquelle notre manœuvre a voulu épargner les destructions de la bataille.

Désemparé, l'Allemand bat en retraite.

Désormais, toute menace écartée, sous la protection de nos troupes, vous êtes rendus à la liberté et à la vie française.

Au nom du Général de GAULLE, Chef du Gouvernement, Chef Suprême des Armées et Libérateur de la France, je salue la population de COLMAR, les vivants, présents ou absents, et les morts.

P. C., le 2 Février 1945

LE GÉNÉRAL D'ARMÉE DE LATTRE DE TASSIGNY
Commandant en chef la Première Armée Française
J. DE LATTRE

Une semaine après l'entrée des Alliés à Colmar, toute l'Alsace se trouvait pratiquement libérée. Cet événement donna l'occasion au vieux dessinateur Hansi, qui avait incarné avant la Première Guerre mondiale la protestation de l'Alsace contre l'oppression allemande, de manifester la joie des Alsaciens libérés et d'évoquer l'atrocité de l'occupation nazie.

(Phot. Larousse, coll. Tallandier.)

La bataille d'Angleterre. Ce document tiré du film *la Bataille d'Angleterre,* réalisé avec une exactitude scrupuleuse, illustre une des phases capitales de l'offensive de l'aviation allemande. Au cours des premières semaines de la bataille, la Luftwaffe chercha, en effet, par des attaques répétées sur les terrains d'atterrissage et les usines de construction aéronautique, à affaiblir la chasse britannique de manière à acquérir la supériorité aérienne. Cette tactique se révéla payante et infligea à la RAF de lourdes pertes en matériel et en pilotes. Ce furent finalement les raids sur Londres et les grandes villes qui permirent à l'aviation anglaise de se ressaisir et de retrouver son efficacité. (Phot. Artistes Associés.)

Le bombardier Heinkel « He-111 » fut un des appareils les plus employés par la Luftwaffe au cours de la bataille d'Angleterre. Expérimenté en Espagne, ce bimoteur pouvait emporter 2 tonnes de bombes à une vitesse légèrement supérieure à 400 km/h. Conçu comme bombardier d'appui tactique, le Heinkel « He-111 » manquait de rayon d'action et souffrait d'un armement insuffisant, ce qui lui valut de graves mécomptes au-dessus de l'Angleterre. (Phot. Artistes Associés.)

Avec les « Hurricane », les « Spitfire » constituèrent le fer de lance de la chasse britannique au cours de la bataille d'Angleterre. Au départ, comme on peut le constater sur ce document, les pilotes anglais adoptaient des formations serrées, alors que les chasseurs de la Luftwaffe, à la suite des enseignements de la guerre d'Espagne, volaient en formations beaucoup plus lâches. Il fallut plusieurs semaines aux Anglais pour s'adapter à cette tactique qui facilitait la liberté de manœuvre des appareils et se révélait très efficace. (Phot. Archives Paris-Match.)

À partir du 7 septembre 1940, la Luftwaffe, par suite d'une mauvaise estimation des résultats obtenus, renonça à l'attaque contre les aérodromes et les usines d'aviation. Elle concentra ses efforts contre les villes, s'acharnant en particulier sur Londres. Les bombardements concernèrent surtout les docks, la City et les quartiers populaires de l'est, infligeant des dégâts importants et de lourdes pertes à la population. Ces raids, poursuivis jusqu'en mai 1941, ne réussirent pas à paralyser l'activité de la capitale, ni à entraîner l'effondrement du moral britannique. (Phot. W. Vandivert - Time Life - Colorific !)

Dès l'occupation de la côte française, les Allemands installèrent dans le Pas-de-Calais des batteries lourdes à longue portée, susceptibles d'atteindre la région de Douvres. Ces canons avaient pour objectif de protéger un débarquement, une fois la supériorité aérienne acquise par la Luftwaffe. Après la bataille d'Angleterre, ces batteries servirent surtout à entraver le trafic britannique en Manche et à s'opposer à un débarquement anglo-américain. (Phot. Signal, coll. Tallandier.)

Au cours de la bataille d'Angleterre, les Anglais utilisèrent à grande échelle, pour leur défense aérienne, des barrages composés de ballons et généralement manœuvrés par des auxiliaires féminines de la RAF. Cette tactique, appliquée par la plupart des belligérants, se révéla efficace. Les barrages installés autour des villes et des usines importantes empêchaient les bombardiers d'attaquer à basse altitude et de déjouer la surveillance des radars et le tir de la DCA. Tableau de Laura Knight. (Phot. Snark International.)

Pendant l'été 1940, les Anglais prirent très au sérieux un débarquement allemand. Pour épauler l'armée régulière encore mal remise du désastre de Dunkerque, le gouvernement eut recours aux volontaires de la Home Guard, qui se livraient à un entraînement intensif avec bonne volonté, mais non sans maladresse, sous l'œil attendri ou goguenard de la population. Tableau de E. Ardoz. (Phot. Snark International.)

L'Anschluss. C'est à la suite d'une manœuvre d'intimidation de grand style que Hitler put réaliser l'Anschluss. Les troupes allemandes pénétrèrent en Autriche le 12 mars 1938, au matin. Elles occupèrent l'ensemble du pays sans rencontrer de résistance, accueillies avec enthousiasme par l'ensemble de la population. En dépit de cette violation flagrante du traité de Versailles, l'Anschluss ne provoqua pas la moindre réaction de la France ni de l'Angleterre, ni même de Mussolini, qui avait pourtant réagi par une démonstration de force lors de la première tentative de 1934. (Phot. H. Jaeger - Time Life.)

L'antisémitisme. À partir de 1942, les Allemands commencèrent à pratiquer une politique antisémite systématique à l'échelle de l'Europe. En France, une ordonnance du gouvernement militaire du 29 mai 1942 rendit ainsi obligatoire en zone occupée le port de l'étoile jaune, avec, en caractères noirs, l'inscription « juif ». En juillet débutèrent les premières arrestations à Paris, suivies de l'internement à Drancy et bientôt de la déportation. Il s'agissait là du premier acte de la « solution finale ». (Phot. Zucca/Tallandier.)

Dans les pays d'Europe de l'Est, comme la Pologne, les Allemands exploitèrent l'antisémitisme particulièrement vif de la population. Dès 1940, tous les israélites furent parqués dans les ghettos déjà existants. Plus de 350 000 personnes s'entassèrent ainsi dans le ghetto de Varsovie. En travaillant dans quelques ateliers contrôlés par les Allemands ou en se livrant à une foule de petits métiers ou de commerces, comme on le voit sur ce document, une population famélique s'efforçait de survivre. Les premières déportations systématiques commencèrent au cours de l'été 1942. La « liquidation » définitive du ghetto de Varsovie aboutit à un soulèvement des derniers survivants, qui ne fut brisé qu'en mai 1943 après un mois de combats.

(Phot. H. Jaeger-Time Life-Colorific !)

L'Arbeitsdienst. Dans Paris déserté par les voitures, des passants défilent devant l'office de placement allemand, boulevard des Italiens. Jusqu'en 1942, les Allemands n'entreprirent aucun recrutement forcé de main-d'œuvre dans les pays d'Europe occidentale. Ils se contentèrent de faire travailler pour leur compte un grand nombre d'entreprises ou de faire appel à des volontaires pour les usines du Reich, leur promettant des salaires élevés et les mêmes avantages sociaux que ceux des ouvriers allemands. (Phot. Zucca/Tallandier.)

À partir du printemps de 1942, les difficultés de la guerre à l'Est et la nécessité de combler les pertes de la Wehrmacht amenèrent les Allemands à effectuer un effort de recrutement de main-d'œuvre en Europe occidentale. Le gauleiter Fritz Sauckel, hésitant encore devant des méthodes coercitives, effectua un vaste effort de propagande en faveur du travail volontaire en Allemagne. Un des thèmes les plus répandus s'identifiait à la solidarité des peuples européens dans la lutte contre le bolchevisme. Cette méthode ne donna que des résultats très faibles. Musée de la Guerre. (Phot. Lauros-Giraudon.)

Devant l'insuffisance de volontaires acceptant de travailler pour l'économie de guerre du Reich, Sauckel dut recourir à la contrainte. C'est ainsi que, en mai 1942, il exigea de la France un contingent de 350 000 travailleurs. Revenu au pouvoir depuis le 18 avril, Laval obtint quelques accommodements. Le nombre de requis ne dépasserait pas 150 000 et, en échange, 50 000 agriculteurs seraient libérés. Ce marchandage fut à l'origine de la relève. En échange de l'envoi de 3 ouvriers spécialisés en Allemagne, un prisonnier serait libéré. Ce système ne donna, là encore, que des résultats insuffisants et, le 16 février 1943, Sauckel institua le travail obligatoire (S. T. O.), qui concernerait au total plus de 800 000 personnes. B. N. (Phot. Tallandier.)

L'offensive des Ardennes. Lancée le 16 décembre 1944 par trois armées allemandes, l'offensive pour le « Salut de la patrie » constitua une terrible surprise pour le commandement allié. En dépit d'une âpre résistance, les maigres forces américaines furent enfoncées au centre et les Allemands avancèrent rapidement en direction d'Houffalize et de Bastogne. Ce document montre un Sherman américain détruit à l'entrée d'un village. Le corps d'un des membres de l'équipage repose sous une couverture. (Phot. US Army.)

Officier de la 7e division blindée américaine en faction devant Saint-Vith, lors de sa reprise en janvier 1945. Pendant près d'un mois, la malheureuse petite cité belge se trouva au cœur de l'offensive des Ardennes. Occupée le 21 décembre 1944 par les Allemands, Saint-Vith fut pratiquement détruite par un terrible bombardement de la RAF, deux jours après. Elle ne fut libérée qu'un mois plus tard, exactement, par un Combat Command de la 7e DB américaine.
(Phot. US Army.)

À la fin de décembre 1944, la menace de l'offensive allemande était conjurée. Il fallut cependant encore un mois d'effort aux troupes anglo-américaines pour refouler l'adversaire et réduire complètement la poche de l'Ardenne. Les combats se déroulèrent par un froid intense, et de violentes chutes de neige entravèrent la marche des blindés, qui devaient encore tenir compte des mines semées par les Allemands. La dernière offensive de la Wehrmacht se solda par la perte de 80 000 hommes dans chaque camp.

(Phot. G. Silk-Time Life-Colorific !)

L'armée belge. Forte de 22 divisions au 10 mai 1940, l'armée belge, surprise par la violence de l'attaque allemande, ne put résister derrière le canal Albert et la Meuse. Par suite de l'effondrement du centre de l'armée française entre Namur et Sedan, elle se trouva contrainte à une retraite pratiquement ininterrompue en direction de l'Escaut et de la Lys. Menacée d'enveloppement et soumise à des attaques constantes, elle fut forcée, en dépit d'une héroïque résistance, de capituler le 28 mai 1940. Sur cette photo, prise quelques heures après la reddition, une file de camions belges croise une colonne hippomobile d'artillerie de l'armée allemande.

(Phot. H. Jaeger-Time Life-Colorific !)

L'armée britannique. Le 27 juillet 1944, lors de la bataille de Caen, Churchill, accompagné de Montgomery, passe en revue un groupe de soldats britanniques. Conformément à la tradition d'une puissance maritime, la Grande-Bretagne ne disposait que d'une petite armée de professionnels, au début de la guerre, qui devait atteindre plus d'un million d'hommes en 1945. Effort relativement faible, au demeurant, par rapport aux autres grandes puissances militaires. Les exigences de la mobilisation industrielle, l'énorme développement de la marine et de l'aviation avaient limité l'essor de l'armée anglaise, en dépit de la forte contribution des colonies et des dominions. (Phot. Imperial War Museum.)

Tout au long du conflit, le soldat britannique afficha ses qualités traditionnelles de bonne humeur, de flegme, de ténacité dans la défensive et de prudence méthodique dans l'attaque. Engagée sur tous les grands théâtres — Europe, Afrique du Nord, Extrême-Orient —, l'armée anglaise, en grande partie improvisée et véritable kaléidoscope de l'Empire, ne remporta finalement qu'une seule grande victoire, celle d'El-Alamein. (Phot. Imperial War Museum.)

L'armée chinoise. À la fin du conflit, l'armée chinoise, alignant plus de 300 divisions, était une des plus nombreuses du monde. Il est vrai qu'elle ne comptait qu'une trentaine de grandes unités modernes, entièrement équipées par les Américains grâce au pont aérien de l'Himālaya. En dépit de son importance, l'armée chinoise ne joua qu'un rôle mineur. Le généralissime Tchang Kaï-chek tenait à ménager ses troupes, en vue d'écraser le communisme après la guerre.

(Phot. C. Mydans-Time Life-Colorific !)

L'armée française. En 1939, l'armée française passait encore pour une des meilleures du monde. Elle souffrait cependant d'une doctrine sclérosée, héritée de 1917-18. Les avions et les chars se trouvaient dispersés sur l'ensemble du front et la grande majorité des blindés, comme le souligne ce document, étaient essentiellement prévus comme engins d'appui de l'infanterie. Tableau d'A. Brenet. Musée de l'Armée. (Phot. Larousse.)

Grâce à l'armée d'Afrique, réarmée par les Américains, la France devait rétablir son prestige militaire à partir de 1943. Engagée en Italie, composée en majorité d'unités formées de soldats musulmans encadrés par les officiers français, l'armée d'Afrique joua un rôle majeur dans la rupture du front allemand, en mai 1944, non sans de rudes combats. Comme le montre ce document, une colonne devait tomber dans une embuscade meurtrière à la sortie de la ville d'Esperia, près du Monte d'Oro.

(Phot. Silk-Time Life-Colorific !)

Soldats italiens mettant en batterie un canon avec l'aide d'Allemands de l'Afrikakorps. Imposante sur le papier, comptant plus de 70 divisions, l'armée italienne souffrait de graves déficiences sur le plan du matériel, de l'encadrement et du moral, ce qui explique une succession de fâcheux revers. Certaines unités eurent cependant un remarquable comportement, comme les divisions *Ariete*, *Littorio* ou *Folgore*.

(Phot. Larousse, doc. Signal.)

L'armée italienne. En dépit d'un sous-équipement chronique, l'armée italienne fut amenée à se battre en Albanie, en Afrique et même en Russie. Dès le début de la guerre à l'Est, Mussolini envoya un corps expéditionnaire composé de 9 divisions, parmi lesquelles on notait les célèbres unités de Bersaglieri (notre document). Démunies d'équipement lourd, ces unités furent mises en déroute sur le Don au cours de l'hiver 1942-43 et finalement rapatriées en Italie.

(Phot. Larousse, doc. Signal.)

L'armée rouge. Fraternisation de soldats russes et américains lors de la jonction sur l'Elbe, près de Torgau, en avril 1945. Après cinq années de combat, l'armée soviétique était devenue un remarquable instrument. A la suite des premiers désastres de 1941, Staline n'avait pas hésité à rétablir les privilèges et l'autorité du corps des officiers, qui avaient retrouvé leurs épaulettes et pouvaient bénéficier de décorations remontant à l'époque tsariste, comme l'ordre de Souvorov.

(Coll. Delagarde.)

L'armée rouge ne put finalement arracher la victoire sur les troupes allemandes qu'au prix de terribles sacrifices en matériel et en vies humaines. Des dizaines de milliers de chars furent détruits et les pertes atteignirent 12 millions d'hommes. On voit ici un char « T-34 », un des meilleurs blindés de l'armée rouge, en train de brûler dans la steppe enneigée.

(Phot. Ullstein-Camera Press-Parimage.)

L'armement. Devant l'aggravation du danger aérien, l'artillerie des navires de surface connut une mutation profonde au cours de la guerre. Elle ne se limita plus à des canons de gros calibre, mais comporta un nombre de plus en plus important de pièces de DCA légère, à tir rapide, comme cet affût octuple de 40 mm, appelé POM-POM, qui figure sur ce document britannique. Ces pièces se révélèrent d'une rare efficacité et finirent par interdire les attaques en vol rasant. Devant Okinawa, le grand croiseur *Guam* réussit ainsi à détruire 82 avions japonais en une demi-heure. (Phot. Imperial War Museum.)

À partir de 1935, toutes les grandes puissances entreprirent un énorme effort dans le domaine des armements. L'improvisation n'en fut pas toujours absente. C'est ainsi que le Dornier « DO-17 », un des premiers bombardiers modernes de la jeune Luftwaffe, dérivait d'un avion postal. Ses caractéristiques se révélèrent finalement médiocres. Il ne dépassait pas 300 km/h et ne pouvait porter qu'une tonne de bombes. Cinq cents appareils seulement furent fabriqués et le « DO-17 » fut retiré des formations combattantes dès 1942. (Phot. Tallandier, coll. M. Parrault.)

Les fabrications de chars constituèrent une des branches majeures de l'armement. Les conceptions de blindés se révélèrent cependant fort différentes. En dépit des enseignements de la Blitzkrieg, les Anglais restèrent fidèles au char lourd d'accompagnement d'infanterie. Entré en service en 1942, au moment du raid de Dieppe, le *Churchill* traduit cette conception. D'un poids de 40 t, il ne dépassait guère 25 à 30 km/h. Fortement blindé, il disposait d'un canon de 76 en casemate, destiné à réduire des fortifications de campagne, et d'une pièce de 40 sous tourelle. Cette pièce se révéla très insuffisante dans les combats de chars, et il fallut la remplacer par un 57, puis par un 75, pour permettre au *Churchill* de rivaliser avec les blindés de la Wehrmacht.

(Phot. Imperial War Museum.)

Les armes secrètes. Comme le souligne cette affiche de l'après-guerre, la bombe volante V1 fut une des armes secrètes les plus spectaculaires inaugurées par l'Allemagne (juin 1944) et destinées à la destruction de Londres. Construite sous l'égide de la Luftwaffe, la V1, initiale de *Vergeltungswaffe Eins* (arme de représailles n° 1), n'était autre qu'un avion léger sans pilote, mû par un pulsoréacteur. Volant à 600 km/h, la V1 pouvait porter 850 kg d'explosif à 300 km de distance. Plus de 15 000 furent lancées sur Londres, à partir de rampes. Un très grand nombre furent détruites par la chasse et la DCA. Si ces bombes volantes ne réussirent ni à détruire ni à paralyser la capitale britannique, elles obligèrent les Alliés à mettre en place un important système défensif.

(Phot. Snark International, coll. Kharbine.)

Pendant les trois premières années de la guerre, le canon de 37 constitua l'armement de base de l'armée allemande dans la lutte antichars. On voit ici une pièce de ce type, légère et maniable, en action sur le front russe en 1942. Par la suite, avec la généralisation des chars lourds soviétiques, type « T-34 », il fallut remplacer le 37 par des pièces d'une plus grande puissance, de 50 puis de 75 mm.

(Phot. Larousse, doc. Signal.)

L'armistice de juin 1940. Espérant effacer la « honte » de 1918, Hitler exigea que la signature de l'armistice du 22 juin 1940 intervienne à Rethondes et dans le wagon même où Foch avait accueilli la délégation allemande le 11 novembre. Mais, contrairement à ce précédent, les Allemands imposèrent aux Français une délégation de militaires, conduite par le général Huntziger. L'armée française devait reconnaître sa défaite.
(Phot. Hugo Jaeger-Time Life-Colorific !)

L'art. Pendant toute la campagne d'Italie, les belligérants eurent l'impression, suivant l'expression de Kesselring, de se battre dans les galeries d'un musée. Allemands et Alliés créèrent des services spéciaux chargés de la préservation ou de la restauration des monuments, comme le M. F. A. A. américain. Au moment de l'évacuation de Florence, en septembre 1944, Hitler interdit la destruction du Ponte Vecchio. Les Allemands firent sauter les immeubles en commandant l'accès, de manière à retarder le franchissement de l'Arno par les Alliés.

(Phot. Imperial War Museum.)

En 1942, au moment où l'issue de la guerre devenait incertaine à l'Est, Hitler commanda au peintre Werner Peiner les cartons de 8 grandes tapisseries pour la chancellerie du Reich. Il s'agissait de représenter les batailles où le peuple allemand avait joué son existence dans le passé, comme la victoire d'Arminius sur les Romains ou la « bataille de Hongrie » qui avait permis de refouler les hordes mongoles.

(Phot. Larousse, doc. Signal.)

Dans l'Europe occupée, de nombreux artistes contribuèrent par leur talent à exalter l'esprit de résistance. C'est ainsi que Jean Lurçat dessina en 1943 le carton d'une tapisserie inspirée par le poème de Paul Eluard, « Liberté ».

(Phot. Lauros-Giraudon, coll. Jean Lurçat.)
© A. D. A. G. P.

L'artillerie. Avec le retour à la guerre de mouvement liée à l'efficacité du tandem char-avion, l'artillerie n'occupa pas, au cours de la Seconde Guerre mondiale, la place privilégiée tenue de 1914 à 1918. Elle conserva cependant une importance tactique essentielle, dans l'armée rouge en particulier, ou lors des phases de stabilisation. On voit ici un obusier de 105 allemand en action sur le front russe, au cours de l'été 1943.

(Phot. Larousse, doc. Signal.)

L'artillerie de marine. En dépit du rôle croissant de la puissance aérienne, l'artillerie de marine des grands bâtiments joua un rôle déterminant tout au long de la guerre. Les grosses pièces participèrent à la préparation des opérations combinées, tandis que la DCA, sans cesse renforcée, assurait la protection contre les avions. On voit ici un canonnier britannique portant des gants et la célèbre cagoule « antiflash » destinée à réduire l'importance des brûlures provoquées parfois par les retours de flammes survenant lors de l'ouverture de la culasse.

(Phot. Imperial War Museum.)

La bataille de l'Atlantique : sous-marin allemand en patrouille au large du Cap, pendant l'hiver 1942-1943. La bataille de l'Atlantique dépassa largement le cadre de l'océan et concerna les mers du Nord ainsi qu'une partie de l'océan Indien. Au cours d'une lutte acharnée de cinquante-six mois, les U-Boote se taillèrent la part du lion dans les pertes infligées au commerce allié, coulant plus de 12 millions de tonnes de navires. Sept cent quatre-vingt-quatre sous-marins disparurent cependant, provoquant la mort de 28 000 hommes sur les 40 900 entrés dans l'Ubootwaffe. (Phot. Larousse, doc. Signal.)

Conformément à la doctrine mise au point à la veille de la guerre, les grands navires de surface de la Kriegsmarine participèrent à la bataille de l'Atlantique. Opérant à partir de Brest, les croiseurs de bataille *Scharnhorst* et *Gneisenau* effectuèrent ainsi plusieurs croisières. Les résultats se révélèrent cependant médiocres et, après la disparition du *Bismarck* en mai 1941, le commandement allemand ne tarda pas à replier ses grandes unités en Norvège, hors du rayon d'action de l'aviation alliée.

(Phot. Larousse, doc. Signal.)

Navire de commerce allié attaqué par un avion allemand au large des côtes de l'Europe occidentale. La Luftwaffe participa également à l'attaque des lignes de communication au moyen de bombardiers quadrimoteurs à grand rayon d'action Focke-Wulf « Condor », basés à Bordeaux ou à Stavanger. Ces appareils avaient également pour mission de repérer les convois et d'en signaler la position aux sous-marins.

(Phot. Larousse, doc. Signal.)

Le mur de l'Atlantique. À partir de 1942 et dans la perspective d'un débarquement allié, les Allemands entreprirent de fortifier les côtes occidentales de l'Europe occupée. Baptisée par la propagande du IIIe Reich « mur de l'Atlantique », cet ensemble offrait, en réalité, une densité très variable. Seuls les points jugés les plus vulnérables, comme les ports, les bases de sous-marins ou les côtes du Pas-de-Calais, bénéficiaient d'ouvrages importants. Les travaux étaient exécutés par l'organisation Todt, utilisant des entreprises locales ou faisant appel à des travailleurs forcés. (Phot. J. Vigne, doc. Die Wehrmacht.)

Convaincus qu'un débarquement allié ne pouvait intervenir qu'à l'endroit le plus resserré de la Manche, les Allemands avaient construit des défenses imposantes sur le littoral du Pas-de-Calais. Ces positions comprenaient, en particulier, d'énormes pièces d'artillerie de marine, comme la batterie Lindemann de 406 mm, que l'on voit sur ce document, et qui devait compter parmi les objectifs les plus photographiés de la guerre. Ces pièces pouvaient atteindre Douvres et avaient aussi pour but d'interdire la navigation anglaise dans le pas de Calais. (Phot. Parimage.)

Les poches de l'Atlantique. Après la rupture du front de Normandie, le commandement allemand organisa autour des ports de l'Atlantique des îlots de résistance, ou « poches », destinés à paralyser le ravitaillement allié par mer. Il fallut ainsi de coûteux efforts à l'armée américaine pour enlever Brest. De même, le colonel von Aulock réussit à immobiliser devant Saint-Malo la 83e division d'infanterie US pendant quinze jours. Ce document montre une pièce antichar tentant de réduire un des points d'appui de la vieille cité des corsaires, l'îlot fortifié du Grand Bé, en août 1944. Dunkerque, Lorient, Saint-Nazaire, Royan résistèrent jusqu'à la fin de la guerre. (Phot. US Army, coll. Tallandier.)

Auschwitz. Créé en mai 1940, le camp d'Auschwitz-Birkenau fut un des plus grands centres concentrationnaires de l'Allemagne hitlérienne. Plus de 400 000 déportés y défilèrent, employés comme main-d'œuvre forcée dans les usines d'armement construites à proximité. Le camp servit également de cadre à l'élimination systématique des Juifs. (Phot. Elliott Erwitt-Magnum.)

L'Autriche. Au lendemain de l'Anschluss, l'Autriche fut totalement intégrée dans le Reich, ne constituant plus que l'*Ostmark*, ou marche de l'Est, divisée en sept provinces ou *Gaue*. En échange de l'abandon de toute liberté politique, le gouvernement allemand développa le potentiel économique, résorba le chômage. À partir de 1939, il exalta le courage des contingents autrichiens incorporés dans la Wehrmacht. C'est ainsi qu'au cours de l'hiver 1940-1941 Göring et le maréchal List inaugurèrent au cœur de Vienne, sur la place des Héros, dominée par la statue de l'archiduc Charles, l'adversaire de Napoléon, une exposition célébrant la victoire à l'ouest et insistant sur le rôle des troupes de montagne autrichiennes en Norvège.

(Phot. Larousse, doc. Signal.)

L'aviation française. Au lendemain de l'opération Torch, le débarquement allié en Afrique du Nord en novembre 1942, l'aviation française d'Afrique du Nord reprit le combat contre les forces de l'Axe. Mais, devant la vétusté du matériel, les Alliés se refusèrent à l'engager en Tunisie. Ils décidèrent, à l'occasion de la conférence de Casablanca, un plan de rééquipement portant sur 1 000 appareils, dont 500 avions de chasse et 300 de bombardement. On assiste ici, à Alger, à la remise par des aviateurs américains de chasseurs Curtiss à des pilotes français. (Phot. US Air Force.)

L'aviation italienne. En dépit de son intention de mener une guerre parallèle en Méditerranée, Mussolini ne put résister à la tentation de participer à la bataille d'Angleterre. C'est ainsi que le *Corpo aero-italiano*, composé de 80 bombardiers BR 20, de 50 chasseurs CR 42 et Fiat 950, s'installa près de Bruxelles en octobre 1940. Il ne participa en fait qu'à une dizaine de raids nocturnes sur le sud-est de l'Angleterre. Il fut rappelé dès janvier 1941, devant l'aggravation de la situation en Grèce et en Libye.

(Phot. Larousse, doc. Signal.)

L'aviation japonaise. En décembre 1941, au moment de l'attaque contre les États-Unis et le Sud-Est asiatique, le Japon possédait une bonne aviation de première ligne rompue au combat. Il s'agissait, en fait, de deux aviations indépendantes, l'une relevant de l'armée, l'autre de la marine. On voit ici un chasseur Mitsubishi « Zero » sur le point de décoller du pont du porte-avions *Akagi*. L'appareil est en réalité une reconstitution minutieuse, très postérieure à la guerre, liée au film *Tora-Tora*, consacré à l'attaque de Pearl Harbor. (Phot. Artistes associés.)

L'aviation soviétique. En 1941-1942, l'aviation soviétique, en raison de la surprise de l'attaque allemande et de l'infériorité de nombreux matériels, fut fortement éprouvée. Un redressement intervint cependant dès la fin de 1942, en liaison avec l'apparition d'excellents avions comme l'Ilyouchine Il-2 « Stormovik » ou le Yakovlev « Yak-9 ». Lors de la bataille de Koursk, l'aviation soviétique put faire jeu égal avec la Luftwaffe. On voit ici les restes d'un appareil soviétique gravement touché par un chasseur allemand et obligé de faire un atterrissage forcé dans un village, au cours de l'été 1943.

(Phot. Larousse, doc. Signal.)

L'Axe. Conclu en octobre 1936, l'axe Rome-Berlin fut renforcé par la visite de Hitler à Rome en mai 1938. À cette occasion, Hitler et sa suite assistèrent à Santa Marinella, près de Rome, avec Mussolini et d'autres dirigeants fascistes, à des manœuvres de l'armée italienne où nombre de lacunes ne purent être dissimulées. Cette démonstration renforça Hitler dans son intention de ne réserver à son partenaire qu'un rôle de second plan et de le tenir à l'écart de ses grandes décisions. (Phot. J. Jaeger-Time-Life-Colorific !)

La guerre bactériologique. À la veille du conflit, tous les grands États redoutaient une extension de la guerre bactériologique et surtout chimique. Des masques à gaz furent ainsi distribués en France, en Angleterre et en Allemagne non seulement aux troupes combattantes, mais également aux civils, y compris les enfants. En réalité, aucun des belligérants ne se risqua à l'emploi des gaz, malgré une efficacité bien supérieure à celle de 1914-1918, probablement par crainte de ne pouvoir contrôler l'emploi de cette arme. (Phot. Snark, doc. B.N.)

La campagne des Balkans. Elle démontra une fois de plus la virtuosité tactique de la Wehrmacht. Commencée le 6 avril 1941, l'opération contre la Yougoslavie se termina dès le 16 par la reddition des troupes de Belgrade. Sur ce document, une colonne motorisée allemande croise sur une route de Serbie un convoi yougoslave complètement désemparé. La victoire des Allemands en Yougoslavie fut cependant incomplète. Des maquis ne tardèrent pas à se développer dans les régions de montagnes, sous la direction du général Mihajlović. (Phot. Larousse, doc. Signal.)

Fraternité d'armes germano-bulgare pendant la campagne des Balkans du printemps de 1941. Ayant adhéré au pacte tripartite le 1er mars 1941, la Bulgarie saisit l'occasion pour récupérer les territoires perdus en 1919 au détriment de la Yougoslavie et de la Grèce. Elle retrouva ainsi une partie de la Thrace et un accès direct à la mer Égée avec les îles de Lemnos et de Tenedos. (Phot. Larousse, doc. Signal.)

Les pays baltes. Le 22 juin 1941, à l'aube, le jour du déclenchement de l'opération Barbarossa, l'artillerie allemande ouvre le feu contre Tauroggen, une ville de Lituanie située en bordure de la frontière de la Prusse-Orientale. Comme l'Estonie et la Lettonie, la Lituanie n'avait connu qu'une brève période d'indépendance de vingt ans. En vertu du pacte germano-soviétique d'août 1939, les trois pays baltes, tombés dans la zone d'influence soviétique, avaient finalement été annexés par l'URSS au cours de l'été de 1940.

(Phot. Larousse, doc. Signal.)

Quelques heures après la prise de Tauroggen, un soldat allemand examine un poteau placé par les Soviétiques à la frontière de la Prusse-Orientale. Rédigée en russe et en lituanien, la pancarte indique l'existence d'un no man's land de 800 m de profondeur. Devenue État satellite du Reich, la Lituanie devait être réoccupée en 1944 par l'armée rouge et réintégrée dans l'Union soviétique, en dépit de la volonté d'indépendance de la majorité de ses habitants.

(Phot. Larousse, doc. Signal.)

Les bases. À la fin du XIXe siècle, l'amiral Mahan, le grand théoricien naval anglo-saxon, avait souligné qu'une marine sans ailes, c'est-à-dire sans bases, appartenait au passé. La Seconde Guerre mondiale devait largement démontrer cette proposition. Des bases navales solidement outillées se révélèrent indispensables pour le ravitaillement et l'entretien des forces à la mer. On voit ici une flottille de sous-marins britanniques en train de compléter ses approvisionnements à la veille de partir en opérations.

(Phot. Imperial War Museum.)

Avec le développement des opérations dans le Pacifique, les Américains se heurtèrent à un sérieux problème de bases. Celles de la côte ouest, San Francisco, San Diego et même Hawaii, se trouvèrent bientôt trop éloignées des zones d'opérations. Aussi la marine prit-elle la décision de créer des bases rapprochées, parfaitement outillées, comme celle d'Ulithi, dans les Mariannes. Servies par un train d'escadre, ces bases pouvaient procéder à toutes les opérations d'entretien. Sur ce document, le cuirassé *Pennsylvania* se trouve en carénage dans un dock flottant de 35 000 tonnes. (Phot. US Navy.)

La BBC. Avec la victoire allemande en Europe, les émissions de la BBC en langue étrangère prirent une ampleur considérable à partir de 1941. Elles avaient pour but de soutenir le moral des populations occupées et de transmettre des messages à la Résistance. Sans grand résultat, les autorités allemandes et les gouvernements en place s'efforcèrent de lutter contre l'influence croissante de la BBC. Cette affiche d'André Deran, publiée en France occupée, dénonce les « bobards britanniques », une expression qui connut une grande fortune pendant la guerre. Comité d'histoire de la 2e Guerre mondiale.

(Phot. Larousse.)

Le général Bedell Smith. De 1943 à 1945, Bedell Smith, baptisé « Bouledogue » par Churchill, fut le chef d'état-major d'Eisenhower. Devant la répugnance du commandant en chef à recevoir des représentants allemands, c'est lui qui eut le privilège, le 8 mai 1945, de signer à Reims l'acte de capitulation inconditionnelle du IIIe Reich. Par la suite, Bedell Smith fut ambassadeur à Moscou, directeur de la CIA, puis sous-secrétaire d'État en 1954. (Coll. Delagarde.)

La Belgique. En 1940, le commandement belge espérait contenir ou, du moins, retarder les Allemands sur une position s'appuyant sur le fort d'Eben-Emael et le canal Albert. En réalité, cette ligne de résistance fut enfoncée en moins de quarante-huit heures. On assiste ici au franchissement du canal Albert par des fantassins allemands utilisant les poutrelles d'un pont détruit par le génie belge. Bibliothèque du musée de l'Armée, Paris. (Phot. Larousse.)

Dès les débuts de l'occupation allemande, une résistance vit le jour en Belgique. Elle connut plusieurs tendances politiques, se manifesta par quelques maquis dans l'Ardenne, par des sabotages, par l'envoi de renseignements. Elle se traduisit également par le développement d'une importante presse clandestine et l'impression d'affiches, comme celle de J. Richez qui apparut sur les murs en 1944. © S. P. A. D. E. M.
(Phot. Musée royal de l'armée et d'histoire militaire de Bruxelles.)

La résidence de Hitler à Berchtesgaden. Au lendemain de la prise du pouvoir, Hitler fit aménager d'après ses plans, sur l'Obersalzberg, qui domine Berchtesgaden, la résidence du Berghof, associée à des villas réservées aux dignitaires du régime. Il y fit ajouter une caserne de SS, un hôtel pour les invités de marque et un véritable poste de commandement. Mais le point fort s'identifiait au « nid d'aigle », édifié à 1 900 m d'altitude sur un éperon voisin, avec une vue imposante sur les Alpes bavaroises. Hitler devait recevoir au Berghof le chancelier Schuschnigg, le Premier ministre Chamberlain, le comte Ciano, le régent Horthy, l'amiral Darlan... Très éprouvé par les bombardements, le Berghof fut démantelé par les Alliés en 1945.
(Coll. Chiaselotti, Arch. Tallandier.)

La bataille de Berlin. À la veille de la guerre, Hitler avait confié à son architecte Albert Speer le soin de modifier complètement le visage architectural de Berlin et de construire un ensemble de monuments grandioses, dont la fameuse chancellerie du Reich. En fait, le conflit interrompit les travaux, et, à partir de 1942, Berlin fut l'objet de raids dévastateurs menés par la RAF, assistée ensuite par l'aviation américaine. À ces dégâts considérables s'ajoutèrent ceux qui furent provoqués par la bataille menée pour la capitale allemande en avril 1945. On voit ici les ruines du ministère de la Propagande du docteur Goebbels.

(Phot. Snark International.)

Groupe de soldats soviétiques célébrant à Berlin le jour de la victoire devant la porte de Brandebourg. Renonçant à gagner Berchtesgaden, Hitler avait finalement décidé de rester à Berlin et de faire de la ville un second Stalingrad, dans l'espoir insensé de briser la capacité offensive de l'armée rouge. Cette obstination conduisit à une bataille acharnée, livrée du 22 avril au 2 mai 1945, qui se solda par le suicide du Führer, la destruction de la garnison et la dévastation de la capitale. À elle seule, la prise de Berlin avait coûté à l'armée rouge plus de 300 000 hommes, 2 000 chars et 500 avions.

(Phot. N. Marchand, Archives Idées-Éditions.)

La Biélorussie. Au cours de l'été de 1941, la Biélorussie eut le triste privilège de servir de théâtre à la guerre éclair menée par la Wehrmacht lors de l'attaque allemande contre l'URSS. En moins de quinze jours, les Allemands occupèrent tout le territoire de cette république, s'emparant de Vitebsk dès le 10 juillet. Comme le montre ce document, ils n'occupèrent qu'une ville en ruine, incendiée par l'armée rouge de manière à retarder l'adversaire. (Phot. Larousse, doc. Signal.)

Bir Hakeim. Au printemps de 1942, Rommel devait remporter à Gazala une victoire retentissante sur la VIIIe armée britannique, refoulant celle-ci en direction de l'Égypte et s'emparant de Tobrouk. Toutefois, au cours de cette bataille, la 1re brigade française libre, commandée par le général Kœnig, offrit à Bir Hakeim, du 2 au 10 juin, une magnifique résistance, freinant l'avance allemande et facilitant le redressement britannique. À l'issue d'une sortie nocturne, les restes de la garnison, comme le montre cette photo, devaient réussir à rejoindre les lignes alliées. Premier fait d'armes des troupes françaises depuis le désastre de 1940, Bir Hakeim allait prendre aussitôt valeur d'exemple.

(Coll. part., Archives Tallandier.)

La campagne de Birmanie. Au cours des premiers mois de 1942, les Japonais conquirent la Birmanie, atteignant la porte de l'Inde et achevant l'isolement de la Chine. C'est seulement en 1944 que l'armée anglaise reconstituée se trouva en mesure, en liaison avec des troupes américaines et chinoises, de reprendre l'initiative et de réoccuper la Birmanie. On assiste ici à la libération de Mandalay, en mars 1945. Du balcon d'un temple de Pagoda Hill, qui domine la cité, des soldats anglais observent le bombardement du fort Dufferin. (Phot. Popperfoto.)

La route de Birmanie, dernière voie de ravitaillement de la Chine nationaliste, fut coupée par l'invasion japonaise de 1942. Pour rompre l'isolement chinois, le général américain Stilwell entreprit d'ouvrir une nouvelle route de 450 km reliant Ledo en Inde à l'ancienne route birmane, à travers le nord de la Birmanie, d'où il fallut chasser les Japonais. La construction, dans un terrain montagneux et sous le feu de l'ennemi, dura plus d'un an. L'arrivée en Chine, en février 1945, du premier convoi ayant emprunté cette route fut l'occasion pour les alliés sino-américains de célébrer leur exploit commun. (Phot. Photri.)

La guerre des blindés. Chars allemands type PZKw III en action sur le front de l'Est au cours de l'été de 1941. Lors de la première phase de la campagne, les blindés allemands, rompus au combat par deux années de guerre, surclassèrent facilement les chars soviétiques en habileté manœuvrière. Néanmoins, les premières rencontres avec les chars « KV-I » et surtout « T-34 », très fortement armés et protégés, causèrent une fâcheuse surprise. Le commandement allemand dut, de toute urgence, étudier la réalisation de nouveaux types de blindés, qui conduisit aux « Tigre » et « Panther », entrés en service en 1942 et en 1943. (Phot. Bundesarchiv.)

Pendant une bonne partie de la guerre, les Anglais restèrent fidèles à la conception du char destiné à l'appui de l'infanterie. C'est ainsi que le « Churchill » offrait un canon de 76 en casemate, destiné à réduire les fortins, et une pièce légère de 40 mm en tourelle. Cette pièce se révéla insuffisante devant les blindés allemands, et il fallut la remplacer par un canon de 57, puis de 75. Cette transformation entraîna la disparition de la pièce en casemate.

(Phot. Imperial War Museum.)

Le char allemand PZKw IV, dont la conception remontait à 1937, constitua l'épine dorsale des divisions blindées allemandes pendant toute la Seconde Guerre mondiale. Il fut modifié à plusieurs reprises pour tenir compte de l'apparition d'adversaires redoutables, comme le « T-34 » soviétique ou les « Churchill » et « Sherman » anglo-américains. On voit ici en action à la fin de l'offensive allemande du Caucase un PZKw IV doté d'un blindage renforcé et d'un canon de 75 long à grande vitesse initiale.

(Phot. Bildarchiv Preussischer Kulturbesitz.)

D'un poids de 30 t, le « Sherman » américain constitua l'équipement de base de toutes les divisions alliées au moment des grandes opérations en Europe. Il était armé d'un canon de 75, d'une mitrailleuse de DCA de 12,7 et de deux mitrailleuses légères. Construit à 50 000 exemplaires, il se révéla cependant inférieur aux derniers chars allemands, types « Tigre » et « Panther ». Il fallut le réarmer avec un 75 long, en attendant l'entrée en service du « Pershing ». Ce document montre trois de ces blindés devant Saint-Vith, au cours de la bataille des Ardennes, en janvier 1945.

(Phot. US Army, Archives Tallandier.)

La Blitzkrieg, la «guerre éclair». Inaugurée en Pologne, confirmée au cours de la campagne de France de 1940, la Blitzkrieg devait trouver son succès dans l'action de puissantes formations blindées, agissant en étroite liaison avec l'aviation, capables d'effectuer des percées par surprise sur des fronts étroits, suivies d'exploitations rapides. Ce système prit au dépourvu des armées restées fidèles à la doctrine de 1917-18, ne concevant que des attaques précédées d'imposantes préparations d'artillerie, appuyant une avance lente et méthodique de l'infanterie soutenue par les chars. On assiste ici à la progression d'une division motorisée allemande en Belgique, en mai 1940. Bibliothèque du musée de l'Armée.
(Phot. Larousse.)

Déploiement d'une division blindée allemande dans la plaine du nord de la France, en juin 1940. Contrairement à l'armée française, dont plus de la moitié des chars se trouvaient dispersés au profit des grandes unités d'infanterie, tous les blindés allemands étaient groupés en 10 divisions blindées. Chacune de ces panzerdivisionen constituait une petite armée autonome, extrêmement mobile et puissante, groupant 250 chars environ, associés à des bataillons d'infanterie motorisée, à des unités antichars et de DCA, et à des éléments de génie. Les divisions blindées agissaient encore en liaison étroite avec de puissantes flottes aériennes jouant le rôle d'artillerie volante. Bibliothèque du musée de l'Armée.
(Phot. Larousse.)

Le Feldmarschall von Blomberg. Nommé ministre de la Reichswehr, au lendemain de l'accession de Hitler au pouvoir, Blomberg fut le créateur de la nouvelle armée allemande, dans le cadre du rétablissement du service militaire et de la création des divisions blindées. Ce rôle lui valut d'être élevé à la dignité de Feldmarschall. Averti des réticences de Blomberg à l'égard de sa politique expansionniste, Hitler saisit le prétexte du remariage du maréchal pour le mettre à la retraite, au début de 1938, renforçant ainsi son emprise personnelle sur l'armée.

(Phot. H. Jaeger-Time Life-Colorific !)

Le Feldmarschall von Bock. Après s'être déjà signalé en Pologne, von Bock joua un rôle décisif, en mai 1940, à la tête du groupe d'armées A, en pénétrant en Hollande et en fixant le meilleur des troupes alliées en Belgique, en vue de faciliter la percée de la Meuse. Disposant d'une cinquantaine de divisions, il effectua ensuite la rupture du front de la Somme, avant de marcher en direction de Rouen et de Compiègne. C'est lui (à droite sur ce document) qui eut le privilège de présider à l'entrée des troupes allemandes, le 14 juin, dans Paris. En désaccord avec Hitler sur la conduite des opérations à l'Est, von Bock devait être relevé de son commandement en juin 1942, au moment de la marche sur Stalingrad.

(Phot. H. Jaeger-Time Life-Colorific !)

Le Boeing « B-17 ». Aumônier bénissant l'équipage d'un bombardier lourd américain Boeing « B-17 G », avant son départ en mission. En liaison avec le « Liberator », le « B-17 », ou « forteresse volante » (« Flying Fortress »), constitua le fer de lance de l'aviation américaine lors de ses raids au-dessus de l'Europe, à partir de 1942. Il était destiné à opérer de jour, en formations massives, dans le cadre de raids de précision visant de grandes installations industrielles. En dépit d'un armement imposant, à base de mitrailleuses lourdes, il subit de très fortes pertes et ne trouva sa pleine efficacité qu'en liaison avec des appareils d'escorte du type « Thunderbolt » ou « Mustang », assurant sa protection contre la chasse allemande. (Phot. Photri.)

L'aviation de bombardement. Équipage d'un Heinkel « He-111 » s'apprêtant à partir en opération. Le « He-111 » fut un des meilleurs appareils de bombardement de l'aviation allemande, au cours des premières années de la guerre. Il s'agissait d'un bimoteur d'appui tactique destiné à agir en liaison avec les divisions blindées. Il se révéla, en revanche, insuffisant lors des raids stratégiques de la bataille d'Angleterre, manquant de puissance et de rayon d'action. À ses débuts, la Luftwaffe avait pourtant envisagé la création d'une aviation stratégique dotée de bombardiers lourds. Mais l'idée en fut abandonnée dès 1938, en raison de la priorité accordée à la guerre éclair. (Arch. Tallandier.)

Conformément à la doctrine élaborée avant le déclenchement du conflit par le général Trenchard, l'aviation britannique entreprit, dès 1941, des raids nocturnes stratégiques sur l'Allemagne, destinés à désorganiser l'économie du Reich et à saper le moral des populations civiles. Le quadrimoteur Short « Stirling » (notre document) fut l'instrument majeur de cette offensive jusqu'à la fin de 1942. Au départ, ces raids manquèrent de précision et entraînèrent de lourdes pertes en raison de la DCA et de la chasse de nuit allemandes. Ils ne trouvèrent leur pleine efficacité qu'à partir de 1944, avec l'adoption de systèmes de radionavigation et du radar H2S, et en visant des objectifs à caractère économique, comme les transports ou l'industrie du pétrole.

(Phot. Imperial War Museum.)

Les effets des bombardements. Pendant la plus grande partie du conflit, l'aviation britannique s'acharna sur le centre des villes allemandes, dans l'espoir de désorganiser la production et de saper le moral des populations. Cet objectif ne fut que très imparfaitement atteint. Mais ces raids, menés essentiellement avec des bombes incendiaires, eurent des effets dévastateurs, ravageant le cœur historique de vieilles cités médiévales comme Lübeck, Brême, Münster ou Francfort-sur-le-Main. On voit ici les ruines du cœur historique de Nuremberg. (Coll. Delagarde.)

Jusqu'au début de 1944, les raids nocturnes anglais sur zone, pas plus que les bombardements de jour américains, ne donnèrent de résultats décisifs sur les grandes usines d'armement du Reich. L'adoption du radar H2S, l'apparition du chasseur d'escorte modifièrent radicalement cette situation et autorisèrent des raids de destruction sur de grandes installations — gares de triage, usines aéronautiques, raffineries de pétrole... Cette photo des ruines des usines Dunlop de Hanovre donne une idée de l'efficacité des bombardements aériens à la fin de la guerre. (Coll. Delagarde.)

Les bombes. Bombe lancée par un appareil allemand sur des positions soviétiques, en 1944. Dans le cadre d'une aviation essentiellement tactique, les Allemands devaient surtout utiliser des bombes relativement légères, de 50 à 2 000 kg. Les plus répandues étaient des bombes à fragmentation de 500 kg et des bombes perforantes de 500 à 1 000 kg. Les Allemands devaient également employer des bombes conteneurs de 500 kg, libérant 120 projectiles incendiaires de 1 kg. (Phot. Larousse, doc. Signal.)

Sur un aérodrome américain, des « rampants » procèdent au stockage de bombes de 500 kg (à l'arrière-plan) et de bombes incendiaires (au premier plan). Avec le développement formidable de leur aviation, les Anglo-Américains devaient se livrer à une utilisation massive des bombes. En cinq années, près de 2 700 000 t furent déversées sur l'Europe, dont 1 350 000 t sur l'Allemagne seule. Dans l'attaque des villes, ce fut le « panachage » des bombes explosives et incendiaires qui se révéla le plus efficace, étant à l'origine d'incendies dévastateurs. (Phot. Photri.)

Le prince Borghèse et la *Decima Mas.* Atta d'une embarcation d'assaut italienne contre croiseur anglais *York,* en baie de Sude (Crè Ces engins, appelés *barchini,* appartenaie ainsi que les torpilles pilotées, ou *maiali,* à fameuse *Decima Mas* de la marine italien Dans le cadre de cette formation, le pri Borghèse devait mener des opérations d'une r audace en rade de Gibraltar et à Alexand Après la capitulation de l'Italie, il de reconstituer la *Decima Mas* et poursuivre la l jusqu'à la fin aux côtés des Allemands.

(Phot. Parim

La bombe atomique. L'explosion de la bombe atomique au-dessus de Nagasaki, le 9 août 1945, devait s'accompagner du classique champignon nucléaire, d'une altitude de 15000 m. Cette bombe, baptisée *Fat Man* (« Gros Bonhomme »), en raison de sa forme, consistait en un anneau de 64 détonateurs, projetant simultanément des éléments de plutonium de manière à obtenir une masse supercritique. Elle pesait plus de 5 t et mesurait 4 m de long. (Phot. U. S. Air Force.)

La bombe atomique lancée à Hiroshima, le 6 août 1945, fit 130000 victimes, dont près de 80000 morts. La superficie complètement détruite (notre document) atteignait près de 10 km². La bombe, à l'uranium, surnommée *Little Boy,* mesurait 3,50 m de long et pesait 4500 kg. Sa puissance devait être estimée à l'équivalent de 12 kilotonnes. (Phot. Photri.)

Martin Bormann. Entré au parti nazi en 1927, il devint rapidement une des figures clés du régime, surtout après la fuite de Rudolf Hess en Angleterre, en mai 1941. Nommé chef de la chancellerie, membre du conseil des ministres et du gouvernement, il reçut, en avril 1943, le titre de «secrétaire du Führer». Il disparaîtra en 1945, au moment de la chute de Berlin, et on ne retrouvera jamais sa trace. En fait, l'homme reste énigmatique et certains ont voulu voir en lui un agent soviétique déguisé.

(Phot. H. Jaeger-Time Life-Colorific !)

Bougainville. S'intégrant dans le cadre de la bataille des Salomon et du dégagement de la côte nord de l'Australie, le débarquement sur l'île de Bougainville intervint le 1er novembre 1943. En dépit de lourdes pertes, la marine japonaise ne put dégager l'île, et les Américains installèrent une base aéronavale puissante sur Bougainville, se contentant de contenir les restes de la garnison nippone. Cette politique de «pourrissement» s'accompagna de combats sporadiques jusqu'à la fin de la guerre. Ici, un mortier de 81 mm de l'infanterie américaine s'apprête à faire feu.

(Phot. US Army, Archives Idées et Éditions.)

Le Feldmarschall von Brauchitsch. Issu d'une vieille famille prussienne, von Brauchitsch devait succéder, en février 1938, au général von Fritsch à la tête de l'armée allemande. À ce titre, il aura le privilège de conduire, sous le contrôle étroit de Hitler, les campagnes de Pologne et de France. Après avoir préparé le plan d'attaque contre l'URSS, il se trouva en désaccord avec le Führer au moment de la bataille de Moscou. Il fut limogé, le 19 décembre 1941, et c'est Hitler qui assuma alors le commandement de l'armée allemande jusqu'à la fin de la guerre.
(Phot. H. Jaeger-Time Life-Colorific !)

La Bretagne. La Résistance se manifesta de très bonne heure en Bretagne et, en août 1944, plusieurs milliers de maquisards participèrent activement à la libération de la région, en liaison avec les troupes américaines. Parmi les formations de résistants les plus actives, on notait la « compagnie Tito » du maquis de Callac dans les Côtes-du-Nord. Forte de 130 hommes, cette formation multiplia, dès 1941, les attentats et les sabotages contre les détachements allemands, et assura le sauvetage de nombreux aviateurs alliés. Dessin d'Anthony Gross, Imperial War Museum. (Phot. PIA.)

La Bulgarie. Soldats allemands des troupes alpines dans une petite ville de Bulgarie. En adhérant au pacte tripartite le 1er mars 1941, le gouvernement de Sofia autorisait l'entrée sur son territoire des 10 divisions du général von List et, à la faveur d'une attaque de la Wehrmacht contre la Yougoslavie et la Grèce, il espérait retrouver les territoires perdus au lendemain de la Première Guerre mondiale. La participation de troupes bulgares à la campagne des Balkans permit d'atteindre ces objectifs et de récupérer une partie de la Thrace avec accès à la mer Égée.

(Phot. H. Jaeger - Time Life-Colorific !)

Au printemps de 1941, des troupes bulgares (notre document) avaient participé aux côtés des Allemands à l'attaque contre la Yougoslavie et la Grèce. Toutefois, en dépit du pacte tripartite, le gouvernement de Sofia ne devait pas s'engager contre l'URSS. Cette attitude prudente n'allait pas empêcher l'Angleterre, puis les États-Unis, en attendant l'URSS, d'entrer en guerre contre la Bulgarie, l'obligeant finalement à se prononcer contre l'Allemagne en septembre 1944. Ce revirement, suivi de l'entrée de l'armée rouge en Bulgarie, allait conduire, en 1946, à l'établissement d'une république populaire.

(Phot. H. Jaeger - Time Life-Colorific !)

Le camouflage. Au cours de la Seconde Guerre mondiale, le camouflage devait prendre une importance considérable et devenir une véritable science. Il concerna non seulement les troupes terrestres, mais les navires de guerre avec des peintures destinées à provoquer des erreurs d'identification, de distance ou de vitesse. Il s'adressa également aux avions. Sur le front de l'Est, les appareils de la Luftwaffe reçurent une couche de peinture blanche. Les bombardiers ou les chasseurs de nuit furent uniformément peints en noir. Pour les missions de jour, le dessous des ailes et le fuselage furent de couleur bleue ou grise, le dessus de l'appareil peint en fonction du terrain survolé. Ce document montre un Messerschmitt « Bf-109 », dont le camouflage parfaitement réussi se confond avec le désert de Libye. Bibliothèque du musée de l'Armée.

(Phot. Larousse.)

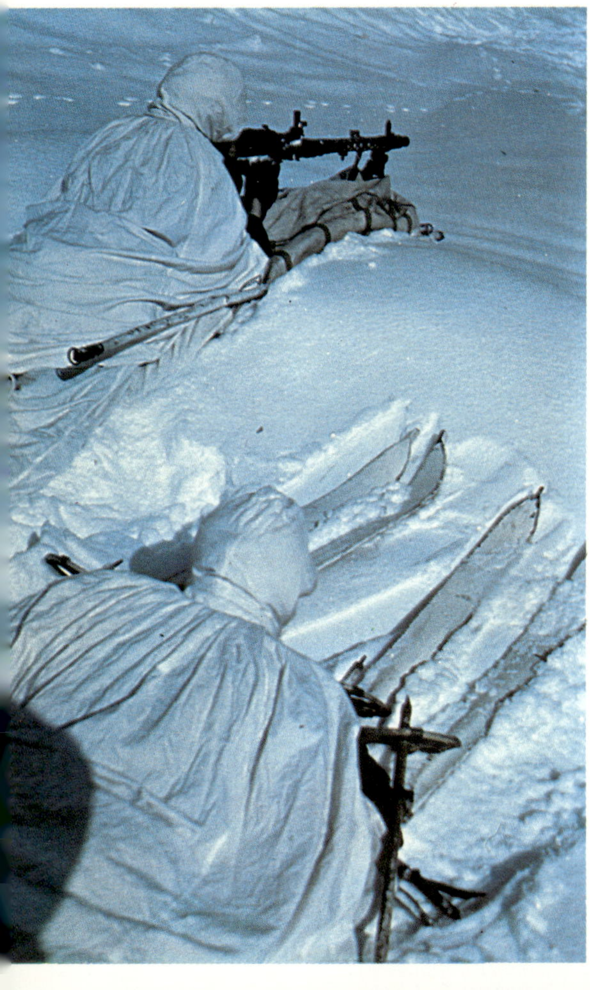

Contrairement à la tradition ancienne, où le soldat revêt les tenues de parade pour participer à la bataille, les armées modernes n'ont cessé de développer le camouflage, de manière à limiter les effets de la puissance de feu et à déjouer l'observation, aérienne ou non. Indépendamment d'uniformes peu voyants, feldgrau ou kaki, les tenues de combat camouflées apparaissent dès 1940, avec les parachutistes allemands. Pendant la campagne de Norvège, comme on le constate sur ce document, les soldats de la Wehrmacht revêtent des survêtements et des couvre-casques blancs, qu'on devait retrouver au cours de la guerre en URSS. En revanche, la tenue des soldats de l'Afrikakorps sera de couleur sable. De manière à se fondre davantage dans la nuit, les commandos anglais iront jusqu'à se noircir le visage et les mains.

(Phot. Ullstein - Camera Press - Parimage.)

Le Canada. Cette affiche de guerre souligne le rôle capital du Canada au cours de la Seconde Guerre mondiale. En dépit d'une impréparation criante au début du conflit, le Canada effectua un effort considérable. Il mobilisa plus d'un million d'hommes, qui furent engagés sur la plupart des théâtres d'opérations. Ses chantiers et usines produisirent 500 000 t de navires, 50 000 engins blindés, 800 000 camions et plus de 15 000 avions. À l'issue du conflit, le Canada, dont les liens financiers avec les États-Unis s'étaient étroitement resserrés, faisait figure de grande puissance industrielle, et le niveau de vie de sa population s'était considérablement amélioré.

(Phot. Parimage.)

La conférence de Casablanca. Elle fut, en janvier 1943, une des rencontres anglo-américaines les plus importantes de toute la guerre. Entourés de leurs états-majors, Churchill et Roosevelt prirent la décision de gagner la bataille de l'Atlantique, d'intensifier les bombardements sur l'Allemagne, d'achever la conquête de l'Afrique du Nord et de débarquer en Sicile au cours de l'été. C'est également à Casablanca que Roosevelt lança l'idée d'une « reddition sans conditions ». Les deux alliés tentèrent enfin d'obtenir une réconciliation entre Giraud et de Gaulle, qui incarnaient deux aspects de la « légitimité » française. La tentative se solda par un échec, en dépit du sourire contraint des deux généraux français devant les photographes. (Phot. U.P.I.)

le Casanova. Militante des jeunesses comtes, épouse de Laurent Casanova, prisonle guerre, elle fut chargée en 1941 par le de créer l'Union des femmes françaises et riger le journal clandestin *la Voix des es.* Arrêtée par la Gestapo en février 1942, ut déportée à Auschwitz, où elle mourut du s en 1943. Ce tableau de Boris Taslitsky, en 1950 dans un style expressionniste té par un réalisme socialiste « héroïque », e ses derniers instants.

(Phot. X, Musée d'histoire vivante de Montreuil.)
© A. D. A. G. P.

Cassino. La petite ville de Cassino et le mont Cassin, couronné par le célèbre monastère, devaient constituer un des hauts lieux de la Seconde Guerre mondiale. De janvier à mai 1944, les troupes alliées engagées en Italie — Américains, Britanniques, Français, Néo-Zélandais, Polonais — tentèrent à trois reprises de faire sauter ce verrou qui commandait la route de Rome. En vain. Tous ces assauts se brisèrent contre la résistance héroïque des troupes de montagne et des parachutistes allemands. Sur ce document, on voit une pièce de DCA anglaise au milieu des ruines de Cassino, avec, à l'arrière-plan, les restes de l'abbaye bénédictine, totalement détruite par le raid de l'aviation anglo-américaine du 15 février 1944. (Phot. US Army.)

Vue du champ de bataille de Cassino en février 1944, au lendemain du bombardement du monastère par l'aviation alliée. C'est sur ce terrain difficile, coupé par le cours du Rapido, que le IIe corps américain livra la première phase de la bataille. En dépit d'une intense préparation menée par l'aviation et l'artillerie, les Américains ne purent franchir le fleuve en crue. Ils furent écrasés par le feu des mitrailleuses et des canons allemands, parfaitement dirigé depuis les observatoires installés en montagne. Mais, contrairement à ce que pensaient les combattants alliés, les Allemands n'occupaient pas le monastère, dont la destruction, désastreuse sur le plan artistique, se révéla inutile.

(Phot. Imperial War Museum.)

BUCHAN
GREEN MANTLE

Le Caucase. Après le franchissement du Don et la prise de Rostov, à la fin de juillet 1942, les divisions allemandes du groupe d'armées A de List devaient s'élancer en direction du Caucase et de ses gisements de pétrole. Au cours de cette avance, les troupes allemandes (notre document) traversèrent, sans pratiquement rencontrer de résistance, l'immense steppe du Kouban, un des greniers à blé de l'Union soviétique. Elles atteignirent également la mer Noire à Novorossiisk et les puits de pétrole de Maïkop, incendiés par les Russes. (Phot. Larousse, doc. Signal.)

Après une progression extrêmement rapide à travers les steppes du Kouban, au cours de l'été 1942, l'avance des troupes allemandes devait se ralentir aux abords de la chaîne du Caucase, par suite de l'allongement des communications, des difficultés du terrain et de la résistance croissante des Soviétiques. Le corps de montagne du général Konrad ne put ainsi contrôler les cols du centre de la chaîne et déboucher sur Soukhoum. Un détachement réussit, cependant, le 21 août, à planter le drapeau allemand au-dessus de l'Elbrous, à 5 633 m. Mais cet exploit n'eut qu'un effet de propagande.

(Phot. Jean Vigne, doc. Die Wehrmacht.)

La cavalerie. Déjà fortement dévalorisée en 1918, la cavalerie, largement supplantée par les blindés, ne joua qu'un rôle mineur pendant la Seconde Guerre mondiale. Certaines armées comme celle des États-Unis en furent pratiquement démunies, à l'exception de quelques unités improvisées en Italie. Toutefois, le front de l'Est, avec ses immenses étendues de forêts et de steppes et la faiblesse du réseau routier, se prêta à l'emploi de la cavalerie, restée en honneur dans l'armée rouge. Les Allemands furent amenés ainsi, comme le montre ce document, à utiliser des unités auxiliaires de cavalerie, recrutées parmi les peuples du Kouban et du Caucase qui n'avaient jamais accepté vraiment l'autorité soviétique.

(Phot. Jean Vigne, doc. Die Wehrmacht.)

Les chalands de débarquement. Mis au point par les Japonais pendant le conflit avec la Chine, développés sur une énorme échelle par les Anglais et surtout les Américains, les chalands de débarquement (ici pendant la campagne d'Italie) constituèrent une des grandes révélations de la guerre et assurèrent la réussite des opérations combinées. Présentant une gamme extrêmement variée — depuis la « poussière » des simples barges jusqu'aux LST de 4 000 t, en passant par les LCI ou les LCT destinés au transport de l'infanterie ou des chars —, les chalands offraient l'avantage de jeter directement sur des plages non aménagées troupes, blindés, véhicules, et d'assurer ensuite le ravitaillement des éléments débarqués. En 1945, la marine américaine, à elle seule, disposait de plus de 50 000 de ces engins, représentant un tonnage dépassant 2 millions de tonnes.

(Phot. US Navy.)

La chancellerie du Reich. Le bureau de Hitler à la nouvelle chancellerie du Reich illustre parfaitement l'intention du Führer de créer, au cœur d'un Berlin rénové, un monument grandiose, de style néoclassique, à la mesure de la volonté de puissance du nouveau régime. Sous la direction de l'architecte personnel du Führer, Albert Speer, le nouveau bâtiment fut construit en un temps record — moins d'un an — et inauguré le 12 janvier 1939, lors de la réception du corps diplomatique. Fortement endommagée, la chancellerie, où Hitler se donna la mort le 30 avril 1945, fut détruite par les Soviétiques, et une partie des matériaux servit à l'édification du monument aux morts de l'armée rouge à Berlin. (Phot. Larousse, doc. Signal.)

La chanson en France. Très populaire en France, la chanson devait connaître une nouvelle orientation à la faveur de la guerre et de la défaite. Certaines chansons traduisent une insouciance forcée ou la nostalgie née de l'absence : *Je suis seule ce soir* ou *Attends-moi mon amour.* L'orientation politique n'est pas absente. *Un fleur au chapeau,* de William Lemit, composée à la gloire de la jeunesse et chantée dans les mouvements, prend ainsi une coloration pétainiste. Mais la chanson la plus caractéristique est, à n'en pas douter, *Maréchal, nous voilà !,* de Montagnard et Courtioux. Destinée à remplacer *la Marseillaise,* elle devait être chantée par les enfants des écoles et s'intégrer dans le répertoire de toutes les cérémonies officielles. (Archives Tallandier.)

Les Chantiers de la jeunesse. Créés au lendemain de l'armistice, ils devinrent une institution à partir de janvier 1941. Ils concernaient tous les jeunes gens de la zone libre âgés de 20 ans, et le stage durait huit mois. Soumis à une discipline toute militaire, ces jeunes se livraient à des travaux agricoles et participaient à des activités intellectuelles — conférences, débats, exposés. Sous la direction du général de La Porte du Theil, les Chantiers avaient pour but d'entretenir le respect des valeurs traditionnelles et de faire communier la jeunesse dans le culte du maréchal. L'occupation par les Allemands de la zone libre et la création du STO portèrent un coup fatal aux Chantiers, dont les derniers furent dissous en juin 1944. (Archives Tallandier.)

La chasse. Baptisé « destroyer », le Messerschmitt « Bf-110 » constituait un des chasseurs de base de la Luftwaffe en 1939. En fait, ce bimoteur rapide (540 km/h), fortement armé, se révéla peu maniable et très inférieur aux « Hurricane » et « Spitfire » britanniques lors de la bataille d'Angleterre. Avant d'être remplacé par le « Me-210 » et surtout le « Me-410 », le « Bf-110 » fut utilisé avec succès comme appareil d'appui tactique et comme chasseur de nuit. Plus de 6 000 de ces appareils furent fabriqués pendant la guerre. (Phot. L. Sirman - Camera Press - Parimage.)

Le chasseur North American P-51 « Mustang » fut un des meilleurs appareils de l'US Air Force à la fin de la guerre. Construit à 6 500 exemplaires, doté de 4 canons de 20 mm ou de 6 mitrailleuses de 12,7, il dépassait largement les 700 km/h. Cet appareil afficha une remarquable polyvalence — reconnaissance photographique, appui tactique et surtout mission d'escorte. Muni de réservoirs supplémentaires, le « Mustang » accompagna, en effet, à partir de janvier 1944, les bombardiers américains au cours de leurs raids en profondeur au-dessus de l'Europe. Ces missions d'escorte se traduisirent par un double résultat : elles réduisirent les pertes des bombardiers et infligèrent des pertes sévères à la chasse allemande, à la veille des grands débarquements en France. (Phot. Photri.)

Le document ci-contre illustre, en apparence, une phase d'un combat aérien entre deux des chasseurs les plus célèbres des débuts de la Seconde Guerre mondiale, le Messerschmitt « Bf-109 » et le « Spitfire ». Il s'agit en fait d'un photomontage de propagande d'un appareil authentique de la Luftwaffe et d'un « Spitfire » anglais tombé intact aux mains des Allemands.

(Phot. Bildarchiv Preussischer Kulturbesitz.)

La Chine. Soldats chinois assistant à un exercice d'entraînement en 1944. S'appuyant sur des réserves inépuisables, mobilisant près de 14 millions d'hommes, totalisant plus de 300 divisions et disposant d'une aide américaine considérable, Tchang Kaï-chek se trouvait, à la fin de la guerre, à la tête d'une armée imposante. Soucieux de ménager ses forces et de rétablir l'emprise du Kuomintang sur l'ensemble de la Chine, au lendemain du conflit, il observa cependant une attitude constamment passive, à la grande irritation de son chef d'état-major, le général américain Stilwell. (Archives Idées et Éditions.)

De 1937 à 1939, pendant les premières années de l'agression japonaise, Tchang Kaï-chek, jouant de l'immensité de la Chine, avait «vendu du terrain pour gagner du temps». Il avait réussi à maintenir l'autorité du régime nationaliste dans le sud et l'ouest de l'empire, avec Chungking comme capitale. Faute d'effectifs suffisants, les Japonais devaient se contenter alors de multiplier les raids aériens dévastateurs contre la ville. L'un des plus meurtriers eut lieu le 15 juin 1941 (notre document).

(Phot. C. Mydans - Time Life - Colorific !)

Au lendemain de la Longue Marche de 1934-3
les communistes chinois, sous la direction d
Mao Tsé-toung, s'étaient repliés dans le Shens
en Chine du Nord. S'appuyant sur les popul
tions, ils devaient mener jusqu'en 1945 la guéril
contre les troupes japonaises, tout en se prép
rant à affronter le Kuomintang au lendemain
conflit, origine d'une « troisième guerre civile »
(Phot. N. Marchand - M. Rieusse

Affiche chinoise accompagnée d'un comr
taire : « Bonne année, tes pilotes améric
luttent pour ta libération. » De fait, les aviat
américains devaient jouer un rôle constant
le conflit sino-japonais. En 1941 intervinren
volontaires, ou *Tigres volants,* de Claire
Chennault. À partir de 1943, une formation n
sino-américaine participa aux opérations, s
des escadres de la XIVe US Air Force,
utilisèrent des terrains dans le sud et procédè
à des bombardements stratégiques sur le Ja
Enfin, à partir de 1942, les aviateurs améric
du « Hump », le pont aérien mis en œuvre à p
de l'Inde, devaient contribuer au ravitaille
de la Chine, par-dessus l'Himālaya.
(Phot. Pari

Winston Churchill. Arborant un uniforme d'officier de marine volontairement désuet, Churchill rend visite au quartier général de Montgomery, quelques jours après le débarquement de Normandie en 1944, en compagnie d'Alanbrooke, chef d'état-major impérial. Vivement décrié, considéré comme «fini», Churchill entra cependant dans le gouvernement Chamberlain, en septembre 1939, comme Premier lord de l'Amirauté, avant de devenir Premier ministre le 10 mai 1940. Pendant quatre ans, il incarna, en dépit de terribles difficultés, la traditionnelle opiniâtreté britannique et conduisit le peuple anglais à la victoire. À la fin du conflit, il éprouva cependant deux désillusions : la défaite électorale de son parti en juin 1945 et l'incapacité de faire triompher, vis-à-vis des Américains, ses vues politiques à l'égard de l'Europe.

(Phot. Imperial War Museum.)

Le comte Ciano (à gauche) en compagnie de Ribbentrop en 1939. Fils d'un dignitaire du régime, mari de la fille de Mussolini, Ciano connut une carrière fulgurante dans le cadre du fascisme, devenant, en 1936, ministre des Affaires étrangères à 33 ans. Intelligent, mais manquant de caractère, il adhéra d'abord totalement à la politique d'expansion de Mussolini, prônant l'alliance allemande, avant de se méfier de Hitler. Après les grands revers de 1941-42, il conseilla au Duce de rompre avec le Reich. Ayant trempé dans la conspiration de l'été 1943, il commit l'erreur de se réfugier en Allemagne. Jugé et condamné à mort à Vérone, il devait être fusillé le 11 janvier 1944.

(Phot. H. Jaeger - Time Life - Colorific !)

Le cinéma. L'opérette viennoise était un dérivatif très prisé des spectateurs allemands (et français). Producteur, réalisateur, coscénariste et acteur principal du film *Opérette* (1940), Willi Forst chercha à faire rêver les foules en brossant un tableau scintillant, plein d'élégance et d'insouciance de la Vienne joyeuse de la seconde moitié du XIXe siècle. (Phot. Larousse, doc. Signal.)

Une superproduction présentée solennellement pour le 25e anniversaire de l'UFA et le 10e anniversaire du cinéma hitlérien. C'est en effet en 1943 que le metteur en scène Josef von Baky fut chargé de conter — en Agfacolor — les aventures d'un baron vantard nommé Munchhausen (le Baron de Crac en France). Le film eut un succès foudroyant. Sa fantaisie (on se souvient des séquences où le baron voyage sur un boulet de canon ou s'échappe de Venise en ballon, défiant constamment la pesanteur) et sa verve facétieuse, ses trucages et sa réalisation soignée devaient en faire l'un des plus durables succès du cinéma allemand du temps de guerre. Le Baron était interprété par Hans Albers.
(Phot. Larousse, doc. Signal.)

Le Président Kruger était un film « de propagande politique [...] destiné à faire tomber le masque de l'Angleterre ». La noblesse de Kruger, génie inspiré et homme de foi, s'opposait à la perfidie des chefs anglais, à la silhouette caricaturale de la reine Victoria, à la brutalité de lord Kitchener. Le metteur en scène Hans Steinhoff, qui avait signé en 1933 *le Jeune Hitlérien Quex*, s'acquitta sans défaillir de cette tâche idéologique précise et réalisa un film spectaculaire qui ne manquait ni de force ni d'habileté.
(Phot. Larousse, doc. Signal.)

Le cinéma. *Autant en emporte le vent* (*Gone with the Wind*, 1939), l'un des plus grands succès financiers du cinéma américain et essentiellement l'œuvre de l'un des producteurs hollywoodiens les plus ambitieux : David O. Selznick. Plusieurs cinéastes furent engagés, puis congédiés (notamment George Cukor et Sam Wood). Finalement, ce fut Victor Fleming qui signa le film. Le best-seller de Margaret Mitchell devait porter chance aux stars de la distribution : Clark Gable, Vivien Leigh, Olivia De Havilland et Leslie Howard, qui furent applaudies par des millions de spectateurs dans le monde entier. Le clou du film était sans aucun doute la bataille d'Atlanta, filmée avec de grands moyens techniques et rendue plus impressionnante encore par l'emploi du Technicolor, jusqu'alors peu couramment utilisé au cinéma. (Phot. M. G. M.)

Tout Paris acclama *la Symphonie fantastique* que Christian-Jaque tourna en 1942 pour la firme Continental (société allemande établie à Paris). Le héros en était naturellement le musicien Hector Berlioz, qu'interprétait Jean-Louis Barrault. Goebbels se montra très irrité par ce succès : « Greven (le directeur de la Continental) a une technique tout à fait erronée. Il considère qu'il est de son devoir d'élever le niveau du cinéma français. Ce n'est pas à nous de fournir de bons films aux Français et surtout ce n'est pas à nous qu'il incombe de leur donner des films à tendances nationalistes », écrivit-il dans son journal intime. (Phot. André Zucca, Arch. Tallandier.)

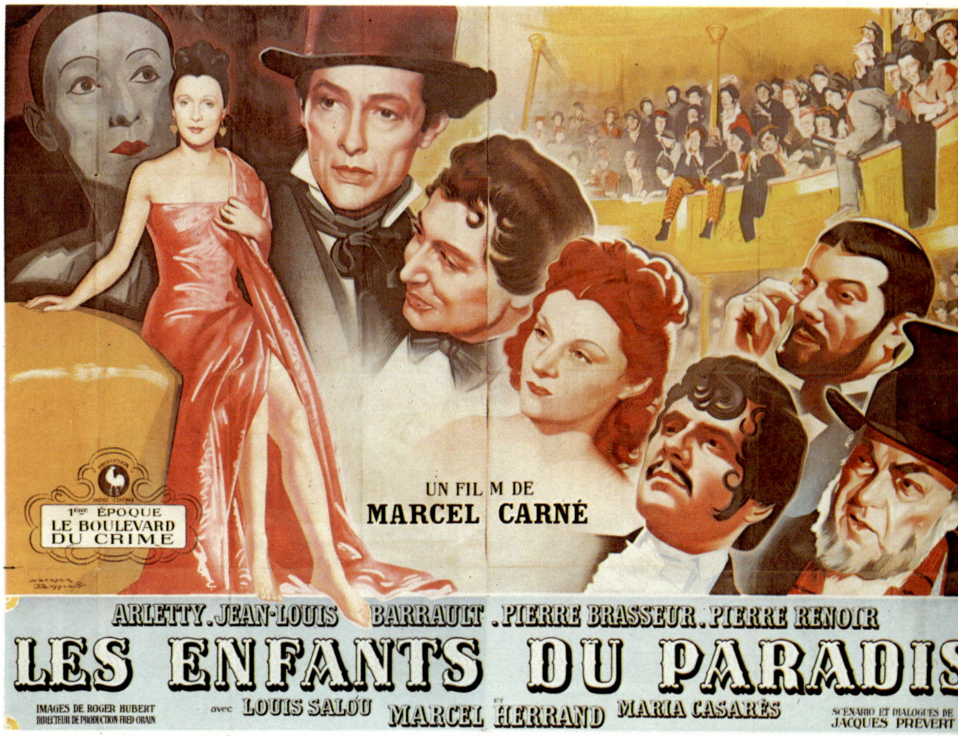

Les Enfants du paradis, la plus belle réussite du tandem Jacques Prévert-Marcel Carné, ne fut présenté au public qu'après la Libération. Il avait été entrepris dès le mois d'août 1943 dans les studios de la Victorine à Nice, avec des difficultés de tournage qui en auraient découragé plus d'un. Mais cette fresque de plus de trois heures (en deux épisodes) fut une réussite totale. Le décor du Paris romantique (le boulevard du Crime en 1840), le jeu étonnant des comédiens (principalement Jean-Louis Barrault, Arletty, Pierre Brasseur et Maria Casarès), le dialogue ingénieux et pétillant de Prévert et la maîtrise de Marcel Carné donnèrent au film une *aura* que le temps n'effaça pas. (Phot. Larousse.)

Le Président Kruger (1941), mis en scène par Hans Steinhoff, fut une superproduction de propagande, une « commande de l'État fixée jusque dans ses moindres détails », dont le modèle était curieusement le *Cuirassé Potemkine* d'Eisenstein, qui avait si fort impressionné Goebbels. Avec un budget de 5 400 000 marks, ce fut la production la plus coûteuse de tout le cinéma nazi. Violemment antibritannique, le film — qui n'était pas sans qualités artistiques — fut un triomphe personnel pour Emil Jannings, qui incarnait le leader Boer et qui reçut des mains du ministre de la Propagande l'« anneau d'or du cinéma allemand ». (Phot. André Zucca, Arch. Tallandier.)

Cinquième colonne. L'expression de « cinquième colonne », qui connut un large succès pendant la drôle de guerre, datait de la guerre d'Espagne. Au moment de l'attaque de Madrid, Franco avait annoncé que la ville tomberait sous l'action de quatre colonnes motorisées, agissant en liaison avec une « cinquième colonne » se trouvant dans la capitale elle-même et prête à déclencher des opérations de sabotage et d'intoxication. Sans être totalement inexistante, la cinquième colonne prit des allures obsessionnelles et concerna presque tous les adversaires de l'Allemagne, témoin cette affiche américaine, mettant en garde les GI contre des indiscrétions susceptibles d'être recueillies par des agents ennemis : « Une parole de trop peut coûter des vies. » (Phot. Photri.)

Mark Wayne Clark. Distingué par Marshall, Clark fut un des plus jeunes généraux américains de la Seconde Guerre mondiale. Après avoir préparé le débarquement en Afrique du Nord de novembre 1942, il dirigea l'action des troupes américaines en Tunisie, avant de commander la Ve armée en Sicile et en Italie (notre document) et d'assumer enfin la responsabilité de toutes les troupes alliées sur ce théâtre, à partir de la fin de 1944. Au lendemain de la guerre, il joua encore un rôle diplomatique et militaire important, avec le commandement des forces de l'ONU en Corée. (Phot. US Army, Archives Idées et Éditions.)

La collaboration. Exploitant l'expression ambiguë de collaboration prononcée par le maréchal Pétain au lendemain de Montoire, certains groupements totalement ralliés à l'idée d'un rapprochement étroit avec l'Allemagne voulurent y voir une confirmation de leur politique, comme le souligne cette affiche. Ce rapprochement concerne une France de vocation rurale avec une Allemagne hautement industrialisée. Il offre, une fois de plus, l'occasion de souligner les méfaits des partis d'une IIIe République riche en scandales. Les personnages représentés correspondent à l'image caricaturale que ces milieux collaborationnistes se faisaient des Juifs. B.N., Estampes. (Phot. Lauros-Giraudon.)

Cologne. En raison de son importance et de s
proximité relative de l'Angleterre, Cologne eut l
triste privilège de connaître des raids massifs d
la RAF dès 1941. Un des bombardements le
plus dévastateurs fut celui du 30 mai 1942. C
raid dit des « mille avions », qui mobilisait
quasi-totalité des forces du Bomber Commanc
entraîna la destruction de 13 000 maisons et f
des milliers de victimes. En 1945, la populatio
de la ville se réduisait à 25 000 habitants, au lie
de 700 000 à la veille de la guerre.

(Phot. US Army, Archives Idées et Éditions

Les opérations combinées. Contrairement à ce q
s'était passé au cours du conflit précédent, c
l'affaire des Dardanelles s'était soldée par u
échec coûteux, la Seconde Guerre mondiale f
caractérisée par l'ampleur et le succès des opér
tions combinées. Cette réussite devait s'exp
quer par une supériorité aérienne et maritin
absolue, par l'importance de la préparation aér
navale et par l'emploi de toute une flotte de bâ
ments spécialisés. Sur ce document, on assist
dans le commandement américain, à un exercic
de débarquement de soldats australiens sur u
plage du Queensland, en 1943.

(Phot. US Army, Archives Idées et Édition

Le commandement. Groupe d'officiers généraux américains, pendant la campagne d'Italie, encadrant le général Marshall, chef d'état-major général de l'armée américaine en tournée d'inspection en Italie durant l'hiver 1944-45. On reconnaît, sur ce document, Clark à la droite de Marshall et Truscott, commandant la Ve armée US, à sa gauche. Au lendemain de Pearl Harbor, le commandement américain fut réorganisé d'une manière souple et efficace. Sous la présidence de l'amiral Leahy, délégué de Roosevelt, le Joint Chiefs of Staff comprenait le général Marshall, l'amiral King, chef d'état-major de la marine, et le général Arnold, commandant l'aviation de l'armée. Dans le cadre de la mise au point d'une stratégie forcément commune, le Joint Chiefs of Staff constitua à Washington, avec les représentants des états-majors britanniques, les Combined Chiefs of Staff.

(Phot. US Army, Archives Idées et Éditions.)

Les commandos. Destinés à jouer un rôle très important pendant la guerre, les commandos furent une création britannique, au lendemain de la défaite de la France. Soumis à une très rude préparation, ces commandos avaient pour buts de harceler les côtes de l'Europe occupée, de désorienter l'adversaire, de détruire des objectifs ponctuels, de ramener des prisonniers, de prouver enfin la détermination britannique, dans l'attente d'un grand débarquement. Ce système fut adopté par les Américains avec les Rangers ; l'armée française devait avoir ses commandos à partir de 1943 : commando Kieffer, commando d'Afrique, ou « bataillon de choc », du commandant Gambiez. Ce document montre des soldats américains au visage noirci au cours d'une séance d'entraînement à la lutte antichar.

(Phot. US Army, Archives Idées et Éditions.)

Au cours du conflit, les Allemands créèrent des unités spéciales s'apparentant aux commandos alliés. Le bataillon « Brandebourg » était ainsi entraîné à des opérations de sabotage ou à des coups de main, voire à des actions d'espionnage. Il en était de même de la formation « Oranienbourg », créée en 1943. Les unités de parachutistes participèrent également à des opérations de commandos, comme le groupe aéroporté (notre document) qui réussit, en septembre 1943, à libérer Mussolini au Gran Sasso.

(Phot. Larousse, doc. Signal.)

Le communisme. Au lendemain de l'attaque contre l'Union soviétique et surtout après les premières défaites de 1942-43, la propagande allemande ne cessa d'exploiter le thème de la menace bolchevique pesant sur la civilisation occidentale. Ce thème fut diffusé à travers toute l'Europe occupée, comme le prouve cette affiche rédigée en polonais. Par la même occasion, les Allemands ressuscitèrent l'image de l'homme au couteau entre les dents, image utilisée, à la veille de la guerre, lors de campagnes électorales dans certains pays démocratiques.

(Phot. Bildarchiv Preussischer Kulturbesitz.)

C'est l'attaque allemande contre la Russie qui permit aux communistes français de sortir de la situation inconfortable où les avait plongés le pacte germano-soviétique. Dès le mois de juillet 1941, des militants procédèrent aux premiers attentats contre les soldats allemands, espérant que les représailles dresseraient la population contre l'occupant. De fait, les Allemands réagirent par des prises d'otages et des exécutions. En octobre 1941, l'assassinat du Feldkommandant de Nantes entraîna, près de Châteaubriant, la fusillade de 50 otages, en majorité communistes. (B. N., Archives Tallandier.)

Les camps de concentration. À la faveur de la guerre, le système concentrationnaire des pays totalitaires connut une ampleur sans précédent. En URSS, le goulag continua à retenir des millions de condamnés, en attendant l'arrivée massive d'Ukrainiens, de « minorités », d'ex-prisonniers de guerre ou de transfuges. En Allemagne, avec l'extension du conflit — occupation de toute une partie de l'Europe, apparition des résistances nationales, premières défaites, exigences de l'économie de guerre —, le système concentrationnaire prit une dimension entièrement nouvelle dont l'extermination devint progressivement la finalité. Ce document montre le tragique visage des rescapés de Buchenwald, quelques jours après la libération du camp. Au total, on devait compter dans les camps nazis au moins 2 millions de déportés, dont 500 000 disparurent. À ce chiffre s'ajoutèrent les millions de « raciaux », victimes de la « solution finale ».

(Archives Tallandier.)

Le camp de concentration de Buchenwald, près de Weimar. Ouvert en 1937, il fut d'abord réservé aux opposants du régime, puis on y dirigea des représentants de toutes les nationalités de l'Europe occupée. Le camp aurait reçu au total plus de 230000 détenus et compté au moins 35000 disparus. Au moment de sa libération par les Américains, le 11 avril 1945, on devait y trouver 21000 survivants, à côté de centaines de cadavres. (Phot. US Army.)

Les conférences. Pendant toute la durée de la guerre, les Alliés se réunirent dans le cadre de grandes conférences, pour déterminer les orientations stratégiques et politiques. La conférence Quadrant se déroula ainsi à Québec, du 14 au 24 août 1943. Sur ce document, on reconnaît Mackenzie King, Premier ministre canadien (debout), Roosevelt, Churchill et le gouverneur du Canada, sir Athlone. Au cours de cette réunion, les deux Grands étudièrent l'offre de capitulation italienne et décidèrent de débarquer en septembre en Italie. C'est également à Québec que fut prise la décision définitive de lancer l'opération Overlord, le débarquement en France, au printemps de 1944. (Phot. Imperial War Museum.)

Les convois. Convoi allié le long des côtes de l'Islande. Pendant toute la guerre, les belligérants, reprenant une tactique suivie dès le XVIIe siècle, adoptèrent le système des convois pour la protection de leur navigation commerciale. En dépit de ses inconvénients — la baisse de rendement de la marine marchande —, le système offrait l'avantage d'assurer une défense contre l'aviation, les sous-marins ou les navires de surface. Étaient cependant exclus des convois les bateaux trop lents ou les bâtiments très rapides, comme les paquebots, dont la vitesse constituait, à elle seule, une protection.

(Phot. UPI.)

Le corps expéditionnaire français. Au printemps de 1944, le corps expéditionnaire français en Italie, placé sous les ordres du général Juin, comportait 4 divisions. Il joua un rôle décisif dans la rupture des positions allemandes de la ligne Gustav. La percée par les monts Aurunci entraîna l'évacuation de Cassino. Toutefois, lors de son avance, la 3e division algérienne tomba dans une embuscade, après la prise d'Esperia, et subit de lourdes pertes (notre document). L'attaque du Monte d'Oro permit de dégager la route et de reprendre la progression.

(Phot. G. Silk - Time Life - Colorific !)

La Croatie. Sentinelle en faction devant l'église Saint-Marc de Zagreb, capitale de la Croatie. Dès leur intégration dans la Yougoslavie, en 1919, les Croates n'avaient cessé de réclamer un statut d'autonomie. Le refus des Serbes contribua à la création du parti terroriste des oustachis (insurgés), soutenus par l'Italie, la Hongrie et bientôt le IIIe Reich. Aussi, au lendemain de l'écrasement de la Yougoslavie en 1941, l'Allemagne put créer une Croatie nominalement indépendante, dirigée par un oustachi, Ante Pavelič. Dans l'obédience allemande, celui-ci fit régner une politique de terreur à l'égard des minorités israélite et serbe, ce qui contribua au développement des maquis. Après la défaite de l'Allemagne, le régime des oustachis s'effondra, et la Croatie fut réintégrée dans la Yougoslavie.

(Phot. Larousse, doc. Signal.)

La Crète. Soldat allemand visitant les ruines de Cnossos et admirant « le Prince aux fleurs de lis », célèbre fresque datant du XVIe s. av. J.-C. C'est en mai 1941, après la conquête de la Grèce, que les parachutistes du général Student réussirent à s'emparer de la Crète littéralement à l'abordage. Au cours de l'évacuation des troupes britanniques, la Lutfwaffe infligea des pertes sévères à la marine britannique, envoyant par le fond deux croiseurs et plusieurs destroyers. Les Allemands devaient occuper la Crète jusqu'en mai 1945. (Phot. Larousse, doc. Signal.)

Les croiseurs. En 1939, toutes les grandes marines disposaient de deux types de croiseurs : les croiseurs lourds affichaient un tonnage égal ou supérieur à 10 000 t et les croiseurs légers offraient un déplacement de l'ordre de 6 000 à 7 500 t. Rapides, mais peu protégés, ces bâtiments jouèrent un rôle essentiel dans deux types de mission : l'appui-feu dans le cadre des opérations amphibies et surtout la protection aérienne des formations navales, grâce à un renforcement considérable de leur DCA. À la fin de la guerre, avant même de recevoir des missiles, le croiseur avait éclipsé le cuirassé. Ce document montre trois croiseurs allemands en opération dans l'Atlantique, vers 1941-42.

(Phot. Bildarchiv Preussischer Kulturbesitz.)

La Croix-Rouge. Fondée en 1865, l'organisation de la Croix-Rouge joua un rôle considérable, tout au long de la guerre, dans le cadre du respect des conventions de Genève, notamment en ce qui concernait les prisonniers de guerre. Le Comité international créa ainsi un fichier central, visita 8 000 camps, distribua lettres et colis, et procéda à des rapatriements. Faute de base juridique, son action fut plus inégale en ce qui concernait les civils et les réfugiés. Son action fut impuissante pour les déportés. De même, le refus de l'URSS d'adhérer à la convention de 1939 eut des conséquences funestes pour les prisonniers des deux camps capturés sur le front de l'Est. Ce document montre une opération de rapatriement de prisonniers français libérés en Allemagne, à Karlsruhe, en 1945.

(Archives Tallandier.)

Sir Andrew Browne Cunningham. Il fut certainement le plus grand marin britannique de la Seconde Guerre mondiale. En 1939, après une carrière exceptionnellement brillante commencée 42 ans plus tôt, il commandait la flotte de la Méditerranée. En dépit de la faiblesse de ses forces, il réussit à s'imposer à la marine italienne, menant l'attaque aéronavale de Tarente du 11 novembre 1940 et remportant la victoire du cap Matapan en mars 1941. En octobre 1943, il devenait Premier lord de la mer et terminait sa carrière avec le titre envié d'amiral de la flotte. (Phot. Imperial War Museum.)

Dakar. Menée pourtant avec des moyens importants — la quasi-totalité des Forces françaises libres et l'escadre de l'amiral Cunningham —, l'opération de ralliement de Dakar, lancée en septembre 1940, se solda par un échec, dont les répercussions furent sérieuses. Churchill dut affronter la colère des Communes. Le prestige du général de Gaulle fut durement atteint, et l'affaire mit fin au ralliement des colonies. En France, la presse collaborationniste et les milieux anglophobes exploitèrent à fond la bataille de Dakar, comme le souligne ce document, cherchant à discréditer le général de Gaulle et à élargir le fossé franco-britannique né de Mers el-Kébir. (Phot. Lauros-Giraudon.)

Daladier. Le sourire de Daladier en compagnie du ministre des Affaires étrangères du Reich, Ribbentrop, à la veille de l'ouverture de la conférence de Munich, en septembre 1938, ne doit pas faire illusion. Président du Conseil depuis cinq mois, Daladier connaissait parfaitement les risques de céder aux menaces de Hitler dans l'affaire des Sudètes. Mais il se trouvait dans une situation inextricable : il ne pouvait compter sur l'appui britannique ; l'armée française, purement défensive, était incapable de secourir la Tchécoslovaquie ; enfin, l'opinion française restait passionnément pacifiste. À son retour, Daladier reçut un accueil délirant, dès sa descente d'avion au Bourget, d'une foule immense qui clamait sa joie de voir la paix préservée. (Phot. H. Jaeger - Time Life - Colorific !)

Dantzig. Vieille ville de Prusse-Orientale, Dantzig avait été proclamée « ville libre » en 1919 et devait servir de débouché économique à la Pologne. Sans attendre les revendications de Hitler, en 1939, les Allemands n'avaient jamais accepté le statut de la ville. C'est à Dantzig qu'allaient être tirés les premiers coups de canon de la Seconde Guerre mondiale. La ville devait être occupée par l'armée rouge, le 30 mars 1945, et aussitôt annexée à la Pologne, sous le nom de Gdánsk, avant de constituer un foyer d'opposition au régime socialiste. (Archives M. Rieussec.)

Les décorations. Ordres militaires allemands de 1939 à 1945. Créé en 1813, l'ordre de la Croix de fer devait rester la distinction militaire majeure des forces armées allemandes de la guerre. En cas de mérite exceptionnel, pouvait être attribuée la croix de chevalier avec feuilles de chêne, sabres et brillants (en haut, au milieu). Parmi les autres décorations, on retient la médaille du mérite militaire (en bas, à droite et à gauche) et la Croix allemande en or ou argent (en haut, à gauche et à droite), créée par Hitler.

(Phot. Larousse, doc. Signal.)

Les destroyers. Au cours de la bataille du Pacifique, un destroyer de la classe *Fletcher* se ravitaille en mazout au flanc d'un cuirassé de la série *Missouri.* Ces destroyers de 2000 t, armés de 5 canons de 127 et d'une vingtaine de pièces de 40 ou 20 mm, constituèrent les chiens de garde des grandes *task forces.* Ils en assuraient la veille radar éloignée ou la protection directe antiaérienne ou anti-sous-marine.

(Phot. US Navy, Arch. Idées et Éditions.)

Dieppe. Chars britanniques de type *Churchill* abandonnés sur le front de mer de Dieppe, après l'échec de la tentative de débarquement du 19 août 1942. Ces chars étaient dotés de tuyaux d'échappement spéciaux pour atteindre la côte par leurs propres moyens après la mise à l'eau. En dépit des pertes sévères subies par les Canadiens, le raid de Dieppe ne fut pas totalement inutile. En prévision du grand débarquement prévu pour 1944, il amena le commandement allié à renoncer à toute attaque des ports trop bien défendus et à envisager l'opération directement sur les plages avec le matériel approprié.

(Phot. Bildarchiv Preussischer Kulturbesitz.)

Dietl. Spécialiste de la guerre en montagne, le général Eduard Dietl se fit d'abord remarquer en Norvège, lors des combats menés autour de Narvik. Au début de la guerre à l'Est, en 1941, placé à la tête de trois divisions, il reçut la mission de défendre les mines de Petsamo et de Kirkenes et de s'emparer de Mourmansk. S'il ne put atteindre ce dernier objectif, il assura cependant la protection du nord de la Norvège et fixa des troupes soviétiques considérables. Il devait disparaître le 23 juin 1944, dans un accident d'avion. (Phot. Parimage.)

Le Dniepr. Au cours de la grande offensive de l'été 1941, les troupes allemandes réussirent, dans la première quinzaine de septembre, à franchir le Dniepr, en dépit du caractère imposant du fleuve. Ces franchissements permirent l'encerclement de plusieurs armées soviétiques et la prise de Kiev. On voit ici une colonne motorisée traversant le Dniepr sur un pont de bateaux. (Phot. Bildarchiv Preussischer Kulturbesitz.)

Dès le franchissement du Dniepr, les Al entreprirent la remise en état des ouvrag que les troupes soviétiques avaient fai pendant leur retraite. Ce document mo femmes soviétiques réquisitionnées parti la réfection d'un pont ferroviaire sur le (Phot. Bibliothek für Zeitgeschichte

Dönitz. Pendant toute la durée de la guerre, d'abord comme commandant de l'Ubootwaffe, puis de la Kriegsmarine, l'amiral Dönitz consacra toutes ses énergies à la lutte sous-marine. Il recevait personnellement les commandants de retour de mission et se faisait présenter les équipages, remettant lui-même les décorations.

(Phot. Bildarchiv Preussischer Kulturbesitz.)

Doolittle. Le raid sur Tōkyō, lancé le 18 avril 1942, à partir du porte-avions *Hornet*, devait assurer la célébrité du général Doolittle. On le voit ici à bord d'un des 16 bombardiers moyens « B-25 », quelques instants avant le décollage. En dépit de résultats minimes, le raid sur Tōkyō eut d'importantes conséquences. Il amena l'amiral Yamamoto à entreprendre les opérations qui conduisirent à la bataille de Midway.

(Phot. Photri.)

Le Douglas « Dauntless ». Entré en service en 1940, le bombardier en piqué Douglas « Dauntless » fut un des meilleurs appareils de l'aéronavale américaine. Près de 6 000 exemplaires furent fabriqués jusqu'en 1944. Disposant d'un moteur de 1 800 ch, il pouvait atteindre 400 km/h. Armé de 4 mitrailleuses, il emportait une bombe de 500 kg sous le fuselage et deux de 50 sous les ailes. Suivant les versions, son rayon d'action oscillait de 700 à 1 250 km.

(Phot. Peter Stackpole-Time Life-Colorific !)

Dresde. En février 1945, 3 000 t de bombes explosives et incendiaires furent lâchées sur cette ville d'Allemagne orientale par l'aviation anglo-américaine. Ce bombardement sur une cité presque dépourvue de défense aérienne, manquant d'abris et surpeuplée par l'afflux de réfugiés de l'Est, fut le plus meurtrier de toute la guerre. Le nombre des morts (135 000) était tel, qu'il fallut brûler les cadavres des jours durant. Ici, des auxiliaires russes de la Wehrmacht, encadrés par des officiers allemands, dénombrent les victimes, tandis qu'à l'arrière-plan brûle un bûcher funéraire. (Archives Idées et Éditions.)

Le DUKW. Construit à partir de 1942, le DUKW était un engin amphibie dérivé du camion GMC. Prévu pour effectuer des transports de matériel depuis les navires jusqu'aux rivages sans avoir à utiliser d'appontements, cet engin, baptisé *Duck* (« canard »), rendit les plus grands services au cours des opérations amphibies, comme le montre ce document concernant le débarquement de Provence. (Phot. US Navy.)

Dunkerque. Lors de l'entrée des troupes allemandes, le 4 juin 1940, Dunkerque, soumis à des bombardements aériens et à des tirs d'artillerie intenses, n'était plus qu'un vaste champ de ruines. Depuis le 30 mai, les restes de deux divisions françaises avaient offert une ultime résistance sur le canal de Bergues à Furnes, permettant les derniers rembarquements.

(Phot. H. Jaeger-Time Life-Colorific !)

Quand les Allemands atteignirent la mer aux abords de Dunkerque, ils découvrirent un spectacle de désolation. Les plages étaient jonchées de cadavres et de véhicules abandonnés. Dans le cadre de l'opération *Dynamo*, les forces navales franco-britanniques avaient bien réussi à rembarquer près de 350000 hommes, n'en abandonnant que 40000 à l'adversaire, mais tout le matériel était pratiquement resté sur place.

(Phot. H. Jaeger-Time Life-Colorific !)

L'économie de guerre. L'effort de guerre de la Grande-Bretagne fut un des plus importants de tous les belligérants. Plus de 50 p. 100 du revenu national se trouva consacré aux fabrications d'armement, et la priorité, en vertu des conceptions stratégiques, fut accordée aux industries aéronautiques. Ce document montre une chaîne de bombardiers « Lancaster » destinés aux raids sur l'Allemagne. (Phot. Imperial War Museum.)

Contrairement à ce que l'on pourrait croire, l'Allemagne attendit l'échec de la Blitzkrieg et les premiers revers sur le front de l'Est pour se lancer dans une véritable économie de guerre. En dépit des bombardements stratégiques, les records de production d'armement intervinrent en 1944. Ce document montre un atelier d'assemblage de chars du type *Panther.* (Phot. Camera Press-Parimage.)

Pour pallier les pertes infligées par les U-Boote et répondre aux énormes besoins en tonnage liés au transport des troupes et du matériel, les chantiers anglo-américains accomplirent un effort considérable de construction de navires de commerce. Les bateaux furent fabriqués à la chaîne. Sur ce document, des cargos du type *Ocean* se trouvent en achèvement à flot dans les chantiers Marland and Wolff de Belfast. On notera la présence inattendue de remorqueurs à roues à aubes du siècle dernier. (Phot. Imperial War Museum.)

Au cours du conflit, tous les pays belligérants durent faire appel à la main-d'œuvre féminine pour répondre à l'augmentation de la production et combler les vides provoqués par la mobilisation des hommes dans les forces armées. Mais, si l'Allemagne nazie ne s'y résigna que tardivement et sous la contrainte des premières défaites, en Grande-Bretagne la participation des femmes à l'effort de guerre fut massive, dès 1940, comme le montre cet atelier de machines-outils d'une usine d'armement anglaise, réinstallé dans un abri souterrain pour échapper aux effets des bombardements. (Phot. Imperial War Museum.)

Eden. Esprit brillant, arbitre des élégances, il avait démissionné du Foreign Office en 1938, reprochant à Chamberlain son manque de fermeté à l'égard des dictatures. De 1940 à 1945, il devait retrouver la direction des Affaires étrangères dans le cabinet de Churchill, dont il fut surtout l'exécutant. On le voit ici, en 1942, assistant à des manœuvres de la 42e division dans le Yorkshire. (Phot. Imperial War Museum.)

Les Églises. Aumônier américain célébrant en 1944 une messe au cimetière militaire de Montebourg, dans le Cotentin, en l'honneur des soldats américains tués pendant la bataille de Normandie. Pendant toute la guerre, les Églises se heurtèrent à une tâche d'une exceptionnelle difficulté : faire triompher le message du Christ dans un monde assailli par les passions nationales et les totalitarismes.

(Phot. US Army, Archives Idées et Éditions.)

L'Égypte. En vertu des dispositions du traité de 1936, l'Égypte constitua, pendant toute la Seconde Guerre mondiale, une des grandes bases d'opérations britanniques. Près de 500 000 hommes y séjournèrent, menant la lutte contre les forces italo-allemandes et assurant la défense du canal de Suez et des positions anglaises du Proche-Orient. Ce document montre un bombardier « Hudson » du Coastal Command survolant les Pyramides. (Phot. Imperial War Museum.)

De 1939 à 1942, les rapports anglo-égyptiens furent tendus. Soutenus par le roi Farouk, les différents gouvernements refusèrent de déclarer la guerre aux puissances de l'Axe et une grande partie de l'opinion ne dissimulait pas ses sympathies pour l'Allemagne. En février 1942, les Anglais durent procéder à un coup d'État et obliger Farouk à constituer un gouvernement favorable aux intérêts alliés. Au retour de Yalta, en février 1945, le président Roosevelt, à bord du croiseur *Quincy* (notre document), jugea nécessaire d'avoir un entretien avec le roi. (Phot. US Army, Archives Idées et Éditions.)

Eisenhower. La protection du chef d'état-major de l'armée américaine, le général Marshall, valut à Eisenhower un avancement exceptionnel. Il fut ainsi placé à la tête de l'opération *Torch* d'Afrique du Nord, puis du théâtre méditerranéen, avant de recevoir, à la fin de 1943, le commandement des troupes alliées destinées à débarquer en France. Plus qu'un grand stratège, Eisenhower fut un conciliateur, qualité essentielle dans une guerre de coalition. On le voit ici s'entretenant familièrement avec un soldat à la veille du débarquement de Normandie. (Phot. Popperfoto.)

L'énergie. Le pétrole fut véritablement le « nerf de la guerre » de 1939 à 1945. On voit ici un pétrolier en feu, torpillé par un U-Boote, lors de la grande offensive des sous-marins allemands sur la côte atlantique des États-Unis, au début de 1942, destinée à couper la ligne de ravitaillement en hydrocarbures reliant le golfe du Mexique à la côte est. (Phot. Larousse, doc. Signal.)

Pour paralyser la machine de guerre du Reich, l'aviation stratégique alliée entreprit la destruction systématique, à l'automne de 1944, de toutes les raffineries et usines d'essence synthétique de l'Allemagne. Les résultats furent spectaculaires, comme le montrent ces ruines de la raffinerie de Zeitz. Le conflit s'en trouva abrégé de plusieurs mois. (Phot. coll. Delagarde.)

Pendant toute la durée du conflit, le ravitaillement de l'aviation en essence à indice d'octane élevé constitua une des préoccupations majeures des services logistiques. On voit ici des chasseurs allemands Messerschmitt « Bf-109 » faisant le plein sur un aérodrome de Libye.

(Phot. Bildarchiv Preussischer Kulturbesitz.)

De 1939 à 1944, l'Allemagne put exploiter à son profit les gisements de pétrole de Ploesti, en Roumanie. Toutefois, devant la menace des bombardiers alliés depuis l'Italie du Sud, à partir de 1943, les Allemands durent renforcer considérablement la défense antiaérienne de ces puits de pétrole. (Phot. Bundesarchiv Koblenz.)

L'Espagne. En 1939, la victoire des nationalistes de Franco avait été assurée, en grande partie, par le concours militaire de l'Italie et de l'Allemagne. Toutefois, au cours de la guerre, Franco observa la plus grande prudence et refusa de s'engager aux côtés des puissances de l'Axe. Sur ce document, Franco assiste en 1939 au défilé de la victoire à Madrid.

(Phot. H. Jaeger-Time Life-Colorific !)

En dépit de la pression de Hitler, notamment à Hendaye, en octobre 1940, Franco se refusa à toute participation au conflit aux côtés de l'Allemagne, même dans le cadre de la reprise de Gibraltar. En 1941, il autorisa simplement l'envoi d'une formation de volontaires, la *división azul,* pour combattre sur le front de l'Est. Ce document représente des soldats espagnols de cette division qui se sont illustrés sur le front de Leningrad. (Phot. Bibliothek für Zeitgeschichte Stuttgart.)

Les États-Unis. Cette photo montrant, à la fin des hostilités, le retour de matelots américains à New York, a valeur de symbole. Elle illustre l'énorme effort militaire des États-Unis, qui s'est traduit par la mobilisation de 13 millions d'hommes engagés sur les deux grands fronts du Pacifique et de l'Europe.

(Phot. US Navy, Archives Idées et Éditions.)

L'engagement des forces armées américaines sur de gigantesques théâtres devait se traduire par un considérable effort logistique. Les Américains, qui ne disposaient en 1939-40 que de 69 aérodromes, pourront s'appuyer en 1943 sur un réseau de 1 400, dont 800 situés outre-mer, telle cette base aérienne située en Alaska, où la piste, construite à l'aide de grilles métalliques, a été aménagée en quelques semaines par le génie.

(Phot. US Army.)

La guerre entraîna un gonflement spectaculaire des effectifs de l'armée américaine. On assiste ici à une parade au tout début du conflit. Les soldats portent encore la tenue héritée de celle de 1917-18, avec le casque britannique.
(Phot. US Army, Archives Idées et Éditions.)

L'effort de l'industrie américaine, au cours du conflit, fut véritablement prodigieux. C'est ainsi que près de 300 000 avions furent fabriqués. Ce document montre un rassemblement de bombardiers lourds Boeing « B-17 » sur une base de Grande-Bretagne, à la veille du débarquement de Normandie. (Phot. Photri.)

L'effort de guerre des États-Unis entraîna des dépenses considérables, dont 50 p. 100 furent couverts par l'impôt et le reste par l'emprunt ou par l'émission de bons, comme le montre cette affiche qui souligne l'effort en faveur des constructions navales. Celles-ci produisirent 6 millions de tonnes de navires de guerre et près de 40 millions de tonnes de bâtiments de commerce. Musée des Deux Guerres mondiales - B. D. I. C. *(Universités de Paris.)* (Phot. Larousse.)

L'Europe allemande. À Kharkov, en 1942, une femme ukrainienne contemple une affiche allemande montrant le combat de la Wehrmacht pour la liberté du peuple. En fait, le comportement allemand en URSS devait démentir ce type de propagande, et le général Guderian put déclarer : « Nous avons perdu la guerre le jour où nous n'avons pas hissé le drapeau ukrainien sur la cathédrale de Kiev. »

(Phot. Bildarchiv Preussischer Kulturbesitz.)

Dans une rue de Kharkov, en 1942, un soldat allemand règle la circulation, en face d'un magasin d'alimentation (gastronom) orné d'une banderole de propagande. L'occupation allemande de l'Ukraine devait durer près de deux ans, marquée par des réquisitions massives de produits alimentaires et de main-d'œuvre, et accompagnée d'une répression impitoyable.

(Phot. Bildarchiv Preussischer Kulturbesitz.)

Dans les pays occupés, la floraison des panneaux de signalisation (ici place de l'Opéra, à Paris) constituait un des aspects les plus caractéristiques du spectacle de la rue. L'Occupation devait prendre des formes très diverses : relativement souple dans les pays d'Europe occidentale, elle fut dure et brutale dans l'est de l'Europe, notamment en Pologne et en Union soviétique. (Phot. André Zucca, Arch. Tallandier.)

À partir de 1942, pour lutter contre l'opposition croissante qui se manifestait dans les pays occupés, la propagande allemande tenta d'exploiter le thème de la subversion soviétique. C'est ce que l'on constate sur cette affiche placardée en Pologne : « Dans le combat contre le bolchevisme, seul le soldat allemand est le sauveur de l'Europe ! » (Phot. Bildarchiv Preussischer Kulturbesitz.)

L'offensive aérienne sur l'Europe. Dès 1941, l'offensive aérienne sur l'Allemagne, et même sur l'Europe occupée, constitua un des éléments majeurs de la stratégie britannique. Ces raids s'effectuaient de nuit et concernaient les villes et les zones industrielles, de manière à paralyser la production et à briser le moral de la population allemande. On voit ici, à la veille d'une opération, un officier de la RAF donner ses instructions aux équipages des appareils de bombardement. (Phot. US Air Force.)

À partir de l'été 1942, l'aviation américaine de la VIIIe Air Force commença à participer à l'offensive aérienne sur l'Europe, en appliquant une tactique spécifique : attaques diurnes de précision sur des objectifs à caractère militaire ou économique. Sur ce document, une formation de forteresses volantes Boeing « B-17 » survole la France, au début de 1944, avec la mission de bombarder la région de Meulan (anc. Seine-et-Oise), où les Allemands ont installé un centre de réparation pour leurs avions Dornier. (Phot. US Air Force.)

Les bombardements anglais sur les villes allemandes entraînèrent de lourdes pertes pour la population civile et causèrent de terribles destructions. On voit ici les ruines de Nuremberg, en 1945. Le raid du 30 mars 1944 sur la ville se révéla également extrêmement coûteux pour la RAF. Sur 795 avions, chargés de 8 000 t de bombes, 95 furent abattus, et, lors du retour, 71 étaient très gravement endommagés. Ce lourd bilan entraîna une interruption des bombardements sur l'Allemagne pendant plusieurs mois.

(Arch. Tallandier.)

À partir du printemps de 1944, une grande partie de l'aviation de bombardement anglo-américaine concentra ses efforts sur l'industrie du pétrole, attaquant les gisements de Roumanie, les raffineries et usines d'essence synthétique du Reich. Plus de 230 000 t de bombes furent lancées, avec des effets dévastateurs, comme le montre cette vue de l'usine de Misburg, près de Hanovre, en 1945. (Phot. US Air Force, Archives Idées et Éditions.)

D'août à octobre 1944, les usines allemandes de fabrication de chars firent l'objet d'attaques aériennes massives. Les résultats furent souvent spectaculaires, comme le prouve cette vue d'un atelier de montage, où l'on distingue la carcasse d'un chasseur de chars inachevé du type *Jagdpanther.* En fait, les dégâts étaient vite réparés et la perte de production en blindés de l'année 1944 ne dépassa pas 15 p. 100.

(Phot. US Air Force, Archives Idées et Éditions.)

L'exode. Les défaites des armées alliées, en mai-juin 1940, entraînèrent un exode massif des populations du nord, de l'est et même du centre de la France, qui redoutaient les bombardements ou une éventuelle stabilisation du front qui aurait entraîné une pénible occupation. Mobilisant les moyens de transport les plus variés, cet exode contribua à la paralysie des mouvements des troupes. (Phot. H. Jaeger-Time Life-Colorific !)

Les femmes. Pour pallier la mobilisation des hommes, tous les pays belligérants firent massivement appel à la main-d'œuvre féminine pour les tâches les plus diverses — agriculture, industrie, services ou formations militaires auxiliaires. On voit ici de jeunes Anglaises en uniforme procédant, à marée basse, à la récupération d'obus. (Phot. Imperial War Museum.)

Fait paradoxal, de tous les grands belligérants, l'Allemagne fut le pays à recourir le plus tardivement à la mobilisation féminine. Jusqu'en 1943, le Reich put se contenter des ressources fournies par les prisonniers de guerre et les déportés. Hitler tenait également à préserver la solidité du foyer, à maintenir la natalité, encourageant des unions de guerre, comme le montre ce mariage célébré au « Goldene Dachl », à Innsbruck. (Phot. Larousse, doc. « Signal ».)

Les finances. Chez tous les belligérants, les dépenses formidables d'armement ne purent être compensées par les impôts. Il fallut recourir à l'émission d'emprunts. Cette affiche de propagande américaine souligne que 85 millions d'Américains détiennent déjà des bons de guerre. De 1941 à 1945, le montant de la dette publique des États-Unis passa ainsi de moins de 48 milliards de dollars à plus de 230. Musée des Deux Guerres Mondiales-BDIC (Universités de Paris).
(Phot. Larousse.)

La Finlande. Couverte de forêts, parsemée de 35 000 lacs, la Finlande fut le théâtre de deux guerres successives, menées contre l'URSS. À la première, qui se déroula pendant l'hiver 1939-40, succéda la guerre dite de « continuation » (juin 1941-septembre 1944), destinée à reprendre les territoires perdus, à la faveur de l'attaqué allemande contre l'Union soviétique. L'objectif ne put être atteint, et ce second conflit aboutit, à l'automne 1944, à un armistice draconien avec l'URSS, qui préservait cependant l'indépendance du pays. Le paysage finlandais est ici vu d'un bombardier moyen allemand.

(Phot. Larousse, doc. Signal.)

Groupe de soldats finlandais, quelques minutes avant de partir à l'attaque. Dans son combat contre l'URSS, le combattant finnois suscita l'admiration par son courage et son art d'utiliser le terrain. En dépit des exigences soviétiques — annexion de territoires et lourde indemnité —, la vaillance du peuple finlandais permit de sauvegarder l'indépendance nationale et d'éviter le sort des pays Baltes et des autres États de l'Europe orientale.

(Phot. Arch. Tallandier, doc. « Signal ».)

Au cours de la guerre dite de « continuation », des troupes allemandes, en liaison avec des formations finlandaises, menèrent des opérations dans le nord du pays, en Laponie. On voit ici des soldats de montagne allemands escortant des rennes. Si ces troupes ne purent s'emparer de Mourmansk, elles réussirent à préserver les mines de nickel de Petsamo jusqu'à la fin de 1944, avant de se replier sur la Norvège.

(Phot. Bibliothek für Zeitgeschichte, Stuttgart.)

Focke-Wulf. C'est au cours de l'été 1941 que les premiers chasseurs Focke-Wulf « FW-190 » furent livrés à la Luftwaffe. Très réussi, cet appareil surclassa d'emblée le « Spitfire » et fut construit jusqu'à la fin de la guerre à plus de 20 000 exemplaires. Dans sa version D9 (notre document), le Focke-Wulf, pour une longueur de 10,20 m et une envergure de 10,50 m, affichait un poids de 4 300 kg. Son moteur « Jumo-213 » de près de 1 800 ch autorisait une vitesse de 685 km/h. L'armement comportait deux canons de 20 mm et 2 mitrailleuses.

(Phot. Larousse, doc. « Signal ».)

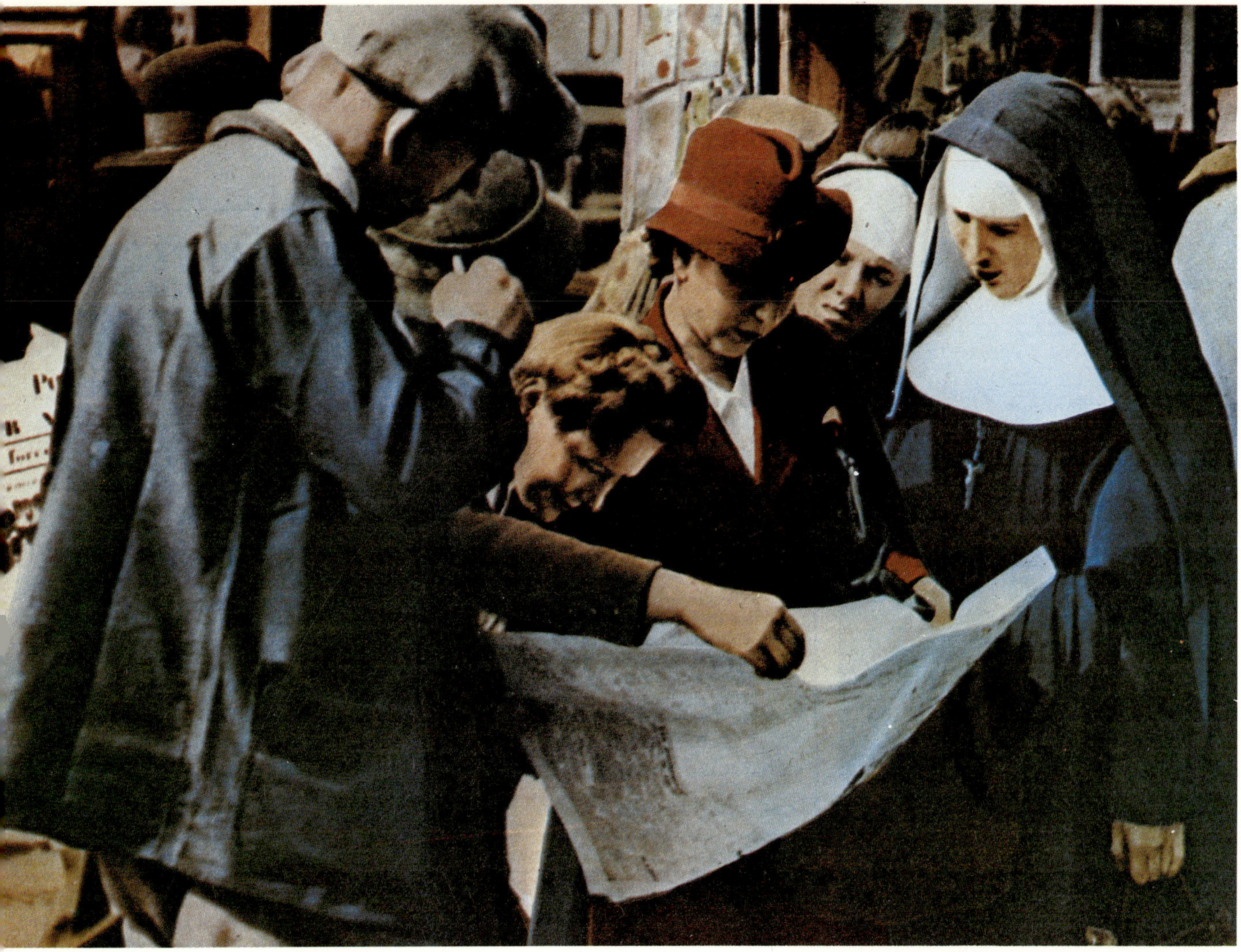

La France. Pendant les neuf mois de la « drôle de guerre », l'opinion française vécut dans l'attente et même l'illusion que le pays ne serait pas directement concerné par le conflit. On voit ici des Parisiens se précipitant sur les journaux annonçant le déclenchement de l'offensive allemande du 10 mai 1940. (Phot. X.)

Au lendemain du désastre et de l'armistice, le maréchal Pétain fut l'objet d'un véritable culte dans toute la France. En zone occupée, des groupements, comme la Ligue française de Constantini, invoquèrent certaines déclarations du chef de l'État en faveur de la LVF pour développer une large politique de collaboration avec l'occupant. Le siège de la Ligue française et du journal *l'Appel* se trouvait à Paris, à l'angle de la rue de la Chaussée-d'Antin.

(Phot. André Zucca, Archives Tallandier.)

Militaires allemands regardant les boîtes des bouquinistes sur les quais de la Seine, à Paris. Pendant quatre années, la présence de soldats allemands constitua un spectacle habituel pour les Parisiens. Mais la population, d'abord en état de choc, manifesta rapidement, sous une apparente indifférence, une sourde hostilité à l'égard de l'occupant, en dépit des consignes de « correction » données à la Wehrmacht.

(Phot. Bildarchiv Preussischer Kulturbesitz.)

Au lendemain de la chute de Paris, Hitler, en compagnie d'une partie de son état-major et de son architecte Speer, éprouva le désir d'effectuer une visite rapide des grands monuments de la capitale aux premières heures de la matinée. On le voit ainsi sortir de l'église Saint-Louis des Invalides, après s'être recueilli devant le tombeau de Napoléon.

(Phot. Bildarchiv Preussischer Kulturbesitz.)

Groupe de soldats allemands à Paris, deva gare de Lyon. Pendant l'Occupation, les g parisiennes virent passer des centaines de liers de soldats de la Wehrmacht, notam après les débuts de la guerre à l'Est. Pour H la France et surtout Paris faisaient figure de de distraction et de détente. Cette situatio modifia, à partir de 1943, avec le développe des attentats et des maquis.

(Phot. André Zucca, Archives Talla

La France. Publiée à Sceaux en septembre 1944, cette image de la Libération traduit les mythes et les rêves du peuple français. Sous les coups de boutoir des chars et des avions, on assiste à la déroute des Allemands abandonnant le fruit de leurs rapines. On assiste aussi au retour du prisonnier et au rétablissement d'une existence paisible, toute rurale. À noter, en médaillons, la présence des deux artisans de la Libération, de Gaulle et Leclerc. Les drapeaux sont également révélateurs. À côté du drapeau français figurent les couleurs américaines. Celles de la Grande-Bretagne sont absentes, à la mesure du rôle négligeable qu'on lui attribue. Comité d'histoire de la Deuxième Guerre mondiale. (Phot. Larousse.)

Dans un quartier de Cherbourg épargné par les combats, la vie poursuit son cours habituel, au lendemain de la Libération, marquée par la présence de quelques soldats alliés et par la réapparition du drapeau français. On notera l'aspect encore très traditionnel de l'existence provinciale à la fin de la guerre (magasins, voitures à chevaux) ainsi que la maison du prisonnier. Le sort des prisonniers constitua, en effet, un des soucis majeurs des Français pendant la guerre.

(Phot. US Army-Doc. N. Marchand, Archives Idées et Éditions.)

La bataille de France. Au lendemain du débarquement de Provence, intervenu le 15 août 1944, la XIXe armée allemande du général Wiese réussit à se dégager et à retraiter vers le nord par la vallée du Rhône. Toutefois, près de Montélimar (notre document), l'aviation alliée entreprit des attaques dévastatrices sur la nationale 6 et sur la voie ferrée Marseille-Lyon, infligeant aux Allemands de lourdes pertes en hommes et en matériel. Un mois après le débarquement, tout le sud-est de la France se trouvait libéré.

(Phot. US Army-Doc. N. Marchand, Archives Idées et Éditions.)

La libération de la Normandie fut infiniment plus pénible et plus dévastatrice que celle de la Provence. C'est ainsi que la petite ville de Saint-Lô (notre document) fut soumise à de violents bombardements aériens dès le 6 juin et ne fut occupée par les Américains qu'à la mi-juillet. L'agglomération se réduisait alors à un monceau de ruines, et le génie américain dut tracer des routes au bulldozer pour permettre le passage des convois.

(Phot. US Army-Doc. N. Marchand, Archives Idées et Éditions.)

La campagne de France. Elle s'identifia à une tragique illustration des possibilités de la guerre éclair. Dès le 13 mai 1940, après le franchissement de la Meuse, l'avance allemande se révéla irrésistible en direction de la mer. Le même phénomène se reproduisit en juin, après la rupture du front de la Somme et de l'Aisne. Des motocyclistes précédaient l'avance des colonnes blindées et motorisées. Ils étaient chargés de reconnaître et d'apprécier l'opposition d'éventuels îlots de résistance. (Phot. Larousse, doc. Signal.)

Au cours de la dramatique campagne de France, les troupes alliées tentèrent à maintes reprises de retarder la marche de l'adversaire en établissant des barricades improvisées à l'entrée des localités. Insuffisamment défendues, ces barricades ne constituèrent le plus souvent que des obstacles dérisoires et n'eurent aucune influence sur la marche inexorable des événements.

(Phot. Bildarchiv Preussischer Kulturbesitz.)

Du haut d'un clocher, un soldat allemand contemple les ruines d'une petite ville où les incendies font encore rage. Au cours de la progression des colonnes motorisées, la Luftwaffe bombardait à l'avance les agglomérations, pour étouffer toute velléité de résistance et provoquer la panique parmi les populations. Les flots de réfugiés contribuèrent, en effet, à la désorganisation des mouvements des troupes alliées.

(Phot. N. Marchand, Arch. M. R.)

Adolf Galland. Figurant ici aux côtés de Udet (à gauche), un des as de l'aviation allemande de la Première Guerre mondiale et un des créateurs de la Luftwaffe, et de Mölders (à droite), un remarquable pilote de chasse disparu en 1941, Galland devait jouer un rôle déterminant au cours de la guerre. Au cours des campagnes de Pologne et de France, et lors de la bataille d'Angleterre, il s'illustra aux commandes du Messerschmitt « Bf-109 ». Promu inspecteur général de la chasse, il organisa la défense du Reich contre les raids alliés, mais ne put faire accorder la priorité aux appareils à réaction. Limogé en janvier 1945, il devait justement terminer la guerre à la tête d'une escadrille de Messerschmitt « Me-262 » à réaction. (Phot. Bildarchiv Preussischer Kulturbesitz.)

De Gaulle. Dès l'appel du 18 juin 1940, de Gaulle allait incarner aux yeux du monde l'image de la résistance française. Mais le général voulu dépasser le cadre militaire et se faire aussitô reconnaître comme le représentant de la légiti mité française. Cette prétention n'alla pas sans difficulté ni tension avec les Alliés, notammen avec les Américains, qui redoutaient son intran sigeance et ne voulaient pas préjuger de la décision des Français ; Roosevelt sous-estimai d'ailleurs la place que le chef de la France libre avait prise dans une partie de plus en plus importante de l'opinion française. Le gouver nement de De Gaulle ne sera reconnu par les grandes puissances qu'en octobre 1944. On voi ici le général, en août 1945, accueilli sur l'aéro port de Washington par le général Marshall (Phot. US Army, Archives Idées et Éditions.

Le génie. Au cours de la guerrre, les troupes du génie, faisant usage d'armes chimiques, combattirent en première ligne. On voit ici, dans un camp d'entraînement de l'armée américaine du Maryland, deux hommes équipés du lance-flammes portatif M2-2, protégés par le feu de fantassins dotés de fusils-mitrailleurs. Le lance-flammes M2-2 était une arme bénéficiant d'un effet destructeur immédiat et utilisée spécialement pour l'attaque de fortins.

(Phot. US Army, Archives Idées et Éditions.)

Indépendamment de missions de combat, le génie des armées de la Seconde Guerre mondiale accomplit ses tâches habituelles — aménagement de routes, lancement de ponts de bateaux, reconstruction d'ouvrages d'art. Sur ce document, des équipes du génie américain remettent en état un pont ferroviaire dans les Ardennes belges. Ces unités disposaient d'un matériel imposant et même de scaphandriers.

(Phot. US Army - N. Marchand - Archives Idées et Éditions.)

George VI. Pendant toute la durée de la guerre, le roi George VI, surmontant une grande timidité naturelle, accomplit scrupuleusement toutes ses obligations de monarque constitutionnel. Pendant le Blitz, il partagea les épreuves de la population londonienne, visitant hôpitaux et quartiers bombardés. Il effectua également des inspections des principaux théâtres d'opérations. On le voit ici en Italie, aux côtés des généraux Clark et Alexander, avant une revue de troupes. Le comportement de George VI devait contribuer à renforcer la popularité de la monarchie. (Phot. US Army.)

La guerre germano-soviétique. Le 22 juin 1941, devant tous les dignitaires du parti et de l'armée, le ministre des Affaires étrangères du Reich, Ribbentrop, annonça le déclenchement du plan Barbarossa et les débuts de la guerre contre l'URSS, dont la décision avait été arrêtée dès la fin de 1940. En « ouvrant une porte sur l'inconnu », Hitler poursuivait un triple objectif : éviter une attaque surprise de l'armée rouge, dont le potentiel ne cessait de se renforcer, acquérir à l'est l'espace vital qui manquait au Reich, décourager la Grande-Bretagne et l'amener à la paix en la privant de son dernier allié potentiel sur le continent.

(Phot. H. Jaeger - Time Life - Colorific !)

Les débuts de la guerre à l'Est illustrèrent une fois de plus les possibilités de la guerre éclair et les étonnantes capacités de la Wehrmacht. Les divisions blindées réalisèrent de spectaculaires manœuvres d'encerclement, capturèrent des centaines de milliers de prisonniers et s'enfoncèrent profondément en Russie. Sur ce document, une colonne motorisée progresse en Ukraine, en direction d'Ostrog. Le mauvais état des routes, les rigueurs du climat, la résistance acharnée des Soviétiques devaient cependant briser l'élan allemand à l'automne de 1941.

(Phot. Bildarchiv Preussischer Kulturbesitz.)

En dépit de la défaite de Moscou, l'armée allemande se trouva en mesure de reprendre l'offensive, au cours de l'été 1942, en direction de la Volga et des puits de pétrole du Caucase. Sur ce document, une colonne d'infanterie avance le long d'une route dans la poussière soulevée par les éléments motorisés. Le drapeau à croix gammée qui surmonte le char, au premier plan, sert de signe d'identification pour l'aviation, à un moment où la Luftwaffe dispose encore de la maîtrise de l'air. Cette offensive de l'été 1942 devait se solder par le désastre de Stalingrad.

(Phot. Bildarchiv Preussischer Kulturbesitz.)

À partir de 1943, l'armée rouge reprit l'initiative sur le front de l'Est et le char « T-34 » (notre document) fut l'instrument de cette contre-offensive. Puissamment armé, bien protégé, le « T-34 » disposait de larges chenilles lui permettant d'évoluer dans la boue et la neige. À l'arrière, des mains courantes permettaient à un groupe de fantassins de se tenir sur la superstructure du char et de suivre ainsi rapidement la progression des blindés, tout en assurant leur protection.

(Phot. N. Marchand, Arch. M. R.)

Le GMC. S'identifiant aux initiales de la General Motors Corporation, il fut un des camions les plus répandus des armées américaines et même alliées, y compris celle de l'URSS. Avec ses trois ponts moteurs, une charge utile de 2,5 t, ce véhicule de 4 600 kg et d'une autonomie de 400 km joua le rôle de véritable « bête de somme ». Plus de 800 000 GMC furent construits pendant la guerre, dont 100 000 livrés à l'URSS.

(Phot. US Army, Archives Idées et Éditions.)

Goebbels. Ambitieux, intelligent et cynique, il fut l'un des organisateurs du parti nazi et le fondateur du journal *Der Angriff.* Après la prise du pouvoir, il fut nommé ministre de la Propagande et de l'Information, exerçant avec une extraordinaire efficacité ses méthodes de conditionnement de l'opinion publique par la presse écrite, la radio et le cinéma. Cette efficacité se retrouva pendant la guerre, où Goebbels exploita les thèmes de la « guerre totale », de la « conspiration judéo-bolchevique » ou des « armes secrètes ». Suffisamment lucide pour déplorer la guerre à l'Est, il resta cependant fidèle à Hitler jusqu'au bout, le suivant dans la mort, avec toute sa famille, dans le bunker de la chancellerie de Berlin. On le voit ici, en 1942, en compagnie de personnalités du parti et de la Wehrmacht, au QG de Hitler, à Vinnitsa, en Ukraine. À droite, Heinrich Hoffmann, le photographe du Führer.

(Phot. Bildarchiv Preussischer Kulturbesitz.)

Göring. Ancien commandant de l'escadrille Richtofen pendant la Première Guerre mondiale, il joua un rôle capital dans la création du parti nazi et la prise du pouvoir. Après 1933, il devient le numéro deux du régime. C'est lui qui crée la police politique, qui deviendra la Gestapo, et les premiers camps de concentration. Il est le responsable du plan de quatre ans de mobilisation de la production économique en vue du réarmement et, surtout, il est ministre de l'Air. Il met sur pied la nouvelle Luftwaffe, qui affirme sa supériorité écrasante pendant les campagnes de Pologne et de France, mais subit son premier échec contre l'Angleterre. À partir de 1943, après les revers de l'aviation à Stalingrad et dans la bataille aérienne d'Allemagne, il connaît une demi-disgrâce. Dès lors, l'homme lucide, qui avait tenté de s'opposer à la guerre en 1939 et déconseillé l'attaque de l'URSS, sombre dans le rêve et la drogue dans le décor somptueux de sa propriété de Karinhall. Arrêté par les Alliés, jugé à Nuremberg, il réussit à se suicider et à éviter la pendaison. On le voit ici en compagnie de Ribbentrop (à sa droite) et de Milch (de dos, tête nue) au quartier général de Hitler à Vinnitsa, en Ukraine, au cours de l'été 1942.

(Phot. Bildarchiv Preussischer Kulturbesitz.)

La ligne gothique. Après la rupture de la ligne d'Hiver et la prise de Rome en juin 1944, les troupes allemandes, manœuvrées de main de maître par le maréchal Kesselring, réussirent à se rétablir sur un ensemble de positions baptisées « ligne gothique » et établies sur les derniers contreforts de l'Apennin. Elles y mirent en échec les troupes anglo-américaines pendant tout l'automne et tout l'hiver. La rupture n'intervint qu'à la fin d'avril 1945. Ce document, pris au moment de l'ultime offensive, montre un char léger M-24 « Chaffee » de la 1re division blindée américaine traversant les ruines de Vergato, sur la route de Bologne. (Phot. US Army, Archives Idées et Éditions.)

La Grande-Bretagne. Pendant toute la guerre, les institutions démocratiques continuèrent à fonctionner en Grande-Bretagne et le rôle du Parlement resta considérable. La vie politique fut cependant dominée, après le 10 mai 1940, par la forte personnalité de Churchill. Véritable chef charismatique, le vieux lutteur eut le mérite de ne jamais cacher la vérité au peuple britannique. On le voit ici, le 21 août 1942, affrontant les Communes, au lendemain de l'échec sanglant du débarquement de Dieppe. Quelques semaines plus tôt, il avait dû expliquer le désastre de la VIIIe armée en Libye, après la bataille de Gazala. (Phot. Imperial War Museum.)

La Grande-Bretagne réussit, une fois de plus, à éviter l'invasion. Mais, contrairement à ce qui s'était passé au cours des conflits précédents, elle connut de sévères destructions sur son propre sol. Au cours du *Blitz* de septembre 1940 à mai 1941, la Luftwaffe s'acharna sur les villes du sud de l'Angleterre et sur Londres en particulier, infligeant des dégâts considérables aux quartiers de l'est et du centre, à la Cité, autour de la cathédrale Saint Paul (notre document). L'agglomération londonienne constitua encore l'objectif des bombes volantes V 1 et des fusées type V 2 de 1944 à la fin de la guerre. Au total, les pertes civiles dépassèrent 60 000 morts. (Phot. Fox-photos.)

Après un réarmement tardif et timide, l'Angleterre mit sur pied une véritable économie de guerre, à partir de la fin de 1939, mobilisant toutes les ressources du pays en moyens de production et en main-d'œuvre. En vertu des conceptions stratégiques, l'effort s'orienta surtout en direction des constructions navales et de l'industrie aéronautique. La production d'avions passa ainsi de 8 000 en 1941, à 20 000 en 1942, pour atteindre 26 000 au cours des années suivantes. On voit ici une chaîne de fabrication de bombardiers légers « Mosquito », un des meilleurs appareils britanniques de la guerre.
(Phot. Imperial War Museum.)

La victoire provoqua en Angleterre une immense explosion de joie. On voit ici, le 8 mai 1945, la foule londonienne rassemblée à Whitehall devant le cénotaphe. Le pays éprouvait un sentiment de fierté. De tous les Alliés, il était le seul à avoir assumé le poids de la lutte du début jusqu'à la fin. Le moral anglais n'était cependant plus le même en 1945. À l'ardeur sportive de la bataille d'Angleterre avaient succédé la lassitude et une sourde irritation. Comme le montrait le succès du rapport Beveridge, les masses attendaient une amélioration immédiate de leur sort. Cette attente devait expliquer la défaite électorale surprenante des conservateurs et de Churchill, en juillet 1945.
(Phot. Imperial War Museum.)

La Grèce. Dès le mois d'octobre 1940, l'attaque contre la Grèce déclenchée par Mussolini, jaloux des lauriers de Hitler, tourna court. Le commandement italien avait sous-estimé les difficultés du relief et du climat et surtout l'étonnante résistance de l'armée grecque, qui réussit à passer à la contre-attaque et à rejeter les Italiens en Albanie. Suivant une vieille tradition remontant à la lutte contre les Turcs, la population d'Épire apporta son concours à l'armée, comme le montre cette gravure populaire. (Phot. Snark International.)

Décidé à assurer ses arrières avant l'attaque contre l'URSS et à sortir Mussolini du guêpier hellénique, Hitler prit la décision d'intervenir dans les Balkans au début d'avril 1941. En dépit de l'aide britannique, les armées grecques ne purent soutenir le rythme de la Blitzkrieg, et leur défaite se trouva consommée en moins d'un mois. Le 27 avril, les troupes allemandes faisaient leur entrée à Athènes. Le survol de l'Acropole (notre document) par un Messerschmitt « Bf-110 » illustre cette éclatante victoire de l'Allemagne, point de départ d'un terrible calvaire pour la Grèce.

(Phot. Bildarchiv Preussischer Kulturbesitz.)

Au lendemain de la victoire allemande, le roi et le gouvernement hellénique se réfugièrent à Londres, puis au Caire, tandis que, en Grèce même, apparaissaient plusieurs mouvements de résistance contre les occupants, profondément divisés entre eux cependant sur l'avenir politique et social du pays. L'EAM (Front national de libération), dominé par les communistes et disposant d'une armée populaire, l'ELAS, constituait de très loin le mouvement le plus important. Le 18 octobre 1944, quelques jours après l'entrée des troupes anglaises à Athènes, il organisa (notre document) une grande démonstration de masse pour célébrer la Libération. Les drapeaux grecs et alliés sont mêlés. Une pancarte porte l'inscription « Welcome british Army ». Mais cet état de grâce devait être de courte durée. La préoccupation majeure de Churchill était de désarmer l'ELAS, et les troupes britanniques, à peine débarquées, se préparèrent, en s'appuyant sur les forces de droite grecques, à un affrontement. Ce fut le point de départ d'une terrible guerre civile de quatre ans.

(Phot. Imperial War Museum.)

Guadalcanal. Par l'acharnement des combats qui s'y déroulèrent d'août 1942 à février 1943, Guadalcanal mérite, d'une certaine manière, le nom de Verdun ou de Stalingrad du Pacifique. En affrontant les Japonais à Guadalcanal, les Américains voulaient mettre fin à une offensive destinée à achever l'isolement de l'Australie. Les combats à terre s'accompagnèrent de nombreuses rencontres sur mer destinées à entraver le ravitaillement des troupes débarquées. On devait enregistrer ainsi six grandes batailles. Sur cette photo, on voit les restes d'un cargo japonais détruit et jeté à la côte à la suite d'un de ces engagements. (Phot. Photri.)

Guderian. Impressionné par le rôle des tanks lors de la bataille de Cambrai en 1917, Guderian, resté dans la Reichswehr, se passionna pour les blindés, en dépit de l'interdiction faite à l'Allemagne de posséder des chars. L'arrivée de Hitler au pouvoir lui donna l'occasion de présider à la formation des premières divisions blindées et d'élaborer une tactique originale à la base de la Blitzkrieg. De 1939 à 1941, dirigeant lui-même les opérations à bord d'un véhicule de commandement (notre document), il démontra les éclatantes possibilités des chars. Après la défaite de Moscou, il réorganisa l'arme blindée allemande, avec le titre d'inspecteur général. En juillet 1944, il assuma les responsabilités de chef de l'état-major de l'armée, avant de quitter ses fonctions en mars 1945, à la suite de désaccords constants avec Hitler. (Phot. Bildarchiv Preussischer Kulturbesitz.)

La guérilla. Au cours de la Seconde Guerre mondiale, la guérilla prit une ampleur considérable qui s'explique par l'importance des territoires occupés par l'Axe et le Japon, par le caractère idéologique du conflit et l'utilisation de techniques modernes, comme la radio ou l'avion, permettant des liaisons et le parachutage d'armes. En Extrême-Orient, les guérillas les plus importantes, comme le souligne cette affiche américaine, concernèrent les Philippines, où des maquis luttèrent dès 1942 contre les Japonais. Ce fut une des raisons qui incitèrent MacArthur à préconiser la libération des Philippines pour mettre fin aux excès de la répression nippone. « Musée des Deux Guerres Mondiales — B. D. I. C. (Universités de Paris.) » (Phot. Larousse.)

La guérilla prit un grand développement en URSS, sur les arrières des troupes allemandes. Ce fut la « guerre des partisans » menée par des groupes de résistants, dressés contre l'occupation nazie, et des unités de l'armée encerclées lors des grandes offensives allemandes qui continuèrent la lutte en liaison de plus en plus étroite avec le commandement de l'armée rouge et les autorités soviétiques. Les partisans multiplièrent ainsi les opérations de harcèlement et les sabotages, retenant d'importants effectifs adverses et subissant une répression impitoyable. On voit ici un groupe de partisans faits prisonniers par des Allemands. (Phot. Bibliothek für Zeitgeschichte, Stuttgart.)

Le bilan de la guerre. Il peut se limiter à la sécheresse des statistiques. Près de 20 millions de combattants devaient trouver la mort au cours de la Seconde Guerre mondiale. Par leur simplicité et leur dépouillement, les funérailles du soldat revêtent toujours une grandeur poignante. Sur cette photo, prise sur le front de l'Est, au cours de l'hiver 1941-42, un groupe de soldats accompagne à sa dernière demeure un camarade tué au combat. Derrière le cercueil, un homme porte la simple croix de bois qui surmontera la tombe. (Phot. Bibliotek für Zeitgeschichte, Stuttgart — Archives Idées et Éditions.)

En raison de l'acharnement de la résistance soviétique, les troupes allemandes, dès les débuts de la guerre à l'Est, éprouvèrent des pertes nettement plus élevées que celles des campagnes de Pologne ou de France. Sur ce document, des soldats procèdent à l'identification de leurs camarades tués pendant les opérations de nettoyage de la poche d'Ouman au cours de l'été 1941. (Phot. Bildarchiv Preussischer Kulturbesitz.)

À la guerre, la mort survient souvent de la manière la plus brutale, comme pour ces artilleurs soviétiques foudroyés avec leurs chevaux à côté d'un canon et d'un caisson culbutés. À l'arrière, un tracteur d'artillerie allemand armé d'un canon de DCA de 50 mm. Tout au long de la guerre, l'armée rouge subit de terribles pertes, évaluées à 12 millions d'hommes, quatre fois plus élevées que celles des Allemands. (Phot. Bildarchiv Preussischer Kulturbesitz.)

Contrairement à ce qui s'était passé au cours de la Première Guerre mondiale, les civils subirent de très lourdes pertes, de 1939 à 1945, en raison des exodes, des déportations, des massacres organisés et surtout des bombardements. À la suite d'un raid de l'aviation alliée sur Berlin, on assiste ici à l'évacuation de civils dont les immeubles sont ravagés par les incendies. Plus de 500 000 personnes devaient trouver la mort au cours de l'offensive de bombardement sur l'Allemagne. (Phot. Bildarchiv Preussischer Kulturbesitz.)

À partir de 1944, la population de l'archipel nippon devait subir directement les effets de la guerre, avec l'aggravation des restrictions et surtout le développement de raids aériens dévastateurs concernant toutes les grandes agglomérations. Les bombardements de Tōkyō de mars à mai 1945 provoquèrent plus de 125 000 morts. Le comble de la souffrance devait être atteint à Hiroshima et à Nagasaki. La mort se présenta sous la forme d'une onde de chaleur, d'une onde de choc et de radiations qui se révélèrent finalement mortelles pour tous les survivants se trouvant dans un rayon de 500 m du centre des explosions. On voit ici une des victimes du raid nucléaire de Nagasaki errant au milieu des ruines. (Phot. US Air Force, Archives Snark.)

La ligne Gustav. Pendant tout l'hiver 1943-44, la ligne Gustav, défendue par les Allemands entre Rome et Naples, fut le théâtre de combats acharnés. Les armées alliées tentèrent vainement de faire sauter le verrou de Cassino par des attaques directes ou en essayant de le déborder par la montagne. Sur ce document, on reconnaît la vallée marécageuse du Rapido et les ruines de la ville de Cassino, soumise aux bombardements incessants de l'aviation et de l'artillerie.

(Phot. US Army — N. Marchand — Archives Idées et Éditions.)

Harris. Entré dans l'aviation au cours du premier conflit mondial, il n'exerce aucune influence déterminante dans l'évolution de la RAF entre les deux guerres. En 1939, il n'assume encore qu'un commandement mineur, celui des forces aériennes de Palestine. C'est en février 1942 seulement qu'il obtient la direction des forces de bombardement britanniques. Tenace, persuasif, il entend alors faire du Bomber Command l'instrument clé de la défaite de l'Allemagne, au moyen de raids massifs sur zone. Poursuivie avec un rare acharnement, cette stratégie devait conduire à la destruction de villes entières, sans réussir cependant à abattre le moral du peuple allemand et à désorganiser l'économie du Reich.
(Fox Photos Ltd.)

Le Heinkel « He-111 ». Conçu en 1934, entré en escadrille en 1936, le Heinkel 111 se révélait, dès la guerre d'Espagne, comme un des meilleurs bombardiers de l'époque, rapide et puissant. Jusqu'en 1944, il fut un des appareils de base de la Luftwaffe, en dépit de la faiblesse de son armement défensif qui le rendait vulnérable à la chasse. On voit ici un équipage devant son appareil sur un terrain enneigé, en décembre 1942, au moment de la bataille de Stalingrad.
(Phot. Bildarchiv Preussischer Kulturbesitz.)

Rudolf Hess. Après une courageuse conduite pendant la Première Guerre mondiale, il entre dans le parti national-socialiste dès 1920. Devenu l'ami et le fidèle confident de Hitler après le putsch de Munich, numéro deux du régime, aussitôt derrière Göring, après la prise du pouvoir, il joue un rôle important en tant que chef de l'administration du parti, sans pour autant être mû par de véritables prétentions au pouvoir. En pleine guerre, à la veille de l'attaque contre l'U. R. S. S., il croit encore possible un accord entre l'Allemagne et l'Angleterre, qui permettrait au Reich de concentrer toutes ses forces contre son principal ennemi : le bolchevisme. Aux commandes d'un avion, il gagne l'Écosse dans l'espoir d'entrer en contact avec Churchill et de conclure la paix avec lui. Immédiatement arrêté, traité en prisonnier de guerre par les Britanniques, il sera jugé après la guerre à Nuremberg et condamné à la détention perpétuelle. Il reste actuellement le dernier prisonnier de la forteresse de Spandau, à Berlin-Ouest. On le voit ici, tête nue, à gauche, à côté de la voiture de Hitler lors du congrès de Nuremberg de septembre 1938. (Phot. H. Jaeger - Time Life - Colorific !)

Himmler. Entré dans le parti nazi en 1923, il devient un des adeptes passionnés de la pureté raciale et de l'antisémitisme. En 1929, il prend la tête de l'Ordre noir SS, avec le titre de Reichsführer SS, et en fait une organisation tentaculaire, un véritable État dans l'État. Par l'intermédiaire de la SS, il contrôle tous les organes de police, les camps de concentration, l'exécution des lois raciales et la « solution finale » du problème juif. La guerre et les défaites de l'armée allemande renforcent encore le pouvoir de Himmler, qui développe considérablement l'importance des Waffen SS au sein de l'armée, met la main sur les services de renseignements, et étend son contrôle dans tous les domaines de l'État. Lors de l'effondrement du Reich, il caressera l'espoir d'une paix séparée avec l'Ouest, avant de se suicider, le 24 mai 1945. On le voit ici en Biélorussie, pendant une tournée d'inspection des Territoires occupés de l'Est, s'entretenant avec un jeune paysan soviétique.

(Phot. Bildarchiv Preussischer Kulturbesitz.)

Hiroshima. Le 6 août 1945, à 8 h 15 du matin, la ville d'Hiroshima eut le triste privilège de subir l'expérience du premier raid nucléaire. Parmi la population, qui vaquait en toute tranquillité à ses occupations, les pertes se révélèrent considérables. Une enquête de 1946 devait fixer le bilan à 78 150 tués, 13 982 disparus et près de 40 000 blessés. Quant aux dégâts matériels, ils étaient énormes : 90 % des immeubles étaient détruits ou endommagés. Précédant de trois jours le raid de Nagasaki, Hiroshima permit cependant à l'empereur d'imposer la capitulation et d'éviter au peuple japonais le martyre de la poursuite de la guerre. (Phot. US Air Force, Archives Idées et Éditions.)

Hitler. Jusqu'à la prise du pouvoir en 1933, Hitler, sorti de l'obscurité, fait figure de démagogue, de simple agitateur. On lui reconnaît à peine les qualités d'un véritable chef de parti. Sa parole saura pourtant répondre aux aspirations les plus profondes d'une partie de plus en plus importante d'un peuple allemand humilié par la défaite et le traité de Versailles, et bientôt touché de plein fouet par la grande crise économique de 1929. Remuant l'inconscient collectif, il réussira à électriser les foules par des parades militaires ou au cours des grandes manifestations nazies mises en scène avec un sens consommé de la psychologie des masses, donnant à tous la sensation de participer à une force irrésistible. On le voit ici, en 1927, à Nuremberg, assistant à l'un des premiers défilés de SA, après la levée de l'interdiction qui frappait cette organisation depuis le putsch de Munich, lors du congrès du parti national-socialiste. Vêtu de gris, crâne rasé, Julius Streicher, chef de l'organisation du parti sur le plan local.

(Phot. B. Z. S., Archives Idées et Éditions.)

Avec le réarmement accéléré de l'Allemagne, à partir de 1935, Hitler présente de plus en plus l'image du chef de guerre. On le voit ici en conférence avec ses généraux lors des grandes manœuvres de 1938. L'entrée en guerre et les succès de la Blitzkrieg ne feront que renforcer cette évolution. À ses fonctions de chef de l'OKW, il ajoutera en décembre 1941, au moment de la défaite devant Moscou, celle de commandant en chef de l'armée allemande. Mais, à partir de 1942, sa volonté de résistance à outrance sur place et des initiatives malheureuses précipiteront la catastrophe. (Phot. H. Jaeger-Time Life-Colorific !)

La Hongrie. Au lendemain de la défaite de 1918, la Hongrie avait été démembrée et amputée de territoires à population hongroise au profit de la Roumanie, de la Tchécoslovaquie et de la Yougoslavie. Sous la direction de l'amiral Horthy (notre document), qui avait pris le titre de « régent » dans l'attente de l'élection hypothétique d'un nouveau souverain, le pays se trouva ainsi dans le camp des États « révisionnistes » n'acceptant pas les dispositions des traités de paix imposés par les Alliés en 1919-20, et amené à se rapprocher de l'Italie et de l'Allemagne. Cette politique valut à la Hongrie des avantages. Les arbitrages de Vienne de 1938 et 1940 lui permirent de retrouver les territoires majoritairement hongrois de Slovaquie et de Transylvanie. L'alliance allemande se révéla cependant désastreuse à partir de l'attaque contre l'U. R. S. S. dans laquelle la Hongrie se trouva entraînée.

(Phot. Larousse, doc. Signal.)

Paysannes dans les rues de Budapest, vers 1940. Après le traité de Trianon de 1920, la Hongrie ne constituait plus qu'un État réduit, en grande majorité rural et subissant la pression économique croissante de l'Allemagne. Cette pression, associée à des avantages diplomatiques réels, contribua à faire du pays un satellite croissant du IIIe Reich. Entraînée dans la guerre à l'est, la Hongrie dut consentir des sacrifices de plus en plus lourds. À partir de 1944, totalement soumise à la volonté de Hitler qui avait éliminé le régent Horthy, elle se trouva contrainte de poursuivre la lutte aux côtés de l'Allemagne jusqu'en avril 1945. (Phot. Larousse, doc. Signal.)

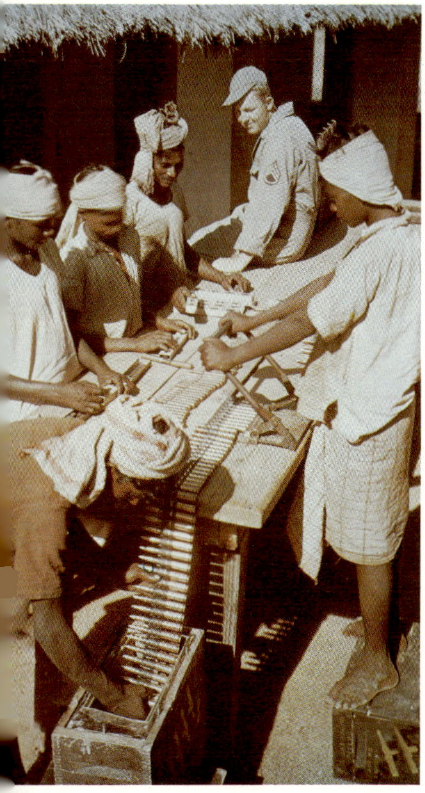

L'Inde. Dans une base de la Xe Air Force américaine, qui assure, à partir de l'Inde, l'appui aérien aux troupes alliées lors de la campagne de reconquête de la Birmanie en 1943-44, des Indiens introduisent des balles dans une bande de mitrailleuse. De 1939 à 1945, la contribution de l'Inde à la guerre, sur le plan économique ou militaire, fut très importante. Mais le conflit se traduisit surtout par l'impatience croissante des nationalistes regroupés dans le parti du Congrès de Gāndhī et par le développement de la Ligue musulmane de Jinnah. Grâce à de sévères mesures de répression, les Anglais réussirent à éviter une insurrection généralisée. Mais, conformément aux promesses de mars 1942 faites par Stafford Cripps, l'Empire des Indes devait accéder à l'indépendance en 1947 sous la forme de deux dominions séparés, l'Inde et le Pākistān.
(Phot. Photri.)

Le « Hurricane ». Dès son entrée en service, en 1937, le « Hurricane » se révèle comme un excellent chasseur, rapide et maniable. De 1939 à 1941, armé de 8 mitrailleuses, il constitue l'épine dorsale du Fighter Command, notamment lors de la bataille d'Angleterre. À partir de 1941 apparaissent de nouvelles versions. Le « Mk II », doté d'un moteur Merlin de 1 280 ch, peut être utilisé ainsi comme chasseur bombardier, avec des bombes de 125 ou de 250 kg, ou comme avion antichar, avec des canons de 40 mm. Au total, de 1937 à 1944, 14 230 « Hurricane » devaient être fabriqués par les usines Hawker. (Fox Photos Ltd.)

L'Indonésie. Au début de 1942, l'Indonésie, alors possession hollandaise (les Indes néerlandaises), fut occupée sans coup férir par les troupes nippones et englobée dans la « sphère de co-prospérité asiatique ». En dépit de la création d'un gouvernement indonésien dirigé par le nationaliste Sukarno, la présence nippone prit rapidement des allures de tyrannie et d'exploitation. C'est ce que souligne cette affiche britannique de Pat Keely (1944), éditée pour le gouvernement néerlandais. Elle montre l'emprise de la pieuvre japonaise et est destinée à susciter la lutte pour la libération des Indes : « Les Indes orientales doivent être libres ! Travaille et combats pour leur libération ! » La chute du Japon ne devait cependant pas marquer le retour à l'ordre ancien. Dès le 17 août 1945, Sukarno proclamait l'indépendance et affirmait la volonté des Indonésiens de ne pas accepter le rétablissement de la colonisation hollandaise.
(Phot. E. Tweedy, Archives Idées et Éditions.)

L'infanterie. À l'apogée de la guerre éclair, marquée par les succès retentissants du tandem char-avion, l'infanterie sembla ravalée à un rôle secondaire, au point de perdre son titre de « reine des batailles ». Son rôle consistait alors à achever la résistance de troupes encerclées par les colonnes blindées et motorisées et à occuper le terrain, souvent au prix de marches forcées, pouvant atteindre 50 km par jour dans l'armée allemande. On voit ici une colonne de fantassins de la Wehrmacht, en avril 1941, marchant sur une route de Yougoslavie qui n'est qu'une simple piste. (Phot. Bildarchiv Preussischer Kulturbesitz.)

Avec les longues stabilisations observées sur le front russe dès la fin de 1941, l'infanterie retrouva fréquemment des conditions peu différentes de la Première Guerre mondiale. Sur ce document, des fantassins allemands, par une chicane pratiquée dans les barbelés et à l'abri d'un rideau de fumigènes, s'élancent à l'attaque d'une position soviétique. L'équipement n'offre guère de différences avec celui de 1916-1918 — casque d'acier, bottes, fusil Mauser à répétition, masque à gaz. (Archives Tallandier.)

Fantassins allemands appuyant la progression d'un char Mark IV, en octobre 1942, sur le front du Terek, aux portes du Caucase. Dès leur formation, les divisions blindées allemandes comprenaient des bataillons de fusiliers portés chargés de combattre en étroite liaison avec les blindés. Le rôle du fantassin consistait à signaler au char sourd et myope la présence de positions adverses et à réduire les îlots de résistance négligés par les blindés. Le fantassin devait encore assurer la protection du char contre des adversaires bien dissimulés. (Phot. Bildarchiv Preussischer Kulturbesitz.)

Fantassins soviétiques mettant en position un mortier de 120 mm. Dans toutes les infanteries, chaque bataillon disposait d'une compagnie d'accompagnement chargée de mettre en œuvre le matériel lourd, mitrailleuses, lance-flammes, mortiers. Déjà très utilisé au cours de la Première Guerre mondiale, le mortier devait se révéler comme une arme très efficace contre des adversaires établis à contre-pente, dans des trous d'obus ou des positions bien défilées.

(Phot. N. Marchand, doc. M. R.)

Sur ce document, des fantassins alliés mettent en action des bengalores destinés à faire sauter des obstacles comme les barbelés. Tout au long de la guerre, l'armement de l'infanterie ne cessa de se diversifier pour répondre à différents types de situation. À la fin du conflit, indépendamment de fusils, de grenades, de mitrailleuses ou de mortiers, les fantassins disposaient de mitraillettes, de lance-flammes, de canons sans recul et de toute une gamme de lance-roquettes antichars dérivés du bazooka américain ou du Panzerfaust allemand. (Phot. US Army, Archives Idées et Éditions.)

La puissance de feu des armes automatiques constitue l'obstacle majeur auquel se heurte constamment l'infanterie. En l'absence de chars, les fantassins doivent recourir, pour briser les îlots de résistance, à des mortiers ou à des pièces d'artillerie légère. Sur ce document, un groupe de soldats américains met en action un canon d'accompagnement tirant des obus à forte capacité d'explosif ; usant de projectiles de rupture, cette pièce constitue également une excellente arme antichar. (Phot. US Army.)

L'Italie. En dépit de pouvoirs considérables, de la disparition de toute opposition politique, de l'existence d'un parti unique, Mussolini ne fut jamais le maître incontesté de l'Italie comme Hitler le fut en Allemagne. Il dut tenir compte de l'Église et surtout de la monarchie. C'est le roi Victor-Emmanuel III qui l'avait appelé au pouvoir au moment de la « marche sur Rome » et c'est lui qui se décida à l'arrêter et à le remplacer par le maréchal Badoglio, le 25 juillet 1943, devant l'évolution désastreuse de la situation.

(Phot. Domenica del Corriere-N. Marchand-M.R.)

Déçu par les démocraties occidentales au moment de l'affaire d'Éthiopie, engagé aux côtés des nationalistes en Espagne, Mussolini ne cessa de se rapprocher de Hitler, à partir de 1936, malgré la méfiance que lui inspirait la politique du IIIe Reich. En mai 1938, au moment de la visite de Hitler en Italie, le Duce voulut impressionner le Führer par des démonstrations d'unité nationale et par de grandes manœuvres militaires. Toutes les organisations du parti fasciste se trouvèrent mobilisées pour la circonstance. On voit ici, à Santa Marinella, près de Rome, un rassemblement de jeunes *balillas* en armes arborant des drapeaux allemands et italiens.

(Phot. H. Jaeger-Time Life-Colorific !)

L'entrée en guerre de l'Italie, en juin 1940, reposa sur une énorme équivoque : la certitude que l'Angleterre accepterait une paix de compromis, au lendemain de l'effondrement de la France, et que l'Italie n'aurait qu'à s'asseoir à la table des négociations. La résistance britannique bouleversa toutes ces données. L'Italie se révéla incapable de mener une guerre « parallèle » à celle de l'Allemagne. Elle accumula les défaites en Libye, en Grèce et sur mer, et se trouva contrainte d'accepter, dès le début de 1941, l'assistance humiliante du Reich. Comme le souligne cette caricature soviétique, l'Italie, début 1943, se trouvait dans une situation politique, économique et militaire lamentable. Quant au Duce, accablé par les échecs, il n'était plus que l'ombre de lui-même. (Phot. N. Marchand, doc. M.R.)

La capitulation de septembre 1943, en dépit des espoirs du roi Victor-Emmanuel III et de Badoglio, ne put empêcher l'Italie de servir de champ de bataille entre les Allemands et les Alliés pendant plus de dix-huit mois. Les combats et les bombardements entraînèrent des destructions considérables d'immeubles et de moyens de communication, et ravagèrent une partie des campagnes. Aussi bien dans le Nord que dans le Sud, la population connut des épidémies, le froid et la disette. On voit ici, à Bologne, un soldat américain servant du café à un groupe de femmes et d'enfants. (Phot. US Army.)

Contrairement à toutes les prévisions des états-majors anglo-américains, la prise de Rome, prévue initialement pour l'automne 1943, n'intervint que le 4 juin de l'année suivante. On voit ici le défilé des troupes devant le monument de Victor-Emmanuel II. L'occupation de la Ville éternelle, enlevée à l'autorité théorique de la république sociale-fasciste de Mussolini, illustra les ambiguïtés de la vie politique italienne. La population, tout comme le gouvernement royal qui avait déclaré la guerre à l'Allemagne, put assimiler la prise de Rome à une libération.

(Phot. C. Mydans-Time Life-Colorific !)

ıpagne d'Italie. En dépit des réticences ıéricains, résolus à un débarquement en , les Anglais réussirent à faire triompher ınnée 1943 l'idée d'une opération majeure l'Italie, considérée par Churchill comme -ventre mou» de l'Axe. Après l'occupa- la Sicile, en juillet-août, la péninsule fut dès le mois de septembre, de grandes ons amphibies qui concernèrent Tarente aie de Naples. En raison de la violence position allemande, le débarquement de en septembre (notre document) fut le ficile de toute la guerre et faillit se solder désastre. (Archives Idées et Éditions.)

ıtulation de septembre 1943 n'entraîna pas ération rapide de l'Italie. Les divisions de el et de Kesselring, dans le cadre de tion Achse, réussirent à occuper les deux e la péninsule et à bloquer les Alliés au e l'Appenin, entre Naples et Rome. Pen- us de 18 mois, ces troupes, parfaitement ées et utilisant admirablement le terrain, ent à arrêter ou à freiner l'avance alliée. t ici une mitrailleuse lourde allemande en ıf dans un massif calcaire.

(Phot. Larousse, doc. Signal.)

La campagne d'Italie, prévue sous les couleurs les plus brillantes, constitua pour les Alliés une des plus désagréables surprises de la guerre. Indépendamment de la résistance acharnée des Allemands, ils durent s'adapter à la guerre en montagne, faisant connaissance avec le froid, la boue et la neige, au cours de l'hiver rigoureux de 1943-44. Les combats les plus violents, dans des conditions rappelant la guerre de 1914-18, se livrèrent aux abords du mont Cassin. On voit ici un soldat britannique dans les ruines de la petite ville de Cassino, devenue impraticable aux chars et à tout véhicule. (Phot. Imperial War Museum.)

À l'automne de 1944, les troupes du maréchal Kesselring devaient effectuer un dernier rétablissement sur la ligne gothique établie sur les derniers contreforts de l'Apennin, au nord de Florence. C'est seulement à partir du 9 avril 1945 que les armées alliées obtinrent la rupture et pénétrèrent dans la plaine du Pô. Sur ce document, un convoi britannique traverse, le 28 avril, les ruines de Pontelagoscuro, au nord de Ferrare. Le lendemain, le commandement allemand signait l'acte de reddition de ses forces, qui entra en application le 2 mai. (Phot. Imperial War Museum.)

Le Japon. À partir de 1931, le gouvernement japonais, de plus en plus dominé par les militaires, pratiqua une politique d'expansion croissante en Asie. À l'occupation de la Mandchourie transformée en État fantoche, le Mandchoukouo, en 1932, succéda en 1937 une guerre non déclarée avec la Chine. Simultanément, le Japon se rapprocha de l'Allemagne en signant le 25 novembre 1936 le pacte anti-Komintern, puis de l'Italie, qui adhéra au pacte en novembre 1937 et reconnut peu après le Mandchoukouo, provoquant à Tōkyō, comme le montre cette illustration d'un journal italien, une manifestation d'enthousiasme nationaliste.

(Phot. Domenica del Corriere, Archives Idées et Éditions.)

Au lendemain de Pearl Harbor, les éclatantes victoires remportées par la marine et l'armée japonaises aux Philippines, en Malaisie et en Indonésie provoquèrent une explosion de joie dans une population mal informée et convaincue de sa supériorité morale sur les Occidentaux. Sur cette toile, le peintre Mitsuru Suzuki a voulu traduire l'enthousiasme des jeunes étudiants nippons partant pour le front.

(Phot. US Air Force-N. Marchand, Archives Idées et Éditions.)

À partir de l'été 1944, au lendemain de la perte de la position des Mariannes, le Japon commença à connaître sur son sol les horreurs de la guerre. Les grandes villes et les principaux foyers industriels furent soumis à des raids dévastateurs menés par les bombardiers lourds américains. La destruction de la marine marchande, la rupture des lignes de communication entraînaient une paralysie progressive de l'économie du pays. Au lendemain de la capitulation, le Japon surpeuplé, couvert de ruines (on voit ici les restes de la raffinerie d'Otake), paraissait condamné à un avenir économique singulièrement sombre. (Archives Tallandier.)

Au lendemain des raids nucléaires sur Hiroshima et Nagasaki et de l'intervention soviétique, l'empereur Hiro-Hito réussit à imposer à l'armée le principe de la reddition et à mettre fin à une guerre désastreuse. La capitulation (notre document) fut signée, le 2 septembre 1945, en baie de Tōkyō, à bord du cuirassé *Missouri*, sous la présidence de MacArthur. La délégation nippone comprenait le ministre des Affaires étrangères, Shigemitsu, avec, à sa gauche, le général Umazu, représentant les forces armées. Le Japon perdait toutes ses possessions extérieures, devait subir une occupation militaire et accepter un véritable protectorat américain. L'empereur restait cependant sur son trône. (Coll. Delagarde.)

La Jeep. Mise au point par la firme américaine Wyllis-Overland, la Jeep — dont on voit ici un exemplaire, en 1944, dans les ruines de Saint-Lô — fut le véhicule léger de combat le plus répandu des armées alliées au cours de la guerre. Près de 635 000 furent construites. Le nom de l'engin dérivait de *GP (general purpose)* et d'un personnage populaire de bande dessinée, *Eugen The Jeep,* le petit rongeur compagnon de Popeye. La Jeep pesait 1 100 kg, disposait d'un moteur de 54 ch et d'une autonomie de 350 km. Elle rêvéla ses aptitudes aussi bien comme engin de reconnaissance et de transport que comme ambulance ou tracteur de canon léger.

(Phot. F. Scherschel-Time Life-Colorific !)

Les jerricans. Rendu extrêmement populaire par son utilisation massive par les armées alliées, le jerrican, ou bidon d'essence, offrait une contenance de 20 litres. Il s'agissait, en fait, d'un bidon copié sur le récipient utilisé par la Wehrmacht dès 1939 et destiné à faciliter le ravitaillement des unités motorisées. On en voit ici plusieurs dizaines que remplit un soldat allemand sur le front de l'Est, en 1943. Le mot jerrican dérive de *can* (bidon) et de *jerry,* nom d'argot donné par les Anglais aux soldats allemands de la Seconde Guerre mondiale.

(Phot. Larousse, doc. Signal.)

Joukov. Ancien soldat tsariste, entré dans l'armée rouge en 1918, il eut une carrière rapide dans la cavalerie avant de devenir un des créateurs de l'armée blindée. Favori de Staline, doué d'un sens stratégique remarquable, extrêmement dur, il se trouva associé à toutes les grandes opérations militaires de la guerre de l'Est, depuis la bataille de Moscou jusqu'à la prise de Berlin, en passant par Stalingrad et la libération de l'Ukraine. On le voit ici, le 12 juillet 1945, à Berlin, devant la porte de Brandebourg, en conversation avec le maréchal Montgomery, qui vient de lui remettre une décoration.

(Phot. Imperial War Museum.)

Les Juifs. L'occupation générale de l'Europe permit aux nazis d'étendre à tous les Juifs du continent les persécutions déjà entreprises en Allemagne depuis 1933. C'est dans les pays de l'Europe de l'Est que leur sort fut le plus tragique. Déjà soumis depuis des générations aux brimades et aux vexations des populations locales, ils furent parqués, après la conquête de la Pologne par l'Allemagne en 1939, dans d'immenses ghettos. On voit ici celui de Kutno. Puis commença l'extermination physique des communautés juives, qui prit toute son ampleur avec l'invasion de l'URSS en 1941. Enfin, la décision d'éliminer radicalement toute la population juive d'Europe (la « solution finale ») fut prise par Hitler le 20 janvier 1942 et appliquée systématiquement. (Phot. H. Jaeger-Time Life-Colorific !)

Juin. D'origine modeste, ayant accompli l'essentiel de sa carrière en Afrique du Nord, le général Juin, qui commandait la 15e division d'infanterie motorisée, fut fait prisonnier près de Lille le 30 mai 1940. Libéré en juin 1941, il retrouva l'Afrique et participa à la campagne de Tunisie, au lendemain de l'opération Torch, avant de recevoir le commandement du corps expéditionnaire français en Italie. Sur ce théâtre, il donna toute sa mesure, révéla de remarquables qualités de tacticien et joua un rôle déterminant dans la rupture de la ligne d'Hiver et la prise de Rome. On le voit ici, à droite, au premier rang, dans les ruines de Pompéi, au cours d'une prise d'armes du CEF. (Phot. US Army-N. Marchand, M.R.)

Le Junkers « Ju-88 ». Entré en service en 1938, cet appareil connut de nombreuses versions différentes qui lui donnaient des possibilités d'utilisation multiples. Il fut employé pour le bombardement en vol horizontal ou en piqué, l'appui au sol avec des canons anti-chars, la chasse de nuit, la reconnaissance lointaine ou l'entraînement. Dans sa version A4, le « Ju-88 » mesurait 20 m d'envergure, 14,40 m de long ; sa vitesse dépassait 430 km/h et il pouvait emporter près de 1 500 kg de bombes. Au total, 18 000 Junkers « Ju-88 » furent fabriqués pendant la guerre. On voit ici, en avril 1941, un de ces bombardiers ravitaillé en kérosène.

(Phot. Bildarchiv Preussischer Kulturbesitz.)

Les kamikazes. À l'automne de 1944, devant l'évolution désastreuse de la situation, le commandement japonais prit la décision de recourir à la solution désespérée du corps des kamikazes composé de pilotes d'avions-suicides. Ce corps d'attaque fut créé en quelques jours aux Philippines et utilisé très rapidement. Devant le succès initial des opérations, le QG impérial en encouragea le développement. Il était composé de jeunes pilotes inexpérimentés, tous volontaires, recrutés dans tout le Japon, après une campagne de propagande d'un nationalisme effréné touchant les étudiants et même les lycéens, le haut commandement réservant en principe les trop rares pilotes chevronnés qui lui restaient pour des missions classiques. Ces jeunes gens étaient formés en quelques jours. C'est au moment de la bataille d'Okinawa que les kamikazes furent utilisés en formations massives contre la flotte américaine. Le départ des kamikazes obéissait à un rituel, que le peintre Usaburo Ihara a voulu rendre dans cette toile, qui montre bien le climat de fièvre patriotique qui régnait lors du départ d'une escadrille-suicide.

(Phot. US Air Force - N. Marchand - Archives M.R.)

Katyn'. En avril 1943, dans la forêt de Katyn', près de Smolensk, les Allemands découvraient dans des fosses communes les corps de plus de 4 000 officiers polonais capturés par l'armée rouge en 1939 et abattus d'une balle dans la nuque, comme le montre cette affiche de propagande allemande de 1943 destinée à l'Europe occupée. En dépit de tous les démentis de Moscou, aucun doute ne subsiste aujourd'hui sur l'origine du massacre, ordonné par Staline en 1940 afin de décapiter l'armée et les élites polonaises. À l'époque, la découverte de Katyn' ne fit que confirmer les soupçons du gouvernement polonais en exil à Londres, qui n'avait pu obtenir du Kremlin la moindre indication sur les 15 000 officiers faits prisonniers et disparus en URSS depuis 1939. (Phot. X., coll. privée.)

Kharkov. À l'exception d'une brève libération par l'armée rouge à la fin de l'hiver 1942-43, les Allemands devaient occuper Kharkov, la capitale économique de l'Ukraine, de novembre 1941 à août 1943. Comme le montre ce document, la population, déjà misérable à la suite des sacrifices imposés par les plans quinquennaux soviétiques, connut encore une terrible dégradation de son sort pendant la guerre. Avec l'effondrement de la production, d'immenses marchés aux puces s'installèrent aux portes de la ville pour l'échange des produits de première nécessité.

(Phot. Bildarchiv Preussischer Kulturbesitz.)

Kiev. L'occupation par les Allemands de Kiev, considérée comme la capitale politique et spirituelle de l'Ukraine, intervint en septembre 1941, après une bataille d'encerclement qui se solda par la destruction d'une armée de plus d'un million d'hommes. En dépit d'un séparatisme traditionnel, les Allemands ne réussirent pas à rallier la population de Kiev, en raison des déportations de main-d'œuvre et du refus de reconnaître l'indépendance de l'Ukraine. La libération de la ville intervint en novembre 1943. On voit ici sur les panneaux de signalisation allemands du centre de la ville de Poltava, la direction Kiev.

(Phot. Bildarchiv Preussischer Kulturbesitz.)

Koursk. L'offensive contre le saillant de Koursk, dans le cadre de l'opération Citadelle, en juillet 1943, constitua la dernière opération de grande envergure lancée à l'initiative du commandement allemand sur le front de l'Est. En dépit d'imposantes concentrations, les blindés allemands ne réussirent pas à enfoncer les positions russes établies en profondeur et se heurtèrent à de violentes contre-attaques des chars soviétiques. Après l'échec de cette offensive, qui coûta près de 100000 hommes à la Wehrmacht (500000 suivant l'historiographie soviétique), l'initiative passa définitivement à l'armée rouge.

(Phot. Bildarchiv Preussischer Kulturbesitz.)

La Kriegsmarine. Le lancement, le 1er avril 1939, du cuirassé de 42000 t *Tirpitz* (notre document), sister-ship du *Bismarck*, consacrait le redressement de la Kriegsmarine, totalement affranchie des contraintes du traité de Versailles depuis l'accord germano-anglais de juillet 1935, qui autorisait l'Allemagne à posséder une marine égale à 35 p. 100 du tonnage de la Royal Navy. En vertu du plan Z conçu par le grand amiral Raeder, la Kriegsmarine comptait sur une flotte importante de grands navires de surface et de sous-marins pour attaquer les lignes de communication britanniques. Toutefois, en 1939, ce plan n'était qu'à peine ébauché.

(Phot. H. Jaeger - Time Life - Colorific !)

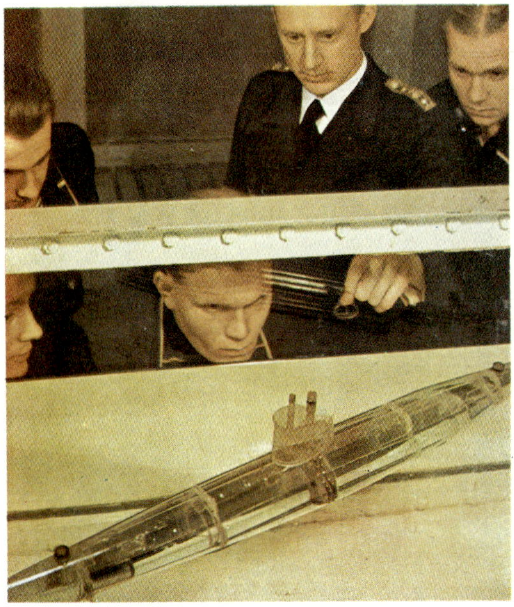

Au lendemain de la déclaration de guerre, la réalisation du plan Z fut pratiquement arrêtée et le Reich se borna à l'achèvement des grands navires en chantier. L'effort essentiel porta sur les sous-marins, dont les cadences de fabrication finirent par atteindre 25 unités par mois. L'entraînement des nouveaux submersibles intervenait en Baltique, en liaison avec une solide instruction théorique. Sur ce document, de futurs sous-mariniers assistent, dans une école de l'U-boote Waffe, à une démonstration de plongée au moyen d'un modèle réduit, en verre, dans un bassin. (Phot. Larousse, doc. Signal.)

Tout au long de la guerre, les pertes de la marine allemande se révélèrent proportionnellement très lourdes. À elle seule, l'arme sous-marine vit disparaître 30000 hommes sur 40000. Contrairement aux Anglais qui immergeaient leurs morts en mer, suivant l'exemple de Drake, les Allemands, s'appuyant sur une tradition en fait récente, s'efforçaient de ramener leurs marins et de les enterrer à terre dans des cimetières militaires. On assiste ici, dans un port français, en 1943, à l'inhumation de matelots d'un destroyer tués au combat.

(Phot. J. Vigne, doc. Die Wehrmacht.)

Au moment de la capitulation du Reich, la plupart des grandes unités de la Kriegsmarine avaient disparu au combat, le plus souvent glorieusement, comme le *Bismarck* ou le *Scharnhorst*. Parmi les unités rescapées, figuraient le *Prinz Eugen*, qui devait finir à Bikini, et le croiseur lourd *Admiral Hipper* que l'on voit ici à Kiel en cale sèche, après avoir été sabordé par son équipage le 3 mai 1945. Avant de disparaître, ce bâtiment avait appuyé de son artillerie la résistance des troupes allemandes sur les côtes de la Baltique et permis le rembarquement de nombreuses unités assaillies par l'armée rouge.

(Phot. Imperial War Museum.)

16

Kwajalein. L'assaut lancé contre l'atoll de Kwajalein, dans les Marshall, en janvier 1944, devait s'intégrer dans une des premières étapes de la contre-offensive de Nimitz en direction du Japon. Obtenue avec le minimum de pertes, l'occupation de Kwajalein allait conduire à la neutralisation de Truk, à la prise d'Eniwetok et à l'offensive des Mariannes. Le succès de l'opération américaine tenait, en grande partie, à l'importance de la préparation aéronavale, qui avait permis de détruire les défenses japonaises. On voit ici, après la bataille, les restes d'un blockhaus, dont l'état donne une idée de la violence et de la densité du pilonnage américain.

(Phot. US Navy.)

Le « Lancaster ». Entré en service à partir de mars 1942 et construit à près de 7400 exemplaires, le « Lancaster » devint le principal bombardier lourd de la RAF. Dans une des versions les plus courantes, il offrait une envergure de 31 m, une longueur de 21 m, un poids de 32 t et une vitesse de 460 km/h. Il pouvait emporter 5500 kg de bombes à 2800 km et son armement défensif comprenait 8 mitrailleuses. Sur cette photo, ce bombardier fête le retour de sa 100e mission, indiquée par les bombes qui figurent sur le fuselage. Il porte également la citation célèbre de Göring : « Pas un avion ennemi ne survolera le territoire du Reich. »

(Phot. Imperial War Museum.)

De Lattre de Tassigny. Le général de Lattre devait se faire remarquer à la tête de la 14ᵉ division en 1940, par sa tentative de résistance en novembre 1942, lors de l'occupation de la zone libre, et surtout comme commandant de la Iʳᵉ armée française, dans le cadre du groupe d'armées Devers. À ce titre, de Lattre allait participer à la libération du sud-est de la France, à la difficile campagne d'Alsace et à la pénétration en Allemagne du Sud. À maintes reprises, il eut alors la tâche délicate de devoir concilier les ordres du commandement militaire américain et les directives à caractère politique du général de Gaulle.
(Phot. A. Zucca, Archives Tallandier.)

L'amiral Leahy. Après avoir quitté, en 1939, la marine active, dont il avait été le chef des opérations navales, il joua un rôle majeur au cours de la guerre, devenant une des éminences grises de Roosevelt. La confiance du président lui valut ainsi de servir comme ambassadeur à Vichy de janvier 1941 à mai 1942, où il tenta vainement de freiner l'orientation collaborationniste de Laval. Par la suite, devenu amiral de la flotte, il accompagna Roosevelt, puis Truman, dans toutes les grandes conférences interalliées, depuis Casablanca jusqu'à Potsdam.
(Phot. US Navy, Archives Idées et Éditions.)

Leclerc. Encore capitaine en 1939, rallié à de Gaulle dès juin 1940, Philippe de Hauteclocque devait acquérir sous le nom de Leclerc une réputation quasi légendaire, à la suite d'une étonnante épopée. À la tête de la 21ᵉ DFL, il s'empara ainsi de Koufra, des oasis du Fezzan et pénétra en Tunisie. Commandant ensuite la 2ᵉ DB, il participa à la bataille de Normandie, à la libération de Paris et de Strasbourg, avant d'atteindre Berchtesgaden, le 5 mai 1945. On le voit ici, quatrième à partir de la gauche, au milieu d'autres officiers alliés, et représentant la France, le 2 septembre 1945, lors de la signature de la reddition japonaise à bord du cuirassé *Missouri*. MacArthur prononce son allocution.
(Phot. US Army.)

La Légion des volontaires français contre le bolchevisme (LVF). C'est sur l'initiative de certains groupements collaborationnistes, avec la caution du gouvernement de Vichy, qu'une légion de volontaires français devait être créée, en août 1941. Ne dépassant pas la force d'un régiment, elle devait d'abord être engagée devant Moscou, avant de mener, jusqu'en 1944, la lutte contre les partisans sur les arrières du front allemand. La France n'étant pas en guerre avec l'URSS, les volontaires servirent sous l'uniforme de la Wehrmacht, avec un simple écusson tricolore. En juillet 1942, les 2 000 survivants de la LVF se trouvèrent intégrés dans la brigade SS française « Charlemagne ». (Phot. Larousse, doc. Signal.)

En 1944, des Parisiens indifférents passent devant des affiches de propagande placardées sur les murs, qui les mettent en garde contre le « cancer du terrorisme stalinien », avec l'évocation de Katyn', ou poussent les jeunes hommes à s'engager dans la LVF, qui « durant trois hivers a combattu pour l'Europe ».

(Phot. A. Zucca, Archives Tallandier.)

Leningrad. Dès le début de l'automne de 1941, les troupes allemandes avaient pratiquement achevé le contrôle de la zone basse et souvent marécageuse (notre document) qui entoure Leningrad, assurant ainsi l'investissement de la ville. Cet encerclement conduisit à un siège terrible, où la population, soumise aux bombardements, au froid et à la famine, en dépit de « la route de la vie » du lac Ladoga, connut d'atroces souffrances : 600 000 personnes sur 900 000 auraient trouvé la mort au cours du premier hiver. Leningrad ne devait être définitivement dégagée qu'au début de 1944. On voit ici une pièce d'artillerie antiaérienne allemande installée sur un radeau sur le lac Ilmen. À droite, un matelot-signaleur de la Kriegsmarine transmet des ordres par signaux à bras d'un bord à l'autre du lac.
(Phot. Jean Vigne, doc. Die Wehrmacht.)

Leyte. À l'automne de 1944, la double offensive américaine menée contre le Japon, avec MacArthur au sud et Nimitz au centre, se rejoignit à hauteur des Philippines et conduisit au premier débarquement de Leyte, le 17 octobre. Simultanément, la flotte américaine brisait l'ultime réaction de la marine impériale et envoyait par le fond le gros de ses unités. Le débarquement de Leyte consacrait le célèbre serment de MacArthur de mars 1942 à Corregidor : « Je reviendrai ». Décidé, suivant son habitude, à soigner son image de marque, le général se fit abondamment photographier lors des premières opérations. On le voit ici sur le point de prononcer une allocution à la population : « Par la faveur du Très Haut, nos troupes sont sur le sol philippin, ce sol baigné du sang de nos deux peuples. » (Phot. US Army, Archives Idées et Éditions.)

La Libération. Dans une maison de Cherbourg pratiquement épargnée par les bombardements et les combats, une famille fête la libération de la ville et arbore un drapeau. Au cours de l'interminable bataille de Normandie, qui dura plus de deux mois, un sentiment d'inquiétude finît par gagner les Français. La libération du pays seraitelle indéfiniment retardée ? S'accompagneraitelle de terribles destructions ? Une incertitude politique se manifestait également. En dépit de la volonté du général de Gaulle, défenseur intransigeant de la souveraineté nationale, de mettre en place une administration française, les Alliés semblaient vouloir assumer eux-mêmes l'administration de la France et se refusaient à reconnaître le gouvernement provisoire.
(Phot. US Army, Archives Idées et Éditions.)

Après la rupture du front de Normandie et le débarquement de Provence du 15 août 1944, la libération du pays parut s'effectuer à une vitesse miraculeuse. On voit ici un convoi américain traversant une petite ville de Normandie. Aidées par les FFI, les troupes alliées réussirent, en un mois, à chasser les Allemands des deux tiers de la France. En dehors de l'axe de marche des armées, les forces de la Résistance entreprirent de libérer elles-mêmes des zones entières, comme le Sud-Ouest. (Phot. US Army, Archives Idées et Éditions.)

L'entrée des Alliés à Paris, à la fin d'août 1944, par un magnifique été, constitua l'apogée de la Libération. On voit ici un groupe de soldats américains à la terrasse du George V, occupé encore par les Allemands quelques jours plus tôt. La fin de la guerre semblait alors proche, mais un désenchantement se manifesta dès la fin de septembre. Les Allemands tenaient toujours certaines poches de la Manche et de l'Atlantique et se rétablissaient, à l'est, sur les Vosges et à proximité de Belfort. Les transports et l'économie se trouvaient désorganisés, le ravitaillement plus difficile que jamais. Près de 2 millions de prisonniers et de déportés restaient encore en Allemagne. (Phot. US Army, Archives Idées et Éditions.)

Le B-24 « Liberator ». En liaison avec la « forteresse volante », le B-24 « Liberator » constitua l'épine dorsale de l'aviation de bombardement stratégique américaine aussi bien en Europe que dans le Pacifique. Mis au point par la firme Consolidated dès 1932, le « Liberator » offrait une envergure de 33 m, une longueur de 20 m et un poids en charge de 25 t. Son rayon d'action atteignait 3 400 km à 350 km/h. Avec 12 hommes d'équipage, l'appareil pouvait emporter près de 6 t de bombes et disposait de 10 mitrailleuses lourdes pour sa défense rapprochée. Plus de 18 000 « Liberator » furent construits pendant la guerre. (Phot. Photri.)

Le liberty ship. Pour pallier les pertes de guerre et répondre à l'accroissement de tonnage rendu nécessaire par les énormes besoins logistiques alliés, les chantiers américains entreprirent la construction en série de cargos hautement standardisés d'après les méthodes préconisées par Henry Kayser. Le bateau le plus célèbre fut le *liberty ship*. Ce bâtiment très fruste, d'un port en lourd de 10 000 t, chauffait au mazout, mais conservait une simple machine alternative de 2 500 ch qui ne permettait pas de donner plus de 10 nœuds. Plus de 2 500 *liberty ships* furent construits et, en 1945, il représentait près de 30 % du tonnage mondial. (Phot. US Navy.)

La Libye. Il suffit, en février 1941, de l'arrivée d'une division blindée et d'une division motorisée allemandes, sous le commandement de Rommel, pour rétablir la situation en Libye, infliger de sérieux échecs à la VIIIe armée britannique et refouler les Anglais au-delà de la frontière égyptienne. Contrairement à ce qu'on pouvait penser, le désert de Libye constitua un excellent terrain de manœuvre pour des chars, et Rommel acquit rapidement la réputation d'un remarquable tacticien. Sur ce document, on reconnaît un engin blindé allemand de reconnaissance recouvert de son camouflage couleur sable aux abords du fort d'El-Agheila, en 1942.
(Phot. Bildarchiv Preussischer Kulturbesitz.)

En raison de conditions météorologiques le plus souvent exceptionnelles, l'aviation joua un rôle déterminant dans les opérations de Libye. On voit ici, en juin 1941, un chasseur « destroyer » allemand Messerschmitt « Bf-110 » entouré de soldats appartenant à une formation coloniale italienne. L'aviation de l'Axe non seulement apporta un soutien aux troupes à terre, mais entreprit, par des bombardements intenses, de neutraliser Malte et de protéger les convois de ravitaillement partant d'Italie à destination de l'Afrique. (Phot. Bildarchiv Preussischer Kulturbesitz.)

En dépit de ses succès initiaux de mars-avril 1941, Rommel eut à faire face à des retours offensifs de la VIIIe armée britannique, notamment lors de l'opération Crusader, en novembre 1941, qui permit de dégager Tobrouk et de refouler les Germano-Italiens sur El-Agheila. Au cours de cette offensive, Rommel révéla une fois de plus ses dons militaires. Un emploi judicieux de son matériel lui permit finalement d'arrêter son adversaire. Sur ce document, on voit le célèbre canon de 88, prévu initialement comme pièce de DCA, utilisé en tir direct antichar. Il infligea ainsi, à grande distance, de lourdes pertes aux blindés britanniques. (Phot. Jean Vigne, doc. Die Wehrmacht.)

La campagne de Libye fut en grande partie une guerre de communications et de matériel. Après la défaite de Gazala, le redressement des Britanniques à El-Alamein put intervenir à la suite des difficultés logistiques de Rommel et d'un renforcement britannique en chars et en avions. On voit ici un des aérodromes de la RAF installés en Égypte. C'est grâce à une supériorité de moyens considérable que Montgomery se trouva en mesure, à l'automne de 1942, de reprendre définitivement l'offensive contre l'Axe, en liaison avec le débarquement allié en Afrique du Nord. (Phot. Imperial War Museum.)

La logistique. Cargos américains et britanniques, du type *liberty ship*, procédant à des déchargements dans le port d'Alexandrie en 1944. Tout au long de la guerre, la logistique alliée s'identifia pour l'essentiel à la voie maritime. Dans ce domaine, les États-Unis, qui se trouvaient au centre des théâtres d'opérations et qui étaient devenus, suivant la formule de Roosevelt, le « grand arsenal de la démocratie », jouèrent un rôle fondamental. Sur l'Atlantique seul, les bâtiments américains transportèrent, de 1941 à 1945, près de 270 millions de tonnes de produits divers. La nomenclature de ces produits comportait plus de 700 000 articles différents.

(Phot. Imperial War Museum.)

Acheminement de blindés allemands sur le front de l'Est en 1943. Pendant toute la guerre en URSS, la Wehrmacht se heurta à de sévères difficultés logistiques. Les routes, peu nombreuses, rarement revêtues, se transformaient en bourbiers au printemps et à l'automne. Il fallut encore remettre le réseau ferré, primitivement à 1,52 m, à l'écartement européen de 1,44 m. À maintes reprises, enfin, l'aviation dut assurer le ravitaillement des unités encerclées. Si cette entreprise se solda par un succès à Demiansk au cours du premier hiver, elle aboutit à un désastre lors de l'investissement de Stalingrad.

(Phot. Bildarchiv Preussischer Kulturbesitz.)

La logistique ne se réduit pas seulement aux transports des troupes, des armes, des approvisionnements sur les fronts les plus divers. Elle concerne également le soutien de toutes les formations militaires en pièces de rechange et l'alimentation des ateliers de réparation établis parfois dans les conditions les plus sommaires. On voit ici, dans un village russe, un groupe de mécaniciens allemands procédant au changement de moteur d'un canon blindé.

(Phot. Larousse, doc. Signal.)

La Luftwaffe. Au cours des premières campagnes de 1939-40, la Luftwaffe se révéla un remarquable instrument de combat et une des composantes majeures de la guerre éclair. Dans le cadre de puissantes flottes aériennes de 500 à 700 appareils, les bombardiers, soutenus par des chasseurs, agissaient au profit direct des colonnes blindées, tout en menant des attaques sur les communications et les arrières de l'ennemi. On voit ici un groupe de bombardiers Heinkel « He-111 » dans le ciel de France, en juin 1940.

(Phot. Bildarchiv Preussischer Kulturbesitz.)

Poste de pilotage d'un bombardier moyen Junkers « Ju-88 », lors de la bataille d'Angleterre. De création récente, dépourvue de bombardiers lourds, prévue comme un outil tactique d'appui des divisions blindées dans le cadre de la Blitzkrieg, la Luftwaffe essuya son premier échec lors de la bataille d'Angleterre. En dépit d'un rare acharnement, elle ne put neutraliser la RAF, abattre le moral de la population ni désorganiser l'économie britannique. Cet échec, dont les Alliés ne surent pas, d'ailleurs, tirer la leçon, prouvait que, contrairement aux idées de Douhet, l'arme aérienne n'était pas capable à elle seule d'arracher la décision.

(Phot. Bildarchiv Preussischer Kulturbesitz.)

Chasseur « destroyer » Messerschmitt « Bf-110 » dans le hangar d'une base libyenne en 1941. Comme le soulignait Göring à cette date, la Luftwaffe fut la seule arme de la Wehrmacht à être employée sans interruption dès le début du conflit. Après avoir participé aux campagnes de Pologne et de France, à la bataille d'Angleterre et à la guerre dans les Balkans et à l'Est, elle joua, en effet, un rôle déterminant en Méditerranée en 1941-42. Basée en Sicile, en Crète et en Libye, elle put neutraliser Malte à plusieurs reprises et appuyer les opérations de l'Axe en Afrique du Nord.

(Phot. Bildarchiv Preussischer Kulturbesitz.)

À partir de 1943, la Luftwaffe se trouva réduite à la défensive et bientôt à l'impuissance sur tous les fronts. Elle était surclassée en nombre par les aviations anglo-américaine et soviétique et obligée de consacrer le gros de ses forces à la défense de l'Allemagne, soumise à des bombardements stratégiques intenses. Elle conservait cependant une nette avance technique, avec des appareils à réaction comme le Messerschmitt « Me-262 » ou l'Arado « Ar-264 ». Mais les raids alliés sur les usines aéronautiques et la pénurie d'essence empêchèrent ces appareils d'entrer massivement en service et de renverser le cours des événements. On voit ici, en mai 1945, un groupe d'avions sabotés sur le terrain de Badkirchen.

(Phot. H. Jaeger - Time Life - Colorific !)

MacArthur. Haut en couleur, sachant cultiver son image de marque, MacArthur fut un des chefs américains les plus prestigieux de la guerre du Pacifique. Les débuts du conflit mettent cependant en échec ses conceptions sur la défense des Philippines à partir de Bataan et de Corregidor, obligées de capituler en avril 1942. Affichant une indiscutable énergie et disposant de moyens croissants, MacArthur, à la tête du front sud du Pacifique, réussit à préserver la bordure nord de l'Australie, à reprendre l'offensive et à entreprendre la reconquête des Philippines à partir d'octobre 1944. On le voit ici à Luçon, à Fort Stotensburg. Bien en cours auprès de Roosevelt, il arriva au sommet de sa réputation en 1945 et reçut le commandement d'un éventuel débarquement au Japon. Sans nier le rôle de MacArthur, l'histoire reconnaît pourtant aujourd'hui que, peut-être plus encore, le grand vainqueur du Pacifique est l'amiral Nimitz.

(Phot. US Army, Archives Idées et Éditions.)

La ligne Maginot. Construite de 1930 à 1938, la ligne Maginot offrait, de Longuyon au confluent de la Lauter et du Rhin, un ensemble d'une centaine d'ouvrages de tailles diverses, associés à de puissantes installations souterraines. Prévue initialement pour couvrir une mobilisation et servir d'« organe de manœuvre » aux armées, elle finit par être considérée par l'opinion, et même par le haut commandement, comme une barrière infranchissable. En fait, elle absorba une proportion excessive des troupes françaises, au point de contribuer au succès de l'offensive allemande de mai 1940. Prise à revers, elle fit l'objet d'attaques de détail à la fin de juin, qui entraînèrent la chute de quelques ouvrages secondaires. On voit ici des officiers allemands inspectant une casemate au lendemain de l'armistice.

(Phot. Bildarchiv Preussischer Kulturbesitz.)

La Malaisie. Déclenchée dès le 8 décembre 1941, la conquête de la Malaisie, accomplie en 73 jours, fut une des plus grandes victoires japonaises de la guerre du Pacifique. Animées par un esprit offensif extraordinaire, les troupes du général Yamashita, qui avaient subi un entraînement spécial à Formose, montrèrent une remarquable aptitude au combat dans la jungle, débordant constamment les positions anglaises. Comme le montre cette gravure de propagande allemande, le point culminant de la campagne fut la prise de Singapour, dont les ouvrages fortifiés, tournés exclusivement vers la mer, se révélèrent inutiles. Après avoir submergé la défense britannique, les Japonais obtinrent la capitulation de la ville, le 15 février 1942, faisant plus de 100 000 prisonniers. La Grande-Bretagne connut une de ses plus humiliantes défaites de toute la guerre. « Musée des Deux Guerres Mondiales — BDIC (Universités de Paris). » (Phot. Larousse.)

Malte. Grâce à sa position centrale, Malte joua un rôle déterminant dans la guerre en Méditerranée. Dès l'automne 1940, les sous-marins, les croiseurs et les avions britanniques qui s'y trouvaient basés réussirent à perturber les communications italiennes à destination de la Libye. Lors de l'intervention allemande en Afrique du Nord, la Luftwaffe tenta à deux reprises, en 1941 et surtout en 1942, d'interrompre la navigation britannique en Méditerranée et de neutraliser Malte, afin de permettre aux convois de l'Axe d'atteindre la Libye sans encombre. Mais les Anglais réussirent à renforcer la défense de « l'île porte-avions », qui résista, malgré un pilonnage intensif, et contribua puissamment à couper les approvisionnements des troupes allemandes, jouant un rôle décisif dans la défaite de Rommel et la victoire alliée en Méditerranée. On voit ici un chasseur-bombardier britannique Bristol « Beaufighter », utilisé comme avion torpilleur contre les navires de l'Axe, atterrissant sur un aérodrome près de La Valette, lors de la préparation du débarquement de Sicile, en juin 1943. (Phot. Imperial War Museum.)

La Manche. Au lendemain de l'armistice de 1940, avec l'occupation des côtes du nord de la France par les Allemands, la Manche retrouva le rôle maritime qu'elle avait joué aux XVIIe et XVIIIe siècles lors des grands affrontements franco-britanniques. Si la Wehrmacht se révéla impuissante à franchir la Manche, elle mit en batterie dans le Pas-de-Calais d'imposantes batteries lourdes capables de bombarder Douvres, de paralyser la navigation et d'interdire le passage des grandes unités de la Royal Navy. Ces batteries se manifestèrent pour la dernière fois, en septembre 1944, par des tirs intenses, à la veille de la libération par les Anglais des côtes du Pas-de-Calais.

(Phot. Larousse, doc. Signal.)

À partir de 1943, les Allemands entreprirent de fortifier les côtes de la Manche, dans l'attente d'un débarquement anglo-américain. Ces travaux furent accélérés, au début de l'année suivante, par Rommel, promu au rôle d'inspecteur du mur de l'Atlantique. Estimant qu'un débarquement se produirait à marée haute pour réduire la vulnérabilité de l'infanterie, Rommel fit installer à marée basse sur toutes les plages des obstacles improvisés — tétraèdres, dents de béton, garnis d'explosifs — qui devaient constituer des pièges mortels pour les chalands. La découverte de ces obstacles amena le commandement allié à modifier ses plans et à envisager un débarquement à l'aube et à mi-marée. (Phot. Bundesarchiv.)

Le projet Manhattan. De 1942 à 1945, le général Groves, appartenant au corps du génie de l'armée américaine, se trouva à la tête du plan Manhattan destiné à donner aux Alliés la bombe atomique. Mobilisant des moyens énormes et une armée de savants originaires d'un très grand nombre de pays, les recherches se déroulèrent dans plusieurs centres, dont les principaux étaient Chicago, Hanford, Los Alamos et Oak Ridge. Deux filières furent explorées, celle du plutonium et celle de l'uranium 235, aboutissant presque simultanément, au printemps de 1945, à la réalisation des premières armes nucléaires.

(Phot. US Army, Archives Idées et Éditions.)

Mannerheim. Ancien officier de l'armée tsariste, ayant participé à la guerre russo-japonaise et à la Première Guerre mondiale, il joua au lendemain de la révolution bolchevik un rôle déterminant dans la naissance de la Finlande indépendante. Promu maréchal en 1933, il assura le commandement de l'armée finnoise pendant la « guerre d'hiver », de 1940-41, et la « guerre de continuation », de 1941 à 1944. Chef militaire compétent, il sut faire preuve également, dans des circonstances difficiles, où la survie de son pays était en jeu, d'une habileté diplomatique et d'un sens des réalités qui lui permirent de garder ses distances avec l'Allemagne hitlérienne et de préserver l'indépendance de la Finlande vis-à-vis de l'URSS. (Phot. Larousse, doc. Signal.)

Manstein. Chef d'état-major du groupe d'armées Rundstedt, à la fin de 1939, lors de la campagne de France, il préconisa la rupture du front occidental à travers les Ardennes et la Meuse, selon une conception fondamentalement différente de celle de l'état-major allemand. Séduit, Hitler imposa ce plan à l'OKH. Au cours de la guerre germano-soviétique, Manstein (photographié ici en 1943) devait encore manifester ses capacités de manœuvrier animées par un dynamisme exceptionnel. Il réussit à conquérir la Crimée, puis Sébastopol'. S'il ne put dégager Stalingrad, il parvint cependant à rétablir la situation sur le front sud par la reprise de Kharkov en mars 1943, jouant un rôle prépondérant lors de la bataille de Koursk en juillet. Après avoir effectué une retraite habile en Ukraine, coupée constamment de contre-offensives, il fut relevé de ses fonctions en mars 1944, Hitler estimant alors qu'il ne convenait plus à une guerre devenue purement défensive. Il est souvent considéré comme l'un des meilleurs généraux allemands de la Seconde Guerre mondiale.

(Phot. Larousse, doc. Signal.)

Mao Tsé-toung. La guerre contre le Japon, puis la Seconde Guerre mondiale constituèrent une étape capitale dans la vie de Mao Tsé-toung et de la Chine. Dans le cadre du « front uni », c'est-à-dire d'une trêve avec le Kouo-min-tang, il dirigea une guerre de partisans contre les forces nippones à partir de Yenan, dans le nord du Shensi, où les communistes s'étaient repliés après la Longue Marche. Simultanément, il renforça son autorité au sein du parti, fit triompher la ligne « paysanne » et écarta les déviations « bourgeoises ». En 1945, il était devenu le chef incontesté du mouvement. Son autorité s'exerçait alors sur 20 % de la population chinoise, s'appuyant sur un parti de 1 200 000 membres et sur une armée solide et bien organisée de 900 000 hommes. (Archives N. Marchand-M.R.)

Les Mariannes. La reconquête de l'archipel des Mariannes, au cours de l'été 1944, constitua une des étapes capitales de la contre-offensive américaine du Pacifique, associée à une grande défaite navale japonaise. Sur ce document, on assiste à la progression d'une unité de marines sur l'île de Guam, appuyée par des canons de 37 mm. L'occupation de Guam, de Saipan et de Tinian provoqua une brèche de taille dans le « périmètre défensif » japonais. Dès l'automne de 1944, ces îles allaient servir de bases aux bombardiers stratégiques américains chargés de détruire les grandes villes japonaises.
(Phot. Marine Corps, Defense Department, Archives Tallandier.)

La marine de guerre. Au début de la Seconde Guerre mondiale, le cuirassé constituait toujours le fer de lance des flottes de combat. La plupart des navires de ligne étaient cependant des bâtiments relativement anciens, modernisés entre les deux guerres, caractérisés par une vitesse faible, de 20 à 22 nœuds, une forte protection et un armement lourd composé de pièces de 340, de 380 ou même de 406 mm. On voit ici un cuirassé américain de la classe *Tennessee* représentatif de cette génération, au mouillage des Hawaii, en 1943, au lendemain d'une dernière refonte qui n'a que peu modifié ses caractéristiques générales. (Phot. C. Mydans-Time Life-Colorific !)

Chasseurs d'origine américaine Grumman F6F « Hellcat » sur le pont d'envol du porte-avions britannique *Indomitable*, en janvier 1944. Au début du conflit, le porte-avions se trouvait encore ravalé au rôle de « brillant second » au profit du navire de ligne. Son rôle consistait à assurer l'éclairage et, à la rigueur, à endommager et à retarder à la bombe ou à la torpille un cuirassé adverse pour qu'il tombe sous le feu des navires porte-canons. C'est seulement à partir de 1942 que le porte-avions devint le navire de combat principal, avec une capacité d'action et de destruction s'étendant dans un rayon de 300 km. (Phot. Popperfoto Ltd.)

Contrairement aux prévisions des amirautés, le sous-marin confirma ses remarquables qualités, pendant toute la Seconde Guerre mondiale, comme bâtiment d'attaque de navires de combat ou de bateaux de commerce. Il fut également utilisé dans des missions de renseignements, de commandos et de ravitaillement. Beaucoup plus que le navire de surface, l'avion se révéla finalement comme le pire adversaire du submersible. Toutefois, à la fin du conflit, une nouvelle génération de bâtiments allemands à hautes performances, dotés de schnorchel, permettaient de déjouer en grande partie la menace aérienne. On voit ici une flottille de sous-marins allemands type II à la veille de la guerre. (Phot. Il Dagherrotipo.)

La marine française. Avec un tonnage de 750 000 t, la marine française de 1939 était la quatrième du monde. Ses meilleures unités étaient constituées par les deux croiseurs de bataille *Strasbourg* et *Dunkerque* et par des séries homogènes de croiseurs et de torpilleurs récents, rapides et bien armés. Certains bâtiments anciens, comme le cuirassé *Lorraine* de 23 500 t (notre document) entré en service en 1916 et refondu entre les deux guerres, devaient cependant jouer un rôle non négligeable. Avec ses 8 pièces de 340 mm, le cuirassé *Lorraine* participa ainsi, le 15 août 1944, à l'appui-feu qui précéda le débarquement de Provence. (Phot. US Navy.)

À partir de 1935, dans le cadre du réarmement, la marine française avait entrepris de refondre son corps de bataille par la mise en chantier de deux cuirassés de 35 000 t, le *Richelieu* et le *Jean-Bart*. Ces unités, filant 31 nœuds et dotées de 8 canons de 380 mm en deux tourelles quadruples, bénéficiaient encore d'une très forte protection. En juin 1940, elles réussirent à gagner respectivement Dakar et Casablanca. En 1943, le *Richelieu* subit aux États-Unis une importante refonte, qui se traduisit surtout par le renforcement de son armement antiaérien. On voit ici le bâtiment entrant dans le port de New York avant de gagner les chantiers de Brooklyn.
(Phot. US Navy, Archives Idées et Éditions.)

ıarine italienne. En 1939, l'Italie possédait ıarine à peine inférieure en tonnage à celle France. Elle était composée de cuirassés, roiseurs et de torpilleurs, rapides, bien ;, mais relativement peu protégés, destinés raids en Méditerranée contre les lignes de unication françaises et britanniques. On ci des bâtiments légers italiens se livrant à émonstrations en baie de Naples, lors d'une e revue navale organisée par Victor-Emma-II et Mussolini à l'occasion de la visite de , en mai 1938.

(Phot. H. Jaeger-Time Life-Colorific !)

Croiseur lourd italien, lors de l'attaque d'un convoi de Malte, au cours de l'été 1942. En dépit d'une flotte récente et nombreuse, la marine italienne connut, de 1941 à 1943, des déboires successifs en Méditerranée, que ce soit à Tarente, à Matapan ou lors de la défense ou de l'attaque de convois. Cet échec trouve son explication dans certaines déficiences concernant le radar ou le sonar, dans l'absence de liaison avec l'aviation et surtout dans la faiblesse du haut commandement, qui fit constamment preuve d'une prudence excessive et manqua totalement d'esprit offensif. (Phot. Larousse, doc. Signal.)

La marine japonaise. En 1941, la marine japonaise constituait un remarquable instrument de combat. Elle avait su tirer parti de la guerre de Chine et assimiler les leçons des débuts de la Seconde Guerre mondiale, qui avaient démontré le rôle essentiel de l'avion dans la guerre sur mer. Le haut commandement nippon avait cependant sous-estimé l'énorme capacité de développement de la marine américaine. À partir de 1943, la flotte japonaise se trouva de plus en plus surclassée en nombre et en qualité de matériel et subit une succession de désastres qui conduisit à sa disparition presque complète. Sur ce document, pris au lendemain de la capitulation, on distingue trois unités ayant échappé à la destruction et ancrées dans la base navale de Sasebo : un destroyer et les porte-avions *Kasagi* et *Ibuki*.

(Phot. Marine Corps, Defense Department, Archives Tallandier.)

Les marines. Créés en 1775, les marines constituent un corps de troupe mis en action par la flotte américaine dans le cadre d'opérations combinées. Au cours de la Seconde Guerre mondiale, ce corps connut un développement spectaculaire, passant de moins de 20000 hommes en 1941 à près de 500000 en 1945, avec six divisions. Il fut engagé essentiellement dans le Pacifique à partir de Guadalcanal. Ses pertes atteignirent près de 17000 tués et plus de 67000 blessés. Sur ce document, des brancardiers transportent un marine blessé lors des combats extrêmement durs d'Okinawa.

(Phot. Marine Corps, Defense Department, Archives Tallandier.)

Marshall. Chef d'état-major général de l'armée américaine dès les premiers mois de la guerre, il révéla ses dons de remarquable stratège et passa à juste titre pour l'organisateur de la victoire. Sa réputation ne devait cependant s'affirmer qu'au lendemain du conflit, avec l'ambassade de 1945 en Chine et le plan de réorganisation économique de l'Europe qui allait porter son nom. Sa carrière s'acheva en 1951 au secrétariat d'État à la Défense. On le voit ici (à gauche) en 1944, en compagnie du maréchal anglais sir John Dill (au centre), chef de la mission britannique aux États-Unis, et du général américain Arnold.
(Phot. US Army, Archives Idées et Éditions.)

L'archipel des Marshall. La conquête des Marshall, en janvier-février 1944, devait constituer la première phase de la contre-offensive américaine dans le Pacifique central, sous la direction de l'amiral Nimitz. En s'emparant des îles de Majuro, Roi-Namu, Eniwetok et Kwajalein, les Américains pratiquaient une brèche dans le périmètre défensif japonais et s'assuraient d'un tremplin pour la neutralisation de Truk et l'attaque des Mariannes. Sur ce document, la bannière étoilée flotte sur l'aérodrome nippon de Roi, pilonné par la marine et l'aviation et jonché de carcasses d'avions japonais. (Phot. US Army.)

Médecine et santé. Pendant toute la durée du conflit, les services de santé effectuèrent un effort considérable. Pour la seule armée américaine, le nombre de blessés dépassa 600 000. Ces services comportaient toute une hiérarchie, depuis les postes de secours des lignes avancées, donnant les premiers soins, et les hôpitaux de campagne du front, pratiquant des opérations, jusqu'aux centres les plus évolués de l'intérieur, traitant les soldats les plus atteints ou procédant à des rééducations. On voit ici un poste de secours de la 10e division américaine au nord de l'Apennin, près de Bologne.

(Phot. US Army, Archives Idées et Éditions.)

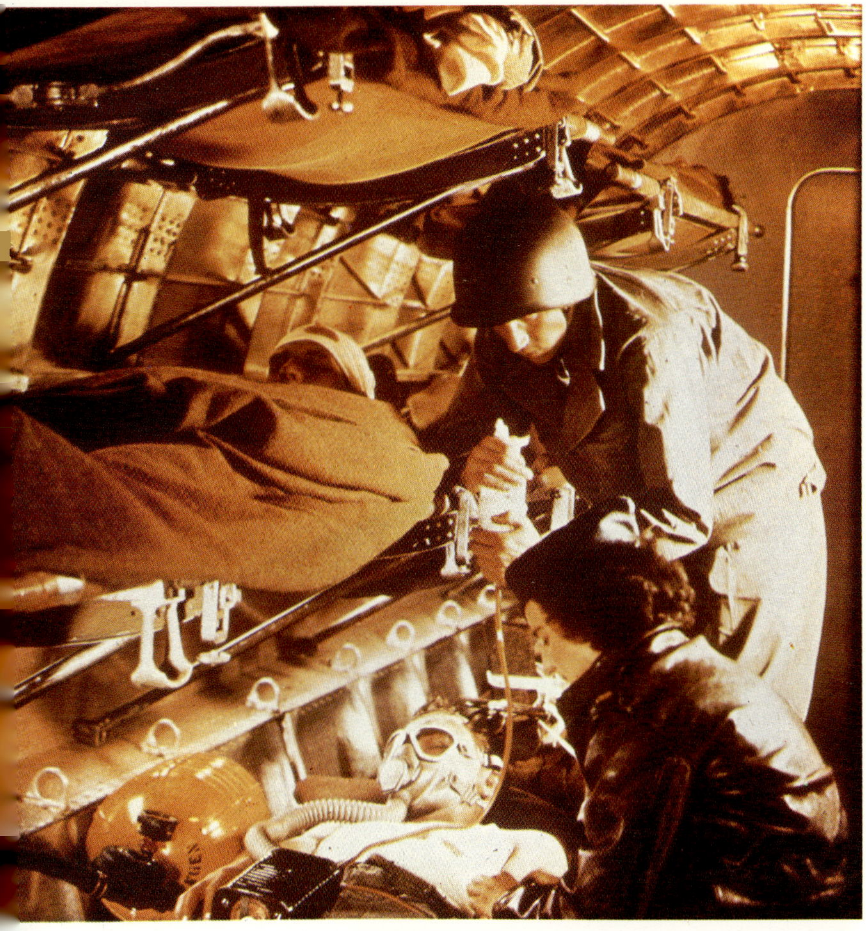

Contrairement à ce que l'on vit pendant la Première Guerre mondiale, le transport des blessés ne se limita pas à la route ou au chemin de fer. Toutes les grandes armées utilisèrent des avions sanitaires dotés d'appareils de réanimation, comme on le voit sur ce document montrant l'évacuation des blessés américains. L'avion se révéla extrêmement précieux dans les régions dépourvues de moyens de transport classiques ou pour l'évacuation d'hommes gravement atteints et exigeant des soins dans des centres hospitaliers particulièrement bien outillés. (Phot. UPI.)

Tous les hôpitaux de campagne disposaient d'installations opératoires permettant de pratiquer d'importantes interventions et de sauver des milliers d'hommes. Toutefois, en raison de l'afflux des blessés, le pourcentage d'amputations resta beaucoup plus élevé que prévu, dépassant parfois le niveau enregistré en 1914-1918. En revanche, on nota une diminution spectaculaire des infections postopératoires grâce à l'emploi des sulfamides et des premiers antibiotiques. La gangrène gazeuse disparut ainsi complètement des services de santé alliés.

(Phot. Imperial War Museum.)

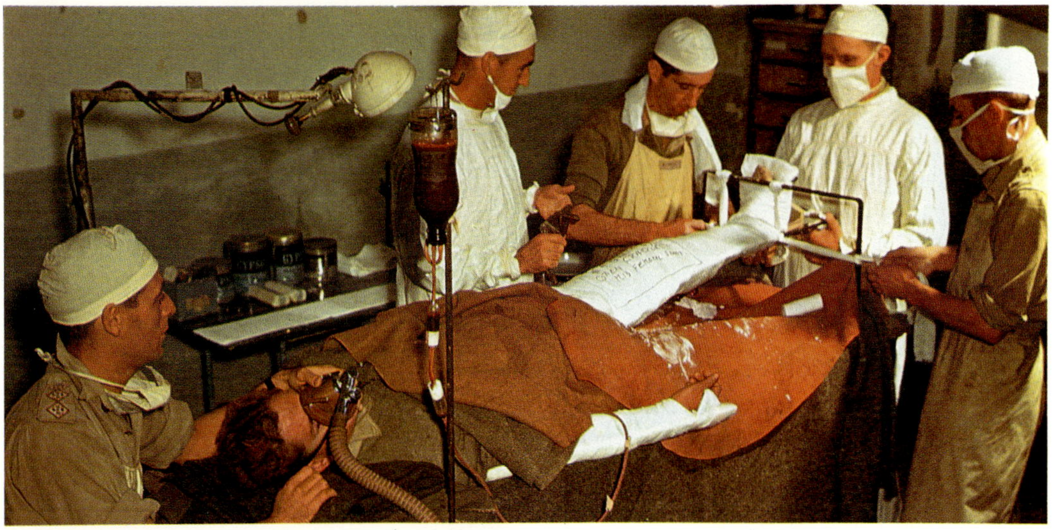

À partir de 1941, avec les débuts de la guerre à l'Est, les services de santé de la Wehrmacht se trouvèrent confrontés à une tâche énorme, étant obligés de traiter des centaines de milliers de blessés dans les conditions les plus difficiles. Grâce à une remarquable organisation, le taux de survie resta cependant exceptionnellement élevé. On voit ici un officier blessé au cours des combats de l'été de 1942. La fiche d'évacuation indique la nature de la blessure et les soins donnés. Les deux bandes de couleur précisent également que le blessé est transportable.

(Phot. Bibliothek für Zeitgeschichte, Stuttgart, Archives Idées et Éditions.)

La Méditerranée. Contrairement à toutes les prévisions, la guerre en Méditerranée prit une ampleur considérable de 1940 à 1944. L'incapacité de l'Italie à mener une lutte parallèle à celle de l'Allemagne entraîna, au début de 1941, l'intervention de la Wehrmacht sur ce théâtre. Cette intervention se manifesta par l'envoi de l'Afrikakorps en Libye ainsi que de formations aériennes en Sicile et par la campagne des Balkans destinée à dégager les troupes italiennes du guêpier grec. On voit ici, en avril 1941, un avion de reconnaissance de la Luftwaffe survolant une ville grecque. (Phot. Larousse, doc. Signal.)

En dépit du débarquement anglo-américain au Maroc et en Algérie et de la victoire de Montgomery à El-Alamein, les troupes de Rommel parvinrent à se replier sur le sud de la Tunisie et à faire leur jonction avec des éléments de l'Axe venus d'Italie. On assiste ici au débarquement, dans un port tunisien, de blindés allemands et de camions italiens. Seule la maîtrise aérienne et maritime des Alliés permit d'asphyxier la tête de pont de l'Axe et d'en obtenir la capitulation en mai 1943. (Phot. Jean Vigne, doc. Signal.)

La guerre en Méditerranée ne se limita pas aux opérations des Balkans, de Libye, de Tunisie ou d'Italie. Ce fut également une lutte pour les communications. Dès 1940, les Anglais attaquèrent les liaisons entre l'Italie et l'Afrique du Nord, tandis que les forces de l'Axe tentaient d'isoler Malte. Lors des grands débarquements de Sicile et de Salerne, la Luftwaffe, en dépit de son infériorité, s'efforça d'attaquer les convois de ravitaillement alliés. On voit ici un cargo en feu, au large des côtes de Sicile, pendant le débarquement de juillet 1943.

(Phot. J. R. Eyerman-Time Life-Colorific !)

lesserschmitt. Portant le nom de son créateur, , firme Messerschmitt joua un rôle considérable ans la production aéronautique allemande de la ıerre. Elle se trouva à l'origine d'appareils parculièrement réussis, comme le chasseur monooteur « Bf-109 » ou les biplans destroyers, de connaissance ou d'appui tactique, « Bf-110 », Me-210 » et « Me-410 ». Les réalisations les plus ›ectaculaires devaient être, à la fin de la guerre, ›ux appareils destinés à redonner la maîtrise de air à la Luftwaffe. Il s'agissait du « Me-163 », tercepteur à moteur-fusée, et surtout du Me-262 », bimoteur à réaction, qui surclassait us les appareils alliés de même catégorie. Internu trop tardivement, le « Me-262 » ne put modir l'issue du conflit. On voit ici un de ces appails endommagé sur un aérodrome allemand et ıpturé par les troupes américaines. (Phot. Photri.)

La météorologie. Pendant toute la guerre, les belligérants se heurtèrent à des conditions climatiques extrêmement variables. La Wehrmacht fit ainsi l'expérience des températures torrides du désert de Libye comme du froid glacial de l'hiver en Union soviétique. Mais, à l'Est, les Allemands furent également confrontés aux difficultés du printemps ou de l'automne russes. La fonte des neiges ou les pluies diluviennes transformaient alors les routes en bourbiers au point de paralyser tous les mouvements de troupes. On assiste ici à la pénible progression d'une colonne motorisée allemande le long d'une route.

(Phot. Bibliothek für Zeitgeschichte, Stuttgart.)

« Le temps n'est jamais neutre », devait constater Eisenhower. Les Alliés se heurtèrent à des conditions météorologiques difficiles en Extrême-Orient, en Afrique, et même en Italie, où l'automne et l'hiver 1943-44, marqués par des pluies abondantes, le froid, la neige et le brouillard au cœur de l'Apennin, contribuèrent tout autant que la résistance allemande à les bloquer des mois durant au cœur de la péninsule. Les Allemands et leurs alliés eurent à souffrir des excessives rigueurs de l'hiver russe. Dépourvues d'équipements d'hiver, les troupes de l'Axe supportèrent des conditions climatiques extrêmement pénibles. Chaque jour, des milliers d'hommes étaient évacués pour des gelures profondes. L'essence synthétique gelait, le caoutchouc devenait friable et les armes refusaient de fonctionner. Ce document représente la progression d'une unité italienne dans le brouillard, sur une route balayée par un vent glacial. (Phot. Alfred Ott.)

La Milice. Créée en octobre 1942 en zone sud par Joseph Darnand pour être un instrument efficace au service du maréchal Pétain et pour le « maintien de l'ordre », la Milice française se recrutait surtout parmi les notables, mêlés à quelques anciens communistes et, de plus en plus, à des marginaux attirés par les nombreux avantages matériels et les possibilités de rapines. Très vite, elle devint, en liaison étroite avec les Allemands, un impitoyable outil de répression contre l'« ennemi intérieur », communistes et résistants, n'hésitant pas à recourir aux pires moyens. Ces excès finirent même in extremis par entraîner une condamnation de Pétain, à la veille de la Libération, le 6 août 1944. On voit ici un groupe d'officiers de la Milice débarquant à Paris gare de Lyon en 1944, les Allemands n'ayant autorisé que tardivement leurs activités en zone nord (février 1944). (Phot. A. Zucca, Archives Tallandier.)

Les mines. Déjà employées de 1914 à 1918, les mines connurent un développement considérable au cours de la Seconde Guerre mondiale. Sur terre, les belligérants en utilisèrent une grande variété — antipersonnel, antichar... Avec l'apparition des détecteurs magnétiques, ils eurent recours à des mines en Bakélite ou en bois. Ce furent surtout les Allemands qui, pendant toute la durée du conflit, se montrèrent experts en la matière. On voit ici, sur le front de l'Est, en 1943, un soldat allemand portant deux mines « assiettes » qu'il s'apprête à aller poser en avant des lignes. (Phot. Larousse, doc. Signal.)

La détection et la destruction des mines constituèrent une tâche extrêmement pénible et dangereuse pour les formations du génie, bien souvent obligées de travailler sous le feu de l'ennemi. Après le débarquement de Normandie, les Alliés utilisèrent en France des engins parfois inattendus pour le déminage, comme ce char « Sherman » M4 destiné, avec ses deux énormes rouleaux, à faire sauter les mines prévues contre les blindés. Ces chars se révélèrent particulièrement efficaces, depuis la bataille de Normandie jusqu'au passage du Rhin.

(Phot. US Army, Archives Idées et Éditions.)

Le Missouri. Entré en service à la fin de 1944, ce cuirassé américain appartenait à une série de quatre navires de ligne de 45 000 t, capables de filer 33 nœuds, remarquablement protégés et dotés d'un armement extrêmement puissant, avec 9 canons de 406 et une centaine de pièces anti-aériennes s'échelonnant de 127 à 40 mm. Après avoir arboré la marque de l'amiral Halsey lors des batailles d'Iwo Jima et d'Okinawa, le *Missouri* fut, comme le montre notre document, le théâtre de la capitulation japonaise, le 2 septembre 1945, dans la rade de Tōkyō.

(Coll. Delagarde.)

La mode. En dépit de l'Occupation, les grands couturiers parisiens devaient réussir à maintenir la tradition de l'élégance française. L'ingéniosité pallia la rareté du cuir et des tissus. On confectionna des chaussures à semelle de bois ou de liège. On utilisa les étoffes d'ameublement ou les dentelles retrouvées au fond des vieux coffres. Le Nylon des parachutes servit à confectionner des blouses ou de la lingerie. Faute de bas de soie ou de rayonne, les femmes se teignirent les jambes. Des thèmes nouveaux apparurent. La tendance médiévale l'emporta en 1943, avec le succès des *Visiteurs du soir* de Marcel Carné.

(Phot. A. Zucca, Archives Tallandier.)

Model. Brillant commandant d'unités blindées lors des campagnes fastes de la guerre éclair, il effectua une étonnante conversion à partir de 1943. Doté d'une énergie peu commune et d'un grand talent d'improvisation, il devint sur le front de l'Est l'homme des situations désespérées. Promu maréchal le 1er mars 1944, il succéda à von Kluge sur le front occidental le 17 août. Après avoir participé à l'offensive des Ardennes, il ne put que retarder l'effondrement final. Encerclé dans la Ruhr, il se suicida le 21 avril 1945. (Phot. Bibliothek für Zeitgeschichte, Stuttgart.)

Montgomery. À la suite de la bataille d'El-Alamein, qui vit le succès de la VIIIe armée britannique sur Rommel à l'automne de 1942, il devint le général le plus célèbre de l'armée anglaise. Puritain, ascétique, d'un caractère entier et peu conformiste, il laissa l'image d'un soldat très soucieux de l'état moral et matériel de sa troupe, mais aussi d'un chef de guerre prestigieux, quoique souvent contesté, sans doute meilleur tacticien que grand stratège. On voit ici « Monty » — Churchill avait consacré son surnom —, avec son éternel chandail et son béret orné de médailles, étudiant une carte d'état-major pendant la campagne d'Italie.

(Phot. Imperial War Museum.)

Le moral. Tout au long d'une guerre interminable, le moral de la troupe constitua une des préoccupations majeures des états-majors. Tout en insistant sur le respect de la discipline, le commandement fit appel aux distinctions en usage dans toutes les armées (décorations, citations, ordres du jour) et accorda dans toute la mesure du possible une place importante à différents facteurs destinés à accroître le bien-être des soldats (permissions, qualité de la nourriture). Dans toutes les armées, on reconnut aussi que la rapidité et la régularité du courrier constituaient un des éléments essentiels du moral. On voit ici un groupe de vaguemestres de la Wehrmacht triant un sac postal sur le front de l'Est, à l'automne de 1942. (Phot. Larousse, doc. Signal.)

Dès le début du conflit, les gouvernements comprirent la nécessité de maintenir non seulement le moral des combattants, mais aussi celui des civils souvent séparés des leurs et à la merci des difficultés de la vie matérielle, voire des bombardements. En France, pendant la « drôle de guerre », on vit paraître sur les murs et les lieux publics ce genre d'affiche (notre document) destinée, en principe, à prévenir les effets néfastes d'une inaction trop prolongée. Les résultats en furent médiocres et ces tentatives ne réussirent pas, en 1940, à empêcher une dégradation générale du moral du pays. Bibliothèque du musée de l'Armée. (Phot. Larousse.)

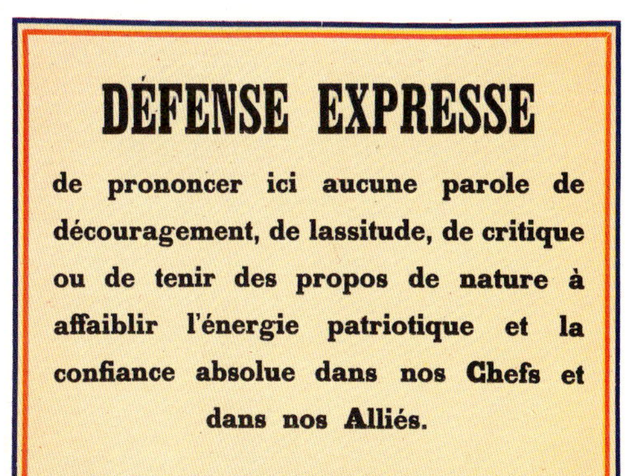

Moscou. À l'automne de 1941, après les victoires spectaculaires de l'été et la grande bataille d'encerclement de l'Ukraine, Hitler et les chefs de la Wehrmacht caressèrent l'espoir de terminer la guerre à l'Est avant l'hiver par un dernier coup de tonnerre. L'opération Typhon, la grande offensive en direction de Moscou, fut déclenchée à la fin septembre et se solda au départ par d'éclatants succès. La boue, puis le froid et la résistance croissante des Soviétiques commencèrent à en briser l'élan au cours du mois de novembre. Sur ce document, à l'heure où la victoire semble encore en vue, on voit une automitrailleuse allemande de reconnaissance au carrefour de Mojaïsk, à 100 km de Moscou et à 2 910 km de Brest... (Phot. Bildarchiv Preussischer Kulturbesitz.)

Au début de décembre 1941, la grande offensive allemande en direction de Moscou se trouva pratiquement arrêtée, en raison de difficultés logistiques croissantes, d'un froid intense et de la résistance acharnée de l'armée rouge. À l'ouest de la capitale, à moins de 100 km du Kremlin, de durs combats se déroulèrent sur la chaussée de Volokolamsk (notre document). Au nord, des éléments blindés avancés atteignirent les faubourgs de la ville sans pouvoir aller plus loin. L'armée allemande s'immobilisa définitivement le 5 décembre, avant de subir le poids de violentes contre-attaques soviétiques.
(Phot. Bildarchiv Preussischer Kulturbesitz.)

Le pacte germano-soviétique de Moscou, signé le 23 août 1939, provoqua une réaction de stupeur dans le monde entier. Il donna au caricaturiste Kem, d'origine égyptienne, l'occasion de démontrer son talent, en soulignant le caractère contre nature de l'alliance entre deux systèmes totalitaires de nature opposée. Staline et Hitler, bien qu'empêtrés dans la même botte, s'efforcent ici, tant bien que mal, de cheminer dans des directions différentes. Avec une étonnante prémonition, cette caricature annonçait l'aspect fragile et provisoire du rapprochement.

(Archives Idées et Éditions.)

Le « Mosquito ». Entré en service en 1940, construit à près de 7000 exemplaires en différentes versions, le « Mosquito » fut un des appareils les plus réussis de toute la guerre et une des meilleures réalisations de l'industrie aéronautique britannique. Très rapide, volant à très haute altitude, il effectua plusieurs milliers de missions de reconnaissance et de bombardement au-dessus de l'Europe. Il fit également preuve de qualités remarquables de chasseur de jour et de nuit, et fut utilisé aussi comme avion d'entraînement. (Phot. Imperial War Museum.)

Munich. À l'automne de 1938, la crise de Munich fut provoquée par Hitler, décidé à obtenir de gré ou de force le rattachement de la minorité allemande des Sudètes faisant partie intégrante de la Tchécoslovaquie. Pendant une semaine, l'Europe put se croire à deux doigts de la guerre. La crise ne fut réglée que par la capitulation des démocraties occidentales, qui se résignèrent à abandonner la Tchécoslovaquie. On voit ici Chamberlain accueilli sur l'aérodrome de Munich le 29 septembre par le ministre des Affaires étrangères du Reich, Ribbentrop, quelques heures avant l'ouverture de la conférence qui allait décider du sort de la paix.

(Phot. Time Life — Colorific !)

Mussolini. Photographie du Duce assistant aux manœuvres de l'armée de l'air italienne sur la plage de Furbara, lors de la visite de Hitler en Italie, en mai 1938. L'alliance avec le Reich se révéla, en fin de compte, désastreuse pour le régime fasciste. En raison de l'insuffisance de ses moyens économiques et militaires, l'Italie fut incapable de mener une « guerre parallèle » à celle de l'Allemagne. Elle accumula les défaites et le régime s'effondra en juillet 1943. Arrêté par le roi, libéré par les Allemands, Mussolini, désormais totalement dépendant du IIIe Reich, n'assuma plus qu'un rôle de figuration à la tête de la République sociale italienne, jusqu'à ce qu'il fût fusillé par des partisans, en avril 1945.

(Phot. H. Jaeger — Time Life — Colorific !)

RIO
DE S. GIO GR

Nagasaki. Trois jours après Hiroshima, le 9 août 1945, les autorités américaines procédèrent à une seconde attaque nucléaire contre le Japon. En raison de conditions météorologiques défavorables, la bombe ne put être lancée sur la ville de Kokura, initialement prévue comme cible, mais s'abattit sur Nagasaki. L'engin au plutonium provoqua des dégâts comparables à ceux de Hiroshima. Toutefois, un écran de collines, parfaitement visible sur ce document, protégea la partie occidentale de la cité. Le nombre de victimes atteignit cependant près de 30 000 morts et 50 000 blessés. (Phot. US Army.)

Narvik. Au cours de la nouvelle lourde défaite alliée subie en Norvège en avril-mai 1940, les combats de Narvik constituèrent les seuls succès franco-britanniques de la campagne. Le premier fut, le 13 avril, la destruction d'une flottille de contre-torpilleurs allemands surprise à l'intérieur du fjord. Le second concerna, un mois plus tard, les opérations combinées qui permirent d'enlever Narvik de haute lutte et de refouler les Allemands en direction de la frontière suédoise, au moment, il est vrai, où la tournure catastrophique prise par la campagne de France contraignait les Alliés à évacuer leurs troupes. La propagande allemande (notre document) exploita l'affaire pour exalter le rôle des défenseurs de Narvik. Sur cette affiche, on reconnaît, groupés autour du drapeau du Reich, un fantassin blessé et casqué, un chasseur des troupes de montagne et un marin fusil au poing combattant à terre après la destruction de son navire.

(Phot. Bildarchiv Preussischer Kulturbesitz.)

Les navires de ligne. Considéré encore comme le *capital ship* des flottes de combat en 1939, le navire de ligne se trouva ramené, à partir du milieu de la guerre, au rôle de « brillant second » au profit du porte-avions. Son importance restait cependant considérable, comme bâtiment d'appui-feu, lors des débarquements, ou de défense aérienne, grâce à une formidable DCA. En 1945, la marine américaine disposait ainsi de quatre cuirassés rapides de la classe *Missouri*. Déplaçant 45 000 t, ces splendides bâtiments étaient armés de 9 pièces de 406 et d'un nombre considérable de canons antiaériens de 127, de 40 et de 20 mm. Le *Missouri* (notre document) participa aux opérations d'Iwo Jima et d'Okinawa, avant que ne fût signée à son bord la capitulation japonaise. (Phot. US Navy.)

À la veille de la guerre déjà, les navires de ligne avaient des silhouettes bien différentes de celles des cuirassés de la Première Guerre mondiale. Les mâts militaires ou tripodes cédaient la place à des tours ou donjons abritant la passerelle et surmontés de la tourelle de direction de tir de l'artillerie principale. Ce dispositif devait se retrouver sur les unités anciennes refondues, comme le cuirassé américain *Arizona,* très endommagé à Pearl Harbor. Au cours de la guerre encore, les superstructures des navires de ligne se hérissèrent de radars destinés à la navigation ou à la direction de tir. (Phot. Il Dagherrotipo.)

Nimitz. Simple et discret, dépourvu du sens théâtral d'un MacArthur, l'amiral Nimitz peut être considéré comme le grand vainqueur de la guerre en Extrême-Orient. Placé à la tête de la flotte du Pacifique au lendemain de Pearl Harbor, il devait donner la preuve d'un remarquable sens stratégique et tactique lors des batailles de Midway et de Guadalcanal, et surtout à l'occasion de la magistrale contre-offensive du Pacifique central qui, au début de 1945, porta les forces américaines aux abords de l'archipel nippon. On le voit ici (au centre) en compagnie du secrétaire d'État à la Marine James Forrestal, à sa droite. (Phot. US Navy, Archives Idées et Éditions.)

La mer Noire. Pendant toute la guerre germano-soviétique, les rives de la mer Noire furent le théâtre de très violents combats. Après avoir occupé Odessa et la Crimée au cours de l'année 1941, les Allemands cherchèrent à s'en assurer le contrôle pendant l'été de 1942, en enlevant d'assaut Sébastopol' et en occupant Novorossisk. Ils ne réussirent cependant pas à s'emparer de Poti et de Batoum. C'est seulement au cours des premiers mois de 1944 que l'armée rouge put reprendre le contrôle de ce littoral. Ce document montre la progression de troupes allemandes pendant l'été de 1942.
(Phot. Bibliothek für Zeitgeschichte, Stuttgart.)

La bataille de Normandie. En dépit du succès du débarquement initial du 6 juin 1944, la Normandie fut pendant plus de deux mois le théâtre de combats acharnés. Utilisant toutes les ressources du bocage, les Allemands parvinrent à stopper l'avance alliée dans le secteur de Caen et dans le Cotentin. Cette bataille interminable eut des résultats désastreux pour les villes et les villages, soumis à d'intenses bombardements d'artillerie et d'aviation. (Archives Idées et Éditions.)

Au cours des violents combats de Normandie, les combattants se trouvèrent parfois devant des situations inattendues. Au moment de procéder au nettoyage d'une maison, un soldat américain a ainsi la surprise de recevoir la reddition d'un civil français. Le mur, criblé de balles, illustre l'acharnement de l'engagement.
(Phot. US Army, Archives Idées et Éditions.)

La phase la plus critique de la bataille de Normandie intervint au milieu du mois de juillet 1944 avec l'échec de l'offensive britannique dans le secteur de Caen et la progression très lente et coûteuse des Américains au centre du front. La libération des ruines de Saint-Lô (notre document) n'eut ainsi lieu que le 18 juillet, au prix de pertes considérables. Les Alliés ne sortirent de l'impasse qu'à la fin de juillet, avec la percée d'Avranches remarquablement exploitée par Patton. (Phot. F. Scherschel — Time Life — Colorific !)

Le débarquement de Normandie. À la veille de l'opération Overlord, le sud de l'Angleterre n'était plus qu'une gigantesque place d'armes. Deux millions d'hommes se trouvaient entassés dans des cantonnements, au milieu de dépôts de vivres et de munitions, de parcs de blindés et de véhicules de toute sorte. Une immense armada encombrait tous les ports de la Manche. Des centaines de chalands de débarquement étaient éparpillés au fond du moindre port de pêche, comme le montre ce document.

(Phot. US Army, Archives Idées et Editions.)

La combativité des Allemands, la qualité des défenses du mur de l'Atlantique et surtout les conditions météorologiques constituaient pour les Alliés les grandes inconnues d'Overlord. En raison d'un violent coup de vent d'ouest, il fallut retarder de 24 heures le déclenchement de l'opération, prévu initialement pour le 5 juin. Sur les plages d'Omaha, dans le secteur de Vierville (notre document), les Américains se heurtèrent à une vive résistance, qui ne put être brisée que par le tir de l'artillerie de marine et l'action directe de l'aviation, en dépit d'un plafond bas. On voit ici des chasseurs-bombardiers Republic P-47 « Thunderbolt » appuyant la progression des soldats sous le feu de l'artillerie allemande.

(Phot. Photri.)

Au jour J, le commandement allié devait jeter sur les côtes de Normandie cinq divisions d'infanterie et trois grandes unités aéroportées, lancées par parachutes ou planeurs. On voit ici un parachutiste américain embarquant à bord d'un avion de transport avec tout son équipement (dont le poids pouvait atteindre 80 kg) : parachutes dorsal et ventral, bazooka tenu en bandoulière, musettes contenant vivres et munitions, poignard fixé à la jambe, paquet de pansements attaché au casque.

(Phot. US Army, Archives Idées et Éditions.)

Le North American P-51 « Mustang ». Entré en service dès 1941, ce chasseur monomoteur américain n'atteignit sa pleine efficacité qu'en 1944, une foit doté de moteurs d'une puissance de 1 700 ch. Grâce à une vitesse dépassant 700 km/h, il se révéla capable de rivaliser avec les meilleurs chasseurs de la Luftwaffe. Un rayon d'action de 3 500 km lui permettait également d'escorter les bombardiers stratégiques au-dessus de l'Europe. Comme le souligne ce document, le « Mustang » disposait d'un armement composé de 6 mitrailleuses de 12,7, qu'on voit portées ici par des armuriers avec leurs bandes de cartouches.

(Phot. Photri.)

La Norvège. Déclenchée le 9 avril par l'Allemagne, l'attaque contre la Norvège fut, en fait, une opération préventive destinée à devancer les Alliés désireux de contrôler la « route du fer ». La campagne révéla les étonnantes possibilités de la Blitzkrieg. Employée pour la première fois par la Wehrmacht, l'arme aéroportée permit à celle-ci de s'emparer d'Oslo dès le premier jour. On voit ici un parachutiste (de dos) s'entretenant avec un pilote, tandis qu'évolue dans le ciel un avion de transport Junkers « Ju-52 ».

(Phot. Nicole Marchand — doc. M.R.)

Le procès de Nuremberg. Au lendemain de la capitulation allemande, les vainqueurs prirent l'initiative sans précédent de soumettre au jugement d'un tribunal international, pour « crimes de guerre », les principaux responsables du IIIe Reich, que l'on voit ici au banc des accusés. Le procès, qui se déroula au palais de justice de Nuremberg, dura 315 jours (20 novembre 1945-1er octobre 1946) et se termina par 12 condamnations à mort, 7 peines de prison et 3 acquittements. Quatre organisations furent condamnées : le parti national-socialiste, la Gestapo, les SS et le SD (service de sécurité). Le verdict permit à l'ONU de définir le crime de génocide.

(Coll. Delagarde.)

L'Occupation. Le défilé de soldats allemands dans les rues de la capitale constitua pour les Parisiens un spectacle familier pendant plus de quatre ans. Un autre aspect de la vie quotidienne était la disparition presque complète des voitures particulières, remplacées par des milliers de bicyclettes, dotées d'une plaque d'immatriculation pour des raisons de contrôle administratif. En dépit de l'humiliation de la défaite et des restrictions, Paris conserva une grande capacité de rayonnement, grâce à ses spectacles et à une vie intellectuelle et artistique demeurée intense.
(Phot. A. Zucca, Archives Tallandier.)

À l'apogée de la puissance du Reich, des éléments de la Wehrmacht tenaient garnison dans tous les États européens, à l'exception du Portugal, de l'Espagne, de la Suisse et de la Suède. Leur présence était le résultat de défaites retentissantes, comme celle de la France, ou d'une politique de satellisation croissante à l'égard de pays réputés pourtant alliés, comme la Roumanie. On voit ici des soldats allemands déambulant dans une des grandes artères du centre de Bucarest. (Phot. H. Jaeger — Time Life — Colorific !)

Dès la fin de l'année 1941, la quasi-totalité de l'Ukraine se trouva occupée par les troupes du Reich. En dépit de l'existence d'un fort courant séparatiste, les Allemands se refusèrent à jouer la carte de l'indépendance et se livrèrent à une exploitation en règle de l'Ukraine. La seule concession fut le rétablissement de la vie religieuse. Comme le montrent ces affiches placardées sur un mur de Kharkov, la propagande allemande s'efforça également d'exploiter le thème de la conspiration judéo-bolchevique et de rappeler à la population les excès de la tyrannie stalinienne. Mais les exactions des troupes allemandes envers les populations civiles, déjà considérées comme les futurs sujets des colonies du IIIe Reich, ainsi que la politique brutale des autorités d'occupation, hostiles à tout nationalisme, poussèrent des civils a priori accueillants vers la résistance.
(Phot. Bildarchiv Preussischer Kulturbesitz.)

87
84
497
US
US 187

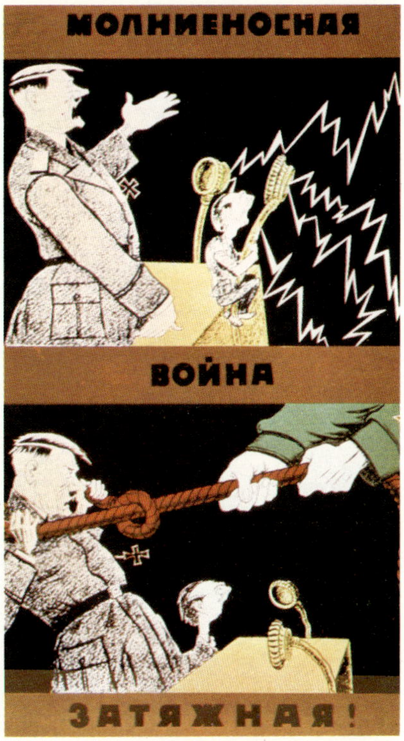

La guerre des ondes. Cette caricature soviétique de Hitler et de Goebbels au micro, qui, après avoir fait assaut de proclamations tonitruantes au début de la guerre à l'Est, sont rendus muets par leurs défaites, souligne l'importance de la guerre des ondes de 1939 à 1945. La radio ne fut pas qu'une arme de propagande, elle permit de tourner la censure appliquée à la presse. Grâce aux émissions adverses, les combattants et les civils des États belligérants purent se faire une idée plus claire de la situation politique et militaire, aux moments les plus critiques. Les Européens se tenaient ainsi à l'écoute des stations alliées ou helvétiques. (Phot. N. Marchand - doc. M.R.)

La guerre du Pacifique. En attaquant Pearl Harbor, le 7 décembre 1941, les Japonais visaient la neutralisation des navires de combat et de l'aviation de la grande base navale du Pacifique. Ce résultat fut pratiquement acquis, sauf en ce qui concerne les porte-avions, absents pour des raisons diverses. La surprise totale de l'opération permit aux Japonais, comme le montre cette photographie, tirée du film *Tora-Tora,* de détruire au sol 159 avions, avec d'autant plus de facilité que les appareils avaient été regroupés sur les terrains pour échapper à d'éventuels sabotages des membres de la colonie nippone des Hawaii.

(Phot. Archives Idées et Editions.)

Au lendemain de Pearl Harbor, les Japonais remportèrent une série de succès ininterrompus à la faveur d'opérations menées contre les Philippines, la Malaisie, la Birmanie et l'Indonésie. Le premier mécompte eut cependant lieu en mai 1942. Après la bataille de la mer de Corail, le commandement nippon dut renoncer au débarquement de Port Moresby, en Nouvelle-Guinée. Il tenta cependant de s'emparer de cette position par une attaque terrestre lancée depuis le nord de l'île, en dépit d'un relief de hautes montagnes, couvertes de jungle et infestées de malaria. Cette offensive, en définitive infructueuse, fut un abominable calvaire pour les soldats japonais, comme tente de le rappeler ce détail d'un tableau de Key Sato.

(Phot. N. Marchand - Doc. M.R.)

Au printemps de 1942, le commandant en chef de la marine japonaise, l'amiral Yamamoto, tenta d'arracher la décision en amenant la flotte américaine à livrer une bataille décisive au large de Midway. L'affaire se solda, au début de juin, par une sévère défaite japonaise. Le plan de Yamamoto se trouvait associé à une diversion dans les Aléoutiennes et aboutit à la prise des îles de Kiska et d'Attu, dont l'intérêt stratégique se révéla nul. Les Américains devaient réoccuper ces positions au cours de l'été 1943. On voit ici un groupe de chasseurs « Lightning » survolant la côte méridionale des Aléoutiennes.

(Phot. D. Kessel - Time Life - Colorific !)

Après la bataille d'usure de Guadalcanal, qui enraya l'offensive japonaise sur le flanc nord de l'Australie, le commandement américain entreprit la neutralisation de la base aéronavale de Rabaul et la reconquête des Salomon. Associée en 1943 à toute une série d'opérations amphibies, cette reconquête, lente et pénible, dura près d'un an. À Bougainville (notre document), les Américains, après y avoir établi une solide tête de pont et une base aérienne, se contentèrent de contenir la garnison japonaise et de la laisser « pourrir » jusqu'à la fin de la guerre.

(Phot. US Army, Archives Tallandier.)

À la fin de 1943, grâce à l'entrée en ligne d'une flotte entièrement neuve sortie des chantiers américains, l'amiral Nimitz se trouva en mesure de déclencher l'offensive décisive dans le Pacifique central contre les positions nippones des Gilbert et des Marshall. Les opérations préliminaires furent menées par des task forces comprenant des porte-avions et des bâtiments de soutien. On voit ici, à l'arrière-plan, un croiseur lourd assurant la protection du porte-avions léger *Cowpens* (au premier plan). [Phot. US Navy.]

En juin 1944, Nimitz, qui avait déjà fait sauter le verrou des Gilbert et des Marshall, pratiqua une seconde brèche dans le système défensif japonais en s'emparant de Guam, de Saipan et de Tinian dans les Mariannes. Ces îles servirent rapidement de bases aux bombardiers stratégiques, qui entreprirent, à la fin de 1944, des raids dévastateurs sur les principales villes de l'archipel nippon. On voit ici une superforteresse Boeing « B-29 » décollant du terrain de Harmon, à Guam. (Phot. US Air Force, Archives Idées et Éditions.)

À l'été de 1945, la situation du Japon était catastrophique. Soumis à des raids dévastateurs, coupé de ses approvisionnements par suite de la destruction de sa marine marchande, ayant perdu toute sa flotte de guerre, l'archipel nippon se trouvait quotidiennement en butte aux attaques des navires de guerre américains et à la veille d'un débarquement sur son sol. L'intervention soviétique et surtout les deux bombes atomiques permirent à l'empereur d'imposer à l'armée la capitulation et d'épargner ainsi à la population de nouvelles souffrances. Comme le montre ce document, la reddition des officiers s'effectua suivant les règles du code de l'honneur nippon. (Phot. Photri.)

Le pacte tripartite. Cette caricature d'Arthur Szyk, publiée aux États-Unis en 1942, illustre le destin tragique des grands signataires du pacte tripartite, l'Allemagne, l'Italie et le Japon, qui, malgré leur alliance, finirent par perdre la guerre. Ici, Mussolini est asservi à l'Allemagne, représentée par Göring, et à Tōjō, chef du gouvernement japonais. Conclu le 27 septembre 1940, ce pacte eut surtout valeur de symbole. Il ne constitua nullement un moyen de dissuasion à l'égard des États-Unis, comme l'espérait le Japon, pas plus qu'un instrument de coalition contre l'Angleterre ou d'isolement de l'U.R.S.S. comme l'escomptait l'Allemagne. Parmi les autres pays, la Hongrie, la Roumanie, la Slovaquie, puis la Bulgarie, la Yougoslavie et, après le démembrement de celle-ci, la Croatie finirent par y adhérer. Le résultat le plus clair du pacte fut d'amener l'Allemagne et l'Italie à déclarer la guerre aux États-Unis, en décembre 1941, après Pearl Harbor. (Phot. Parimage.)

Le « Panther ». Conçu comme une réplique du « T-34 » soviétique, le char allemand « Panther » (PZKw V) entra en service au printemps de 1943 et se révéla une remarquable réussite, en dépit de quelques maladies de jeunesse. Pour un poids de 45 t, il offrait un blindage frontal de 80 à 100 mm. Il disposait d'un excellent canon de 75 mm, à grande vitesse initiale. Son moteur de 700 ch Maybach autorisait une vitesse de 45 km/h pour une autonomie de 200 km. Plus de 5 500 de ces engins sortirent des usines MAN, et le « Panther » fut engagé sur tous les théâtres d'opérations. On voit ici plusieurs « Panther » en manœuvre sur un terrain d'entraînement.
(Phot. Bibliothek für Zeitgeschichte, Stuttgart.)

Papen. Issu d'une vieille famille de l'aristocratie catholique, brillant cavalier, Franz von Papen, d'opinions monarchistes et ultraconservatrices, entreprit une carrière politique à partir de 1921. Au plus fort de la crise de la république de Weimar, bénéficiant du soutien du général von Schleicher et du président Hindenburg, il devint chancelier du Reich en 1932. Mais le cabinet des « barons » ne put freiner les progrès des nazis avec lesquels Papen finit par conclure un accord secret, qui amènera Hitler au pouvoir. Se contentant quant à lui du poste de vice-chancelier, il ne doutait pas de parvenir, avec l'appui du président et des milieux conservateurs, à « domestiquer » le nouveau pouvoir. Déçu dans ses espérances, il se crut en mesure, le 17 juin 1934, encouragé par Hindenburg, de dénoncer publiquement les excès du régime dans un discours prononcé à Marbourg, dont Goebbels interdit très vite la diffusion. Mais, le 30 juin 1934, lors de la « nuit des Longs Couteaux », trois de ses principaux collaborateurs — et véritables auteurs du discours — furent assassinés. Lui-même, placé en résidence surveillée, ne tarda pas à se soumettre, acceptant moins d'un mois plus tard le poste d'ambassadeur à Vienne, où les nazis venaient tout juste d'assassiner le chancelier Dollfuss, puis l'ambassade de Turquie, et il se montra jusqu'au bout l'instrument docile du IIIe Reich. Acquitté au procès de Nuremberg (1946), il fut toutefois condamné par un tribunal allemand, puis libéré en 1949. On le voit ici, à gauche, debout, le bras levé, lors d'une manifestation nazie à Stuttgart en 1933. Au premier plan, à droite, Goebbels. (Phot. N. Marchand, coll. M. R.)

La libération de Paris. Le 19 août 1944, au moment où la défaite allemande se précise en Normandie, les FFI, où l'influence communiste prédomine, déclenchent, à l'appel du Comité parisien de libération et du Conseil national de la Résistance, l'insurrection dans la capitale, en dépit des conseils de prudence des délégués du général de Gaulle, qui redoutent de sanglantes représailles des forces d'occupation. Coupée d'une trêve éphémère, conclue à l'initiative du consul général de Suède, cette insurrection va se traduire, pendant une semaine, jusqu'à l'arrivée de la 2e division blindée du général Leclerc, par une série d'opérations de harcèlement menées contre les points d'appui tenus par la garnison allemande, commandée par le général von Choltitz. Comme le montre cette photo prise rue de Rome, des soldats allemands isolés seront tués ou capturés au cours de ces engagements. Les pertes des FFI seront lourdes et s'élèveront à environ 1 000 morts et 1 500 blessés.

(Phot. Jean Lemaire.)

Le mardi 22 août au soir, alors que la trêve a pris fin à Paris entre la garnison allemande et les différents organes de la Résistance, de Gaulle obtient du commandement américain l'autorisation pour la 2e DB de Leclerc de marcher sur Paris, mouvement qui sera appuyé par la 4e division américaine. Le 24 au soir, le groupement Langlade parvient au pont de Sèvres, tandis que les avant-gardes des groupements Billotte et Dio atteignent la Croix-de-Berny. Le 25, les unités de la 2e DB, en liaison avec les FFI, enlèvent les points d'appui allemands du Majestic, de l'hôtel Crillon et de l'hôtel Meurice, QG de Choltitz. Ce dernier signe à 15 h 30, à la Préfecture de police, l'acte de capitulation de ses troupes. Le 26 août, au cours du défilé triomphal de l'Arc de triomphe à Notre-Dame, ici, place de l'Hôtel-de-Ville, les soldats de Leclerc et les FFI reçoivent un accueil délirant de la part de la population.

(Phot. F. Scherschel-Time Life-Colorific !)

Pour le général de Gaulle, la libération de Paris constitua un magnifique aboutissement, la consécration de quatre années d'efforts. Le 26 août 1944, entouré de personnalités politiques et militaires de la Résistance et de la France combattante (André Le Troquer, Joseph Laniel, Georges Bidault, président du CNR, Alexandre Parodi, délégué général du Gouvernement Provisoire, les généraux Leclerc et Juin, l'enseigne de vaisseau Philippe de Gaulle), le général descendit dans l'après-midi les Champs-Élysées, acclamé par une foule enthousiaste. La journée, qui devait se terminer par un *Te Deum* à Notre-Dame, fut troublée par une fusillade, sur la place du Parvis, attribuée à des tireurs isolés, et qui fit, outre les morts dont on ignore le nombre, plus de 300 blessés. (Phot. X.)

Patton. Agressif, haut en couleur, adorant les attitudes, cet excellent entraîneur d'hommes peut être considéré comme un des meilleurs tacticiens alliés de la Seconde Guerre mondiale, à l'égal d'un Guderian ou d'un Rommel. Sorti de West Point dans la cavalerie en 1909, il a la révélation du rôle du char dans la guerre moderne dès la bataille de l'Argonne en 1918. Il donne toute sa mesure à la tête du 2e corps en Tunisie en 1943, avant de confirmer ses qualités de détermination et d'audace en Sicile, au commandement de la VIIe armée. Sa carrière connaît alors une éclipse à la suite du scandale provoqué par une gifle adressée dans une ambulance à un soldat victime d'un traumatisme nerveux. Patton retrouve cependant un commandement en juillet 1944. À la tête de la IIIe armée, il exploite admirablement la percée d'Avranches, contribue de manière déterminante à la victoire de Falaise, avant de participer à la campagne de Lorraine, à la bataille de l'Ardenne et à la pénétration en Allemagne. À nouveau en disgrâce, à la suite de vifs propos antisoviétiques, il devait trouver la mort dans un accident de voiture en Allemagne.
(Phot. Archives Idées et Éditions.)

Les Pays-Bas. Par suite de leur impréparation et de l'ampleur des moyens allemands, surtout aéroportés, les troupes néerlandaises devaient capituler, dès le 14 mai 1940. On voit ici des soldats de la Wehrmacht appartenant à une unité de reconnaissance dans un village typiquement hollandais. Le premier choc surmonté, l'opinion, dans sa très grande majorité, resta insensible aux avances du commissaire du Reich Seyss-Inquart, qui, avec l'appui du parti national-socialiste néerlandais de Mussert, souhaitait intégrer les Pays-Bas dans le cadre d'une grande Allemagne. Pendant toute la durée d'une occupation de plus en plus dure, qui ne se termina qu'en mai 1945, le peuple hollandais fit montre, par son attitude, d'un refus de toute collaboration.
(Phot. Time-Life-Colorific !)

Pearl Harbor. Lancée le 7 décembre 1
l'aube, par les appareils des 6 porte-avic
l'escadre de l'amiral japonais Nagumo, l'a
par surprise de la base américaine de
Harbor, dans l'archipel des Hawaii, consti
succès tactique. Les 8 cuirassés de la
américaine du Pacifique furent mis hc
combat et 160 avions détruits au sol. Le
fut cependant incomplet, ne serait-ce qu'
son de l'absence des porte-avions améric
la mer ce jour-là. Mais, surtout, les
quences de Pearl Harbor furent, sur l
politique, désastreuses pour le Japon. Le
d'infamie », suivant l'expression de Roo
mit fin à l'isolationnisme des États-Unis, d
cha un sursaut national du peuple amé
décidé à mener une guerre totale contre le
alors que le gouvernement nippon s'atter
un conflit limité débouchant sur une p
compromis qui laisserait à l'empire l'hég
sur le Sud-Est asiatique. Ce document repr
les cuirassés *Tennessee* et *West Virginia* e
tandis que les équipes de secours s'efforc
vain d'éteindre les incendies. (Phot. U

Pétain. À son immense prestige de grand soldat de la Première Guerre mondiale, Pétain devait ajouter, au moment du désastre de 1940, l'image du père et du sauveur de la patrie qui lui permit d'obtenir l'adhésion d'un peuple profondément désemparé. Tentant de le convertir à l'espoir d'un renouveau fondé sur les thèmes du travail, de la famille et de la patrie, le Maréchal allait pendant deux ans bénéficier de la confiance de la nation et donner naissance à un véritable mythe, alimenté par une propagande efficace. En dépit de l'occupation totale du pays, de l'échec de la révolution nationale, de la politique aberrante de Laval, de mesures et de gestes heurtant souvent très vivement le sentiment national, la popularité du maréchal demeura grande dans une partie de la population jusqu'à la fin du régime de Vichy. Malgré son procès et sa condamnation pour intelligence avec l'ennemi, un certain nombre de Français garderont la conviction qu'aux heures les plus sombres Pétain avait tenu le bouclier, tandis que de Gaulle brandissait l'épée. Cette gravure exalte les vertus salvatrices du travail sur le grand thème vichyssois du retour à la terre. (Phot. Lauros-Giraudon.)

Les Philippines. Au lendemain de Pearl Harbor, le Japon entreprit la conquête des Philippines dont la position commandait l'accès à l'Indonésie. Après des débarquements dans l'île principale de Luçon, le 10 décembre 1941, les troupes nippones refoulèrent les forces américaines commandées par MacArthur en direction de la presqu'île de Bataan et de la forteresse de Corregidor. Comme le souligne cette reproduction d'une peinture de Stanley Dersh, des unités américaines associées à des contingents philippins y livrèrent des combats acharnés, passant même à la contre-attaque, le 15 février 1942, et obligeant les Japonais à marquer le pas, dans l'attente de renforts. Cette résistance retarda la chute de Corregidor de deux mois.
(Phot. US Army, Archives Idées et Éditions.)

Lors de son départ des Philippines, à la fin de mars 1942, sur l'ordre personnel du président Roosevelt, MacArthur avait prononcé le fameux serment : « Je reviendrai. » Il devait tenir parole deux ans et demi plus tard. En octobre 1944, protégées par une imposante armada, les troupes américaines débarquaient, en effet, à Leyte, avant de reprendre pied dans l'île de Luçon même, à Lingayen, en janvier 1945, comme le montre ce document. La libération des Philippines se révéla finalement lente et coûteuse, en raison de la résistance habile et tenace des forces de Yamashita. Les Américains durent multiplier les débarquements pour tourner les positions adverses.
(Phot. US Army.)

La bataille pour la reprise des Philippines atteignit son point culminant, au début de février 1945, avec l'arrivée des troupes américaines devant les faubourgs de Manille. La ville, défendue rue par rue, maison par maison, par une garnison de 20 000 hommes, ne tomba qu'après un mois de combats qui coûtèrent aux Américains plus de 8 500 tués. Au lendemain de sa libération, la capitale des Philippines, ravagée par les bombardements et les tirs d'artillerie, n'était plus qu'un immense champ de ruines, comme le montre cette vue des installations portuaires.
(Phot. US Army.)

La bataille du Río de La Plata. Elle constitua le premier grand engagement naval de la guerre, qui mit aux prises, en décembre 1939, le cuirassé de poche allemand *Admiral Graf Spee* (notre document) avec 3 croiseurs britanniques. Bien qu'ayant mis un de ses adversaires hors de combat, le bâtiment allemand, dont la puissance de combat restait cependant intacte, se réfugia à Montevideo. Se croyant bloqué par des forces très supérieures, le commandant du *Graf Spee*, le capitaine de vaisseau Langsdorff, prit le 17 décembre la décision de saborder son navire dans l'estuaire du Río de La Plata, avant de se suicider le lendemain, à Buenos Aires. Cet épisode dramatique fit croire à l'opinion mondiale à l'absence de combativité de la nouvelle Kriegsmarine. (Phot. Bildarchiv Preussischer Kulturbesitz.)

La Pologne. Commencée le 1er septembre 1939, à l'aube, la campagne de Pologne révéla au monde stupéfait les possibilités jusque-là insoupçonnées de la guerre éclair. En moins de huit jours, la décision fut acquise par l'action conjuguée de formations aériennes et blindées, pratiquant des opérations de destruction et de rupture associées à de vastes manœuvres d'encerclement. Ayant perdu le contrôle de ses troupes, le commandement polonais se révéla incapable d'effectuer le moindre rétablissement derrière les principaux fleuves. On voit ici, au lendemain des combats, des civils franchissant à Ostroleka, sur la Narew, un pont ferroviaire détruit qui a fait l'objet d'une réparation de fortune.

(Phot. H. Jaeger-Time Life-Colorific !)

Pendant la campagne de Pologne, Hitler ne se mêla pratiquement pas de la conduite des opérations, mais rendit, à plusieurs reprises, visite à des unités sur le front. On le voit ici en compagnie d'officiers supérieurs de la Luftwaffe. Au cours des opérations, l'aviation allemande trouva l'occasion de déployer, pour la première fois, ses possibilités en tant qu'instrument d'appui tactique, agissant en liaison directe avec les troupes au sol, tout en effectuant des attaques sur les lignes de communications, les aérodromes, ainsi que des raids de terreur sur les villes.

(Phot. H. Jaeger-Time Life-Colorific !)

La Pologne n'eut pas à subir le choc de la seule Wehrmacht. Le 17 septembre 1939, en vertu du pacte de Moscou, l'armée rouge passa à son tour à l'attaque, sans déclaration de guerre, sous le prétexte de « protéger les populations ukrainiennes et biélorusses », consommant ainsi la ruine de l'armée polonaise. La jonction entre les forces allemandes et soviétiques eut lieu à Brest-Litovsk, et le protocole du 28 septembre consacra à nouveau le partage de la Pologne. Sur ce document, on distingue un poste de contrôle établi le long de la ligne de démarcation qui devait servir de frontière entre l'Allemagne et l'URSS jusqu'au 22 juin 1941.

(Phot. H. Jaeger-Time Life-Colorific !)

Tout au long de la campagne, les Polonais luttèrent avec fougue, n'hésitant pas à lancer des unités de cavalerie contre des chars et se refusant à proclamer Varsovie ville ouverte. De fait, la capitale, attaquée dès le 14 septembre, repoussa toutes les offres de reddition. En dépit de bombardements menés par l'artillerie et l'aviation, la résistance se poursuivit près de deux semaines. La garnison ne capitula que le 28 septembre et les Allemands lui accordèrent les honneurs de la guerre. À l'issue du siège, qui avait aussi durement frappé la population civile, de nombreux quartiers occupés par la Wehrmacht se trouvaient en ruines.

(Phot. H. Jaeger-Time Life-Colorific !)

Dès le premier hiver de 1939-40, Varsovie offrait le visage sinistre d'une capitale occupée, avec une circulation réduite, en grande partie hippomobile, et de nombreuses affiches de propagande allemande. Malgré les déportations et la présence d'un redoutable appareil policier, le moral de la population ne tarda pas, cependant, à se redresser, et la résistance se manifesta par la création d'une véritable armée secrète. Un État clandestin finit par se constituer. Mais le drame de la Pologne n'était pas terminé. Il allait culminer en 1944 avec la répression de l'insurrection de la capitale polonaise et la libération du pays par l'armée rouge, à l'origine d'une satellisation rejetée par l'ensemble de la population.

(Phot. H. Jaeger-Time Life-Colorific !)

Portal. Ce document représente les chefs de l'état-major britannique, le 7 mai 1945, dans les jardins du 10 Downing Street, à Londres. Entourant Churchill, on reconnaît, de gauche à droite, Portal, sir Alanbrooke et l'amiral Cunningham. Bénéficiant d'une grande expérience acquise au cours du premier conflit mondial et pendant l'entre-deux-guerres, le maréchal de l'Air Portal se trouva placé à la tête de la RAF, en octobre 1940, au lendemain de la bataille d'Angleterre. À ce poste essentiel, il assuma la lourde tâche, en tant que membre du cabinet de guerre, de déterminer la conduite des opérations britanniques, tout en fixant les grandes orientations de la stratégie aérienne. Jusqu'en 1943, il fut l'apôtre des raids sur les zones urbaines, en vue de désorganiser la production allemande et de saper le moral des populations du Reich. À la différence de Harris, le chef du Bomber Command, il comprit cependant, à partir de 1944, la nécessité d'orienter l'effort aérien dans la préparation du débarquement en France et sur des bombardements concernant l'industrie du pétrole et les transports. Cette orientation contribua certainement à abréger la guerre de plusieurs mois.

(Phot. Snark-Imperial War Museum.)

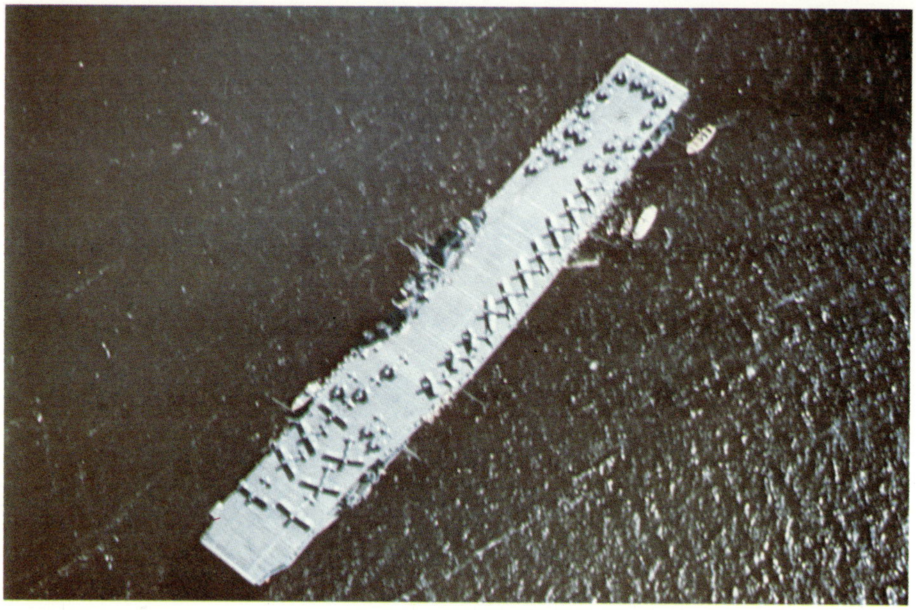

Les porte-avions. Vue du porte-avions lourd américain *Wasp II* de 27500 t, appartenant à la classe *Essex*. Le porte-avions connut une singulière destinée, au cours de la Seconde Guerre mondiale. En 1939-40, seules les très grandes marines à vocation océanique, comme celles de la Grande-Bretagne, des États-Unis et du Japon, possédaient des porte-avions. Mais, faute d'expérience au combat, leur rôle demeurait subordonné par rapport au navire de ligne qui restait le *capital ship* des flottes de guerre. Le porte-avions se voyait cantonné essentiellement dans des missions d'éclairage. À la rigueur, ses appareils semblaient susceptibles d'endommager un navire de ligne adverse, d'en retarder la marche, pour le faire tomber sous le feu des navires porte-canons. La bataille du cap Matapan (mars 1941) et la destruction du *Bismarck* (mai) parurent justifier pleinement cette doctrine.

(Phot. Il Dagherrotipo.)

Il faut attendre 1942, avec les batailles de la mer de Corail et surtout de Midway, dans le Pacifique, pour prendre conscience de l'efficacité du porte-avions comme bâtiment d'attaque et de destruction, dans un rayon d'action pouvant atteindre 500 km. Dès lors, le porte-avions devient le fer de lance des flottes de combat. Au cœur de puissantes task-forces, il ravale le cuirassé au rôle de « brillant second » dans le cadre d'une simple mission de protection, en liaison avec des croiseurs et des destroyers chargés eux aussi de la défense antiaérienne et anti-sous-marine. Sur ce document, on voit, prêt à décoller sur le pont d'un porte-avions de la classe *Essex*, un chasseur bombardier Grumman F6F « Hellcat », un des meilleurs appareils de l'aéronautique américaine de 1943 à 1945. (Phot. Il Dagherrotipo.)

La conférence de Potsdam. Elle se déroula en juillet 1945, au lendemain de la capitulation de l'Allemagne. Par rapport à Téhéran et à Yalta, Staline se trouva en face de deux nouveaux partenaires, comme on le voit sur ce document : au centre, le président des États-Unis Harry Truman, qui avait succédé à Roosevelt, et le nouveau Premier britannique, le leader travailliste Attlee (à gauche) porté au pouvoir à la suite des élections qui avaient entraîné la chute de Churchill. En dépit d'une cordialité apparente, la conférence de Potsdam portait en elle les germes de la guerre froide, avec la volonté affirmée de Staline de régler les problèmes de l'Europe de l'Est en dehors de l'intervention des puissances occidentales. C'est à Potsdam, enfin, que fut adressé au Japon, le 26 juillet, soit dix jours après la première explosion atomique d'Alamogordo, l'ultimatum anglo-américain, auquel s'étaient associés les Soviétiques, exigeant une capitulation sans condition.

(Phot. U.S. Army, Archives Idées et Éditions.)

La presse. Au même titre que la radio, la presse joua un rôle considérable pendant la guerre. Chez les belligérants, elle poursuivait un double objectif : faire connaître les grands événements politiques ou militaires, tout en soutenant le moral des populations. En dépit de la censure, elle bénéficia d'une assez grande liberté dans les démocraties occidentales. En revanche, dans les pays totalitaires, comme l'Union soviétique, le Japon, l'Allemagne ou l'Italie, elle se trouvait ravalée au rôle d'organe du gouvernement ou du parti, tout en rencontrant de sévères contraintes matérielles (ainsi la pénurie de papier obligeait à réduire le format des journaux). Sur ce document, les vendeurs de Bucarest brandissant les journaux annonçant, en gros titres, le déclenchement de l'offensive allemande dans les Balkans, en avril 1941. (Phot. Time Life-Colorific !)

Chicago Daily Tribune

THE WORLD'S GREATEST NEWSPAPER

HOME

TUESDAY, MAY 8, 1945

THREE CENTS—PAY NO MORE

TODAY—V-E DAY!

NAZIS REFUSE TO QUIT FIGHT IN CZECH AREA

Stalin Holds Up V-E News World Awaits

"GOOD WORK, GENERAL!"

GERMANS SIGN IN LITTLE RED SCHOOLHOUSE

ORDER NAZIS IN NORWAY TO LAY DOWN WEAPONS

OFFICIAL WORD TO BE GIVEN BY BIG 3 AT 8 A.M.

Yanks, Reds Rush In for Cleanup

'In Victors' Hands,' Says General

London Celebrates Tomorrow, Too

U. S. to Hear Truman Radio Speech Today

HOUSE ASKS U. S. TO HUNT DOWN WAR CRIMINALS

Chicago Celebrates Today

Jusqu'en 1944, les populations de l'Europe occidentale durent se contenter des feuilles contrôlées par l'occupant ou de la presse de la Résistance, imprimée et diffusée dans les conditions les plus difficiles et les plus périlleuses. À la Libération, les Européens purent enfin prendre connaissance des grands journaux américains, qui bénéficiaient de conditions d'information exceptionnelles et ne se heurtaient qu'à de faibles contraintes matérielles. Cette page de titre du *Chicago Daily Tribune* du 8 mai 1945 offre un double intérêt. Elle annonce non seulement la victoire, le jour V, mais souligne, en deuxième colonne, un des signes annonciateurs de l'affrontement Ouest-Est, avec la répugnance de Staline à reconnaître la capitulation de Reims, le 7 mai, comme marquant la fin de la guerre en Europe. Pour les Soviétiques, c'est la cérémonie de Berlin, tenue dans la nuit du 8 au 9 mai, qui scellera l'arrêt des opérations et la véritable chute de l'Allemagne. (Phot. Photri.)

Dans les pays de l'Europe occupée, la presse se trouva naturellement sous le contrôle absolu du vainqueur, tout en subissant la concurrence des publications allemandes ou italiennes. Ce kiosque parisien en offre une parfaite illustration. À côté de rares titres de journaux français comme *l'Écho de Nancy*, soutenu d'ailleurs par l'occupant, figurent en bonne place des journaux allemands ou italiens, tels *Der Völkischer Beobachter* ou *Il Corriere della sera*, en compagnie de magazines publiés en langue française, comme *Die Wehrmacht*, *Signal* ou *Der Adler*, l'organe de la Luftwaffe. En zone libre, la presse bénéficia d'une liberté relativement plus grande. Mais, en novembre 1942, avec l'occupation générale du pays, nombre de journaux se sabordèrent, comme *le Figaro* ou *le Temps*, l'un et l'autre repliés à Lyon. (Phot. A. Zucca, coll. Tallandier.)

Le prêt-bail. Dès les débuts de la guerre à l'Est, la Grande-Bretagne s'empressa de faire parvenir une aide matérielle à l'Union soviétique, comme en témoigne cette affiche anglaise rédigée en russe : « De la part du peuple anglais. Vers la victoire ! On est avec vous. » En fait, l'aide principale accordée aux pays en lutte contre les puissances de l'Axe vint des États-Unis par l'intermédiaire du prêt-bail imaginé par Roosevelt, et dont la loi fut promulguée en mars 1941, en faveur de l'Angleterre. L'Union soviétique en fut, à son tour, une des grandes bénéficiaires. Elle reçut des quantités considérables de matériel de guerre, de munitions, de machines-outils, de matériel roulant et de ravitaillement. Grâce au prêt-bail, l'Amérique joua véritablement le rôle d'« arsenal des démocraties ». Musée des Deux Guerres mondiales. B. D. I. C. (Universités de Paris). (Phot. Larousse.)

Les prisonniers de guerre. Beaucoup plus qu'en 1914-1918, la Seconde Guerre mondiale fut caractérisée par l'ampleur du problème des prisonniers de guerre. Jusqu'en 1942, à la faveur de la Blitzkrieg, les Allemands capturèrent des millions de prisonniers, aussi bien sur le théâtre occidental que sur le front de l'Est. On voit ici un groupe composite de soldats français et africains capturés en mai-juin 1940. Les prisonniers connurent des conditions de détention extrêmement variables selon leur nationalité, du fait de la discrimination raciale pratiquée par les Allemands. Si les soldats capturés sur le front occidental subirent souvent, notamment dans les commandos de travail, des conditions fort rigoureuses, leur sort fut sans commune mesure avec celui des Slaves pris sur le front de l'Est et qui furent traités par les nazis en « sous-hommes », comme l'atteste la disparition de plus de la moitié des 5 millions de prisonniers soviétiques. (Phot. H. Jaeger-Time Life-Colorific !)

La propagande. Dans le cadre d'un conflit exceptionnellement long et meurtrier, où étaient également impliqués civils et militaires, la propagande joua un rôle considérable et sans précédent, faisant appel aux moyens les plus importants et aux techniques les plus modernes. Dans chaque camp, elle poursuivit un double objectif : maintenir ou remonter le moral de la population et des combattants, saper celui de l'adversaire. Cette affiche allemande destinée à la France occupée exploite l'échec du débarquement anglo-canadien de Dieppe en 1942 et entend démontrer quel pourrait être le résultat d'une future invasion. Ce genre de propagande ne rencontra qu'un succès mitigé. Il n'en fut pas de même de tracts fort suggestifs montrant la fiancée ou la femme du combattant venant chercher aide et consolation dans les bras d'un embusqué ou d'un profiteur de l'arrière.
(Phot. Archives Idées et Éditions.)

Dès 1939, la Wehrmacht disposait d'unités spéciales chargées de photographier et de filmer les opérations. Pendant la période brillante de la Blitzkrieg, ces documents servirent, en grande partie, à l'édification des civils allemands et des populations des pays occupés. On voit ici, en juin 1940, un des opérateurs de la PK (Propaganda Krieg) en train de filmer, de la plate-forme d'un véhicule, les traces de la déroute alliée sur les plages de Dunkerque, encombrées de matériels abandonnés et où errent encore quelques prisonniers. (Phot. Larousse, doc. « Signal ».)

Au lendemain de l'armistice de 1940, certains milieux français tentèrent d'exploiter au maximum l'antagonisme franco-britannique né de la défaite. Cette affiche rappelle ainsi la promesse anglaise de garantie contenue dans le traité de Versailles et abandonnée dès 1920. Elle rappelle également le refus de la Grande-Bretagne d'engager la totalité de la RAF dans la bataille de France et l'évacuation du corps expéditionnaire vers Dunkerque. Elle souligne aussi le blocus établi après juin 1940 et les bombardements effectués sur les ports et les villes industrielles. Ce genre de propagande n'eut que peu d'effet en zone nord, où l'hostilité à l'occupant ne cessait de se développer. En revanche, il obtint, un temps, quelques résultats en « zone libre », où les restrictions ne pouvaient s'expliquer, en particulier, par les seules réquisitions allemandes.
(Phot. Lauros-Giraudon.)

Dans tous les pays en guerre, la propagande visait à stimuler la production et l'effort de guerre, comme le montre cette affiche américaine incitant à développer les armements pour vaincre l'Allemagne et le Japon. Cette tâche était d'autant plus nécessaire aux États-Unis que ceux-ci se trouvaient en dehors de toute atteinte du conflit, qu'il s'agisse de blocus, de bombardement ou de menace d'invasion. La mobilisation économique du pays pour son effort de guerre allait puissamment contribuer à le faire sortir de la crise économique pour atteindre un niveau de prospérité sans précédent.

(Phot. Parimage.)

Le débarquement de Provence. Baptisé *Anvil* puis *Dragoon,* il fut littéralement imposé aux Anglais et aux Français par les Américains, qui le considéraient comme le complément indispensable de l'opération déclenchée en Normandie. Grâce à la faiblesse des défenses allemandes comme à l'ampleur des moyens mis en œuvre par les Alliés — quatre divisions américaines d'assaut, le groupe d'armée B français en réserve, 2000 avions de première ligne, 500 navires de guerre —, le débarquement (notre document) s'effectua sans difficultés majeures, la surprise et le beau temps favorisant le succès de l'opération. Le 15 août au soir, les Alliés disposaient de deux têtes de pont entre Cavalaire et Théoule ; 6000 hommes, 6000 véhicules et 50000 t de matériel se trouvaient déjà à terre. Dès le lendemain, l'exploitation put commencer en direction de Toulon, Aix et Marseille. (Phot. U.S. Army.)

À l'aube du 15 août, le débarquement de Provence fut précédé par une importante opération aéroportée sur les arrières des troupes allemandes, dans la région du Muy. Cette opération, exécutée par la Rugby Force, mit en jeu les 10000 hommes de la 1re division aéroportée américaine du général Frederick, transportée par 535 avions et 465 planeurs. Elle se solda par un succès complet et des pertes relativement faibles, moins de 200 tués et blessés. Bloquant l'accès de la vallée de l'Argens, l'opération conduisait ainsi, dès le 15 août au matin, à l'isolement de la tête de pont. (Phot. Photri.)

Au lendemain du débarquement de Provence, l'exploitation alliée s'effectua à un rythme beaucoup plus rapide que prévu, en raison du repli précipité des troupes allemandes. Dès le 17, les troupes américaines débouchaient des Maures et de l'Esterel et marchaient en direction d'Aix et de la vallée du Rhône, tandis que les divisions françaises, débarquées à partir du 16, s'élançaient en direction de Toulon et de Marseille. En dépit d'une résistance acharnée, ces deux villes allaient être libérées respectivement le 23 et le 29 août, avec une avance considérable sur le plan établi par les états-majors alliés. On voit ici une colonne de camions américains traversant un paysage typiquement provençal sans rencontrer la moindre opposition.

(Phot. U.S. Army, Archives Idées et Éditions.)

PZKw I, II, III et IV. Abréviation de *Panzerdivision* (division blindée), l'expression « Panzer » finit par symboliser de 1939 à 1942 les résultats les plus spectaculaires de la guerre éclair. Fortes de 15 000 hommes environ, les Panzerdivisionen alignaient près de 250 chars, des bataillons d'infanterie motorisée, des formations antiaériennes et du génie. Chargées de la rupture et de l'exploitation, elles ouvraient la voie aux divisions d'infanterie classiques. On voit ici un char léger PZKw Mark III franchissant le Boug occidental, en juin 1941, lors des débuts de l'offensive allemande à l'Est. À partir de 1943, du fait du retournement de la conjoncture, les Panzerdivisionen prirent une allure nettement plus défensive, avec une dotation importante en chasseurs de chars. (Phot. Larousse, doc. Signal.)

La conférence de Québec. Réunissant Roosevelt et Churchill, la seconde conférence de Québec se déroula en septembre 1944, à un moment où la victoire des armées anglo-saxonnes en France ne pouvait plus faire de doute. On voit sur ce document l'arrivée de la voiture de Roosevelt sur l'esplanade de la citadelle de Québec qui domine le Saint-Laurent. La réunion souligna quelques différends entre les deux grands. Roosevelt ne manifesta ainsi que peu d'enthousiasme à la proposition de Churchill d'ouvrir des négociations avec Staline sur la répartition de zones d'influence en Europe. En revanche, les deux hommes d'État se mirent d'accord sur les futures zones d'occupation américaine et anglaise en Allemagne. Mais le fait le plus spectaculaire de la conférence fut l'intention de Roosevelt et de Churchill d'adopter le plan Morgenthau qui devait réduire l'Allemagne à un État purement agricole, consacré à l'élevage et à la culture. L'idée de ce plan sera d'ailleurs, un mois plus tard, abandonnée par les deux chefs d'État.
(Phot. U.S. Army, Archives Idées et Éditions.)

Raeder. Brillant officier au cours de la Première Guerre mondiale, contre-amiral dès 1922, à l'âge de 46 ans, Raeder devait recevoir le commandement de la Kriegsmarine en 1938, puis le titre de grand amiral. Il entreprend alors le développement de la nouvelle flotte allemande. En officier de la vieille école, il accorde toute son attention aux grands navires de surface et néglige l'avion et le sous-marin. Au cours du conflit, il ne peut faire triompher ses conceptions stratégiques, notamment en ce qui concerne la Méditerranée, où il préconise la guerre à outrance contre l'Angleterre. En opposition fréquente avec Hitler, et à la suite de l'échec des bâtiments de surface, il est amené à se retirer au début de 1943, avant d'être remplacé par Dönitz.
(Phot. Larousse, doc. Signal.)

La RAF. Au début de la guerre, le Fighter Command — l'aviation de chasse — constituait le fer de lance de la Royal Air Force. Fort de 700 appareils, en majorité des « Hurricane » et des « Spitfire », il devait jouer un rôle déterminant, au cours de l'été 1940, en brisant les assauts de la Luftwaffe et en écartant le spectre de l'invasion. On voit ici un « Spitfire », le meilleur appareil du Fighter Command, ravitaillé en carburant sur un terrain du sud de l'Angleterre. (Phot. Imperial War Museum.)

Au lendemain de la bataille d'Angleterre, l'état-major de la RAF orienta une part croissante de ses efforts en direction du Bomber Command, l'aviation de bombardement. Par des raids massifs nocturnes sur les principales villes allemandes, il espérait désorganiser l'économie du Reich et briser le moral des populations. En dépit de résultats spectaculaires, cet objectif ne fut pas atteint et les Alliés durent procéder à des débarquements pour provoquer l'effondrement de l'Allemagne. On voit ici un groupe d'aviateurs passant devant un bombardier lourd Short « Stirling » MK I, un des premiers appareils à vocation stratégique. (Phot. Imperial War Museum.)

Avec l'extension croissante du conflit, la RAF connut un développement considérable et fut amenée à se battre sur tous les théâtres d'opérations — Europe, Afrique du Nord, Extrême-Orient. On voit ici un chasseur-bombardier Bristol « Beaufighter » subissant une révision sur un terrain égyptien. À la fin de la guerre, la RAF comptait 9 200 avions et 487 squadrons. En six ans, le Fighter Command avait effectué plus de 700 000 sorties et le Bomber Command lancé près de 1 million de tonnes de bombes. Plus de 70 000 hommes d'équipage avaient trouvé la mort sur tous les fronts. (Phot. Imperial War Museum.)

Ramsay. Vice-amiral en 1939, Ramsay, que l'on voit ici debout au centre, devait jouer un rôle capital dans certaines phases de la guerre. Commandant en chef à Douvres, il dirige l'évacuation de Dunkerque en mai 1940. Adjoint de Cunningham, il prépare et exécute les grands débarquements en Méditerranée, notamment en Sicile. Mais c'est en 1944 qu'il allait donner les meilleures preuves de son efficacité en organisant et dirigeant tout l'aspect maritime du débarquement de Normandie, dans le cadre de l'opération Neptune. Il devait disparaître six mois plus tard dans un accident d'avion. (Phot. Popperfoto.)

Le ravitaillement. À partir de 1939-40, tous les pays en guerre se trouvèrent amenés, en raison de la mobilisation, de la baisse de la production agricole et des réductions des importations, à établir des systèmes de rationnement destinés à permettre à l'ensemble de la population de se procurer les produits essentiels à des prix taxés. Ce rationnement s'accompagna de restrictions extrêmement variables d'un État à l'autre : insignifiantes aux États-Unis, supportables en Angleterre ou en Allemagne, très sévères dans les pays de l'Europe occupée et davantage encore en URSS. Comme le montre ce document, pris à Paris, dans le quartier des Halles, le rationnement s'accompagna souvent de queues interminables. (Phot. A. Zucca, Archives Tallandier.)

Le IIIe Reich. Dès la prise du pouvoir, le régime national-socialiste entreprit de mettre au pas et de contrôler étroitement la classe ouvrière, par toute une série de mesures (interdiction du droit de grève, création d'un livret de travail obligatoire, dissolution des syndicats remplacés par une organisation unique regroupant les salariés et leurs employeurs, le Front allemand du travail, véritable instrument du parti nazi). En même temps, le IIIe Reich s'efforçait, non sans succès, de rallier les travailleurs, par la résorption progressive du chômage, une relative amélioration du niveau de vie, des avantages sociaux (contrepartie de nombreuses et lourdes contributions obligatoires) et une propagande intensive, dont le plus beau fleuron fut le lancement de la « voiture du peuple » (Volkswagen) par Hitler lui-même, qui proclama que tout travailleur allemand devait posséder une automobile. Le Front allemand du travail, chargé du projet, entreprit à Fallersleben, près de Wolfsburg, la construction de « la plus grande usine d'automobiles du monde ». La cérémonie de la pose de la première pierre et la présentation des modèles (notre document) eurent lieu en juin 1938. Mais, bien que les salariés aient financé eux-mêmes la majeure partie de l'entreprise en payant d'avance les trois quarts du prix de la voiture qu'ils désiraient acquérir, aucun véhicule ne leur fut livré sous le IIIe Reich. Dès le début de la guerre, l'usine Volkswagen était, en effet, reconvertie en usine d'armement.

(Phot. Time Life - Colorific !)

Sous la république de Weimar, les nazis avaient révélé à la fois leur force, leur capacité d'organisation et leur sens de la mise en scène, lors de défilés et de manifestations de masse destinés à frapper l'imagination. Après la prise du pouvoir par Hitler, ces démonstrations prirent une dimension sans précédent, qui atteignait chaque année son point culminant, au mois de septembre, lors du congrès du parti célébré à Nuremberg en présence du Führer. L'immense stade de 100 000 places s'ouvrait alors. Une foule immense, des délégations de toutes les organisations nazies, venues de toute l'Allemagne, y manifestaient ensemble une unité sans faille, une confiance totale dans le destin de leur pays et en elles-mêmes, une foi absolue en leur chef, dont les apparitions et les discours portaient les passions à leur paroxysme. Cette foule donnait le spectacle impressionnant d'une force que rien ne pourrait arrêter. (Phot. H. Jaeger - Time Life - Colorific !)

Dès le début du IIIe Reich, Hitler poursuivit avec acharnement une politique visant à l'abrogation de toutes les restrictions militaires imposées par le traité de Versailles, condition indispensable, selon lui, à la restauration du prestige de l'Allemagne. Libéré des dernières contraintes, avec la remilitarisation de la Rhénanie en 1936, le régime put consacrer tous ses efforts au développement de ce qui devait être l'instrument essentiel de la politique impérialiste hitlérienne : une armée puissante et moderne, dotée de chars et d'avions et constituée à partir du noyau existant de la Reichswehr. Toute l'économie du pays fut tournée vers la production de guerre, le réarmement poussé à outrance. Quelques mois avant le début du conflit, à l'occasion du 50e anniversaire du Führer, le 20 avril 1939, la nouvelle Wehrmacht pouvait faire étalage de sa force au cours d'une gigantesque parade. On voit ici, à Berlin, une unité d'infanterie défilant au pas de l'oie devant la tribune officielle. (Phot. Time Life - Colorific !)

Le IIIe Reich. À partir de 1939, le sens de la mise en scène, caractéristique du IIIe Reich, s'adapte à l'évolution du conflit. C'est dans un décor volontairement austère que Göring célèbre, le 30 janvier 1943, le 10e anniversaire de la prise du pouvoir. Quelques jours plus tard survenait la capitulation de Stalingrad, et des cérémonies funèbres allaient se dérouler, à travers toute l'Allemagne, en l'honneur de la VIe armée de Paulus. Avec les premières grandes défaites, le Reich se mit à vivre dans une atmosphère wagnérienne. (Phot. H. Jaeger-Time Life-Colorifc !)

Les premières campagnes en Pologne, en Norvège, à l'Ouest ou dans les Balkans devaient, pour le IIIe Reich, être une « guerre fraîche et joyeuse ». Les succès sont spectaculaires et les pertes réduites. Les véritables sacrifices ne commencent qu'avec l'attaque contre l'Union soviétique. De 1941 à 1945, la Wehrmacht comptera plus de trois millions de morts sur le front de l'Est. Sur ce document, un groupe de blessés allemands et italiens, de retour de Russie, descendent à la faveur d'une halte, de leur convoi qui les ramène en Allemagne.

(Phot. N. Marchand-« L'Expresso »-Archives M. R.)

À partir de 1943, l'Allemagne entre véritablement dans la guerre totale. Toutes les forces vives du pays se trouvent mobilisées et la Wehrmacht est acculée à la défensive sur tous les fronts. Le Reich est encore soumis aux bombardements aériens anglo-américains, qui dévastent toutes les grandes villes, les unes après les autres. On voit ici la ville de Darmstadt en ruine à la suite d'un seul raid effectué en plein jour, le 12 septembre 1944. (Phot. N. Marchand-M. R.)

La capitulation de Reims. Le rêve de domination du IIIe Reich sur l'Europe s'effondra, le 7 mai 1945, avec la signature par le général Jodl, accompagné par l'amiral von Friedeburg *(à droite)*, de la capitulation de toutes les forces allemandes, aussi bien à l'Est qu'à l'Ouest. La cérémonie, très brève, eut lieu à Reims, au quartier général d'Eisenhower, dans le parloir d'une école professionnelle. Le commandant en chef n'avait pas voulu y participer et s'était fait représenter par son chef d'état-major Bedell-Smith. Trois officiers supérieurs, un Anglais, un Soviétique et un Français, assistèrent à la reddition comme témoins. Le surlendemain, dans la nuit du 8 au 9 mai, à Berlin, dans la salle d'honneur de l'École des sous-officiers de Karlhorst, la délégation allemande, conduite par Keitel, reconnut, une seconde fois, la reddition inconditionnelle de toutes les forces armées allemandes.
(Phot. US Army.)

Remagen. Le 7 mars 1945, la prise du seul pont intact sur le Rhin, à Remagen — les Allemands, en pleine désorganisation, n'avaient pas réussi à le faire sauter —, permit aux Américains d'établir une première tête de pont de quatre divisions sur la rive droite du fleuve. Tentant de réparer une « catastrophe nationale », les Allemands s'efforcèrent de détruire le pont par toute une gamme de moyens : artillerie, aviation, V2, nageurs de combat. En vain. L'ouvrage finit cependant par s'effondrer, le 17 mars, ruiné par les explosions et un trafic intense. Mais, à ce moment, les Américains avaient eu le temps de mettre en place deux ponts de bateaux de remplacement. (Phot. US Army, Archives Idées et Éditions.)

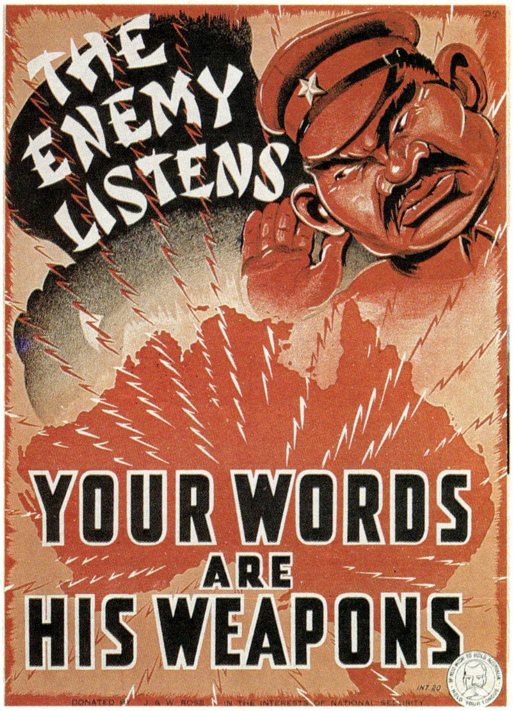

Le renseignement. Pendant toute la guerre, le renseignement joua un rôle considérable et les belligérants s'efforcèrent de se procurer des informations par tous les moyens possibles. Ils firent appel aux reconnaissances aériennes, au déchiffrement des messages codés, à l'infiltration d'agents, au concours de réseaux de résistance. Dès le début du conflit, les gouvernements alliés mirent leurs opinions en garde contre les risques de conversations imprudentes pouvant être utilisées par l'adversaire, comme le montre cette affiche australienne de 1942 orientée contre l'espionnage japonais.
(Imperial War Museum, Phot. Tweedy, Archives Idées et Éditions.)

La Résistance. À partir de 1943, la Résistance prit une importance croissante en Europe. Les causes en étaient multiples : haine de l'occupant, réquisition de main-d'œuvre, engagement des communistes, parachutage d'armes des Alliés. La Résistance présenta des formes variées : formation de maquis, envoi de renseignements, attentats et sabotages. Ceux-ci prirent une intensité de plus en plus grande en 1944, au moment de l'offensive alliée en Italie ou des débarquements en France. On voit ici le résultat du sabotage d'un train dans le nord de l'Italie.
(Phot. Imperial War Museum.)

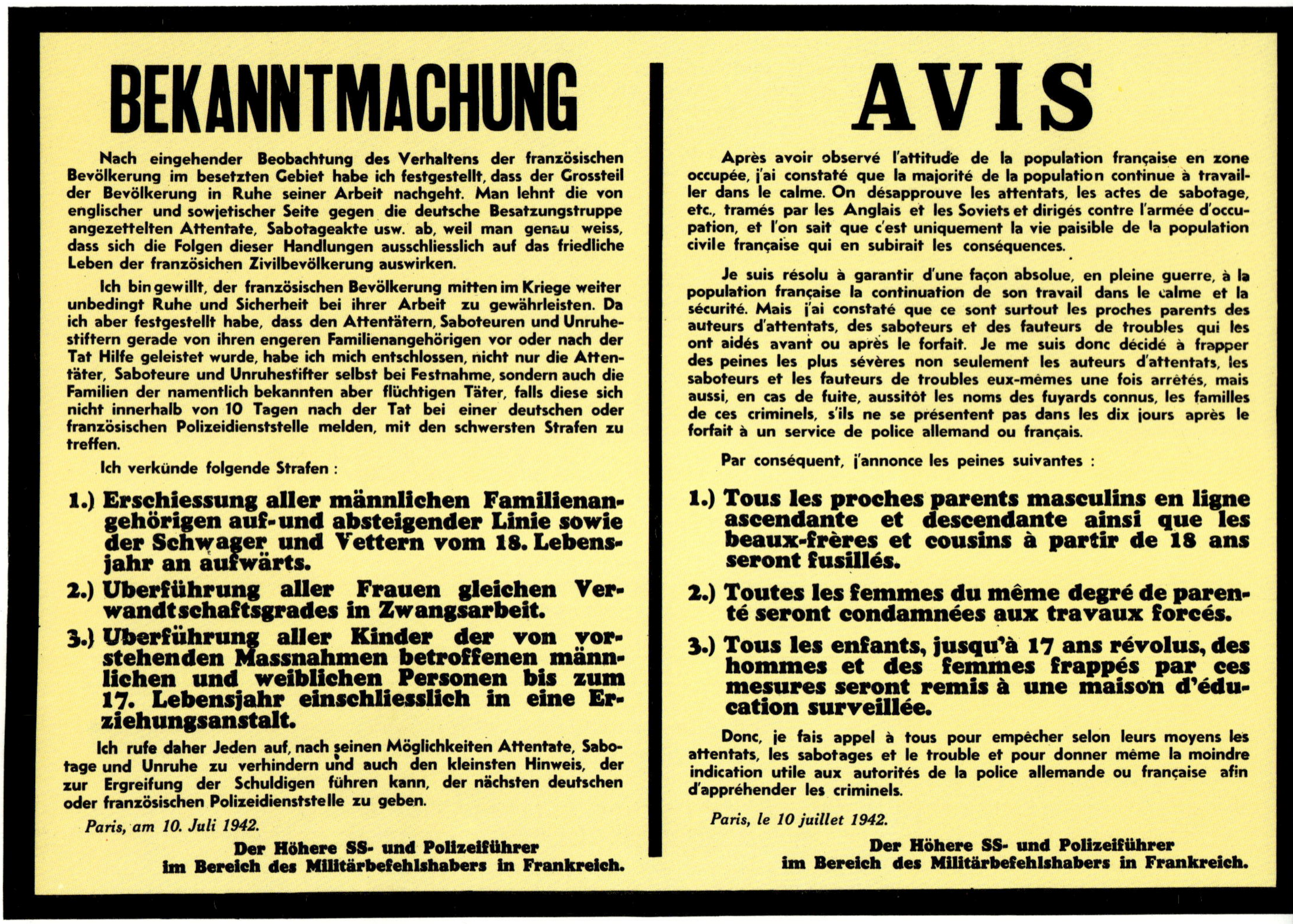

BEKANNTMACHUNG

Nach eingehender Beobachtung des Verhaltens der französischen Bevölkerung im besetzten Gebiet habe ich festgestellt, dass der Grossteil der Bevölkerung in Ruhe seiner Arbeit nachgeht. Man lehnt die von englischer und sowjetischer Seite gegen die deutsche Besatzungstruppe angezettelten Attentate, Sabotageakte usw. ab, weil man genau weiss, dass sich die Folgen dieser Handlungen ausschliesslich auf das friedliche Leben der französischen Zivilbevölkerung auswirken.

Ich bin gewillt, der französischen Bevölkerung mitten im Kriege weiter unbedingt Ruhe und Sicherheit bei ihrer Arbeit zu gewährleisten. Da ich aber festgestellt habe, dass den Attentätern, Saboteuren und Unruhestiftern gerade von ihren engeren Familienangehörigen vor oder nach der Tat Hilfe geleistet wurde, habe ich mich entschlossen, nicht nur die Attentäter, Saboteure und Unruhestifter selbst bei Festnahme, sondern auch die Familien der namentlich bekannten aber flüchtigen Täter, falls diese sich nicht innerhalb von 10 Tagen nach der Tat bei einer deutschen oder französischen Polizeidienststelle melden, mit den schwersten Strafen zu treffen.

Ich verkünde folgende Strafen :

1.) Erschiessung aller männlichen Familienangehörigen auf- und absteigender Linie sowie der Schwager und Vettern vom 18. Lebensjahr an aufwärts.

2.) Überführung aller Frauen gleichen Verwandtschaftsgrades in Zwangsarbeit.

3.) Überführung aller Kinder der von vorstehenden Massnahmen betroffenen männlichen und weiblichen Personen bis zum 17. Lebensjahr einschliesslich in eine Erziehungsanstalt.

Ich rufe daher Jeden auf, nach seinen Möglichkeiten Attentate, Sabotage und Unruhe zu verhindern und auch den kleinsten Hinweis, der zur Ergreifung der Schuldigen führen kann, der nächsten deutschen oder französischen Polizeidienststelle zu geben.

Paris, am 10. Juli 1942.

Der Höhere SS- und Polizeiführer
im Bereich des Militärbefehlshabers in Frankreich.

AVIS

Après avoir observé l'attitude de la population française en zone occupée, j'ai constaté que la majorité de la population continue à travailler dans le calme. On désapprouve les attentats, les actes de sabotage, etc., tramés par les Anglais et les Soviets et dirigés contre l'armée d'occupation, et l'on sait que c'est uniquement la vie paisible de la population civile française qui en subirait les conséquences.

Je suis résolu à garantir d'une façon absolue, en pleine guerre, à la population française la continuation de son travail dans le calme et la sécurité. Mais j'ai constaté que ce sont surtout les proches parents des auteurs d'attentats, des saboteurs et des fauteurs de troubles qui les ont aidés avant ou après le forfait. Je me suis donc décidé à frapper des peines les plus sévères non seulement les auteurs d'attentats, les saboteurs et les fauteurs de troubles eux-mêmes une fois arrêtés, mais aussi, en cas de fuite, aussitôt les noms des fuyards connus, les familles de ces criminels, s'ils ne se présentent pas dans les dix jours après le forfait à un service de police allemand ou français.

Par conséquent, j'annonce les peines suivantes :

1.) Tous les proches parents masculins en ligne ascendante et descendante ainsi que les beaux-frères et cousins à partir de 18 ans seront fusillés.

2.) Toutes les femmes du même degré de parenté seront condamnées aux travaux forcés.

3.) Tous les enfants, jusqu'à 17 ans révolus, des hommes et des femmes frappés par ces mesures seront remis à une maison d'éducation surveillée.

Donc, je fais appel à tous pour empêcher selon leurs moyens les attentats, les sabotages et le trouble et pour donner même la moindre indication utile aux autorités de la police allemande ou française afin d'appréhender les criminels.

Paris, le 10 juillet 1942.

Der Höhere SS- und Polizeiführer
im Bereich des Militärbefehlshabers in Frankreich.

Avec l'attaque allemande contre l'URSS, en juin 1941, la Résistance connut une extension nouvelle. Les partis et organisations communistes, qui avaient réussi à survivre dans la clandestinité malgré la répression dont ils étaient l'objet, entrèrent désormais tout entiers dans la lutte et regroupèrent des militants qui s'étaient éloignés d'eux depuis le pacte germano-soviétique d'août 1939. Ce fut un tournant important pour la Résistance, dont la base devint plus populaire et dont les formes d'action changèrent. Les communistes furent les premiers à pratiquer des sabotages et des attentats contre des soldats allemands. L'occupant répliqua par des prises d'otages, des exécutions collectives et en arriva, en juillet 1942, comme le montre cette affiche placardée à Paris, à étendre les représailles aux familles de résistants. Comité d'Histoire de la Deuxième Guerre mondiale. (Phot. Larousse.)

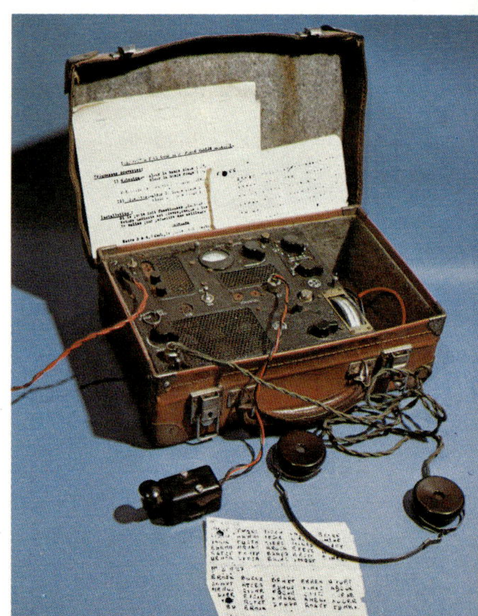

La Résistance se trouva renforcée par l'utilisation de techniques modernes : avions de liaison, parachutages, explosifs d'emploi facile comme le plastique, et surtout postes de radio émetteurs et récepteurs. À une époque où les transistors n'existaient pas encore, ces postes étaient cependant suffisamment miniaturisés pour se dissimuler dans une mallette. Ils permettaient à un agent isolé d'adresser à grande distance des messages codés. On voit ici un poste de fabrication anglaise A Mark-III, de 500 km de portée, fonctionnant sur secteur ou accus. Ce type d'appareil était fourni à la Résistance du nord de la France par le SOE et l'Intelligence Service. Musée de l'Armée. (Phot. L. Joubert, Archives Tallandier.)

La Rhénanie. Au lendemain de la libération de la Belgique et de la France, les armées alliées tentèrent de s'emparer de la Rhénanie, de franchir le Rhin et de pénétrer au cœur de l'Allemagne avant l'hiver. Cette tentative ne put aboutir, du fait de l'échec de l'opération aéroportée sur Arnhem (septembre 1944) et du raidissement de la défense allemande tout le long de la frontière, en particulier aux abords d'Aix-la-Chapelle. Pendant l'automne, la progression alliée se révéla lente et coûteuse. Indépendamment de la résistance allemande, les troupes alliées durent franchir les défenses de la ligne Siegfried. On voit ici une ambulance traverser une série d'obstacles antichars baptisés « dents de dragon ».

(Phot. US Army, doc. N. Marchand, M. R.)

Ce n'est qu'en mars 1945, après avoir réparé le désordre causé dans leurs rangs par la contre-offensive allemande des Ardennes et liquidé toute résistance sur la rive gauche du Rhin, que les troupes alliées bordèrent le fleuve, qui leur interdisait l'accès au cœur de l'Allemagne. Les Alliés disposèrent de moyens considérables — 87 divisions, plus de 10 000 avions — face à une armée allemande usée par les derniers combats, pour les opérations de franchissement du Rhin, minutieusement préparées et qui connurent partout un succès total. L'obstacle tant redouté était levé dès la fin du mois. Sur ce document, des unités de la VIIe armée américaine du général Patch traversent le Rhin, à hauteur de Worms, sur un pont de bateaux mis en place par un bataillon du génie à côté de l'ancien pont, détruit. (Phot. US Army, Archives Idées et Éditions.)

Rome. D'après les plans des états-majors alliés préparés au moment du débarquement de Salerne, Rome aurait dû tomber avant la fin de l'année 1943. En raison de la résistance acharnée offerte par les troupes allemandes autour de Cassino, la prise de Rome se trouva retardée de six mois. La Ville Éternelle ne tomba que le 4 juin 1944, après la rupture de la ligne d'Hiver et à la suite d'une véritable course engagée entre les divisions alliées. Ce furent les Américains qui emportèrent cette compétition. On voit ici un groupe de soldats de la Ve armée US progressant dans la campagne romaine, à la veille de l'entrée dans la capitale, proclamée « ville ouverte » par les Allemands. (Phot. US Army, Archives Idées et Éditions.)

Rommel. Officier d'infanterie au cours de la Première Guerre mondiale, il devait effectuer une remarquable conversion lors de la création de la Wehrmacht et devenir un brillant commandant d'unité blindée. Pendant la campagne de France et la guerre en Afrique du Nord, il montra des dons exceptionnels de tacticien et de meneur d'hommes, limités parfois par une absence de vision stratégique globale et une mauvaise évaluation des données logistiques du conflit. Longtemps partisan enthousiaste du régime nazi et de son chef, dont il avait toute la confiance, il fut saisi par le doute après le débarquement de Normandie et adhéra, non sans réticences, à la conspiration qui devait aboutir à l'attentat contre Hitler en juillet 1944. Compromis, le maréchal Rommel fut acculé au suicide en octobre 1944.

(Phot. J. Jaeger — Time Life — Colorific !)

Roosevelt. Président des États-Unis de 1933 à 1945, ce grand homme d'État devait profondément peser sur les événements du monde au cours de cette période décisive et contribuer à faire de son pays la première puissance économique et militaire. Pourtant les succès obtenus ne furent pas toujours à la hauteur de ses objectifs ni de ses efforts, et sa politique ne fut pas exempte de contradictions. C'est la guerre, beaucoup plus que les énergiques mesures du New Deal, qui réussit à faire sortir l'Amérique de la crise économique. Adversaire farouche des systèmes totalitaires, Roosevelt lança toutes les forces des États-Unis dans le conflit, au lendemain de Pearl Harbor, mais la victoire sur l'Allemagne ne put être acquise qu'avec l'appui déterminant d'une Union soviétique soumise à la terrible rigueur stalinienne. Enfin, le rêve du maintien de la grande alliance États-Unis-URSS s'effondra dès le début de 1944. On voit ici le président en février 1945, lors de la conférence de Yalta, quelques semaines avant sa mort, alors que, miné par la maladie, il n'est déjà plus que l'ombre de lui-même. (Phot. Imperial War Museum.)

Rotterdam. Déclenché le 14 mai 1940 en dépit d'un contre-ordre de dernière minute, le bombardement de Rotterdam par la Luftwaffe eut des conséquences stratégiques capitales. Faisant plus de 900 morts et 78000 sans-abri, il entraîna la reddition de la ville et amena le commandement de l'armée hollandaise à déposer les armes, par crainte de raids analogues sur d'autres cités. Le bombardement de Rotterdam provoqua également une émotion intense en Belgique et en France, accélérant l'exode des populations, d'autant plus qu'on lui attribuait la mort de 35000 civils. (Phot. H. Jaeger — Time Life — Colorific !)

La Royal Navy. Cette photographie, prise en juillet 1943, représente la réunion des membres de l'Amirauté britannique autour du Premier Lord, Bruntisfield (assis au fond). Tout au long de la Seconde Guerre mondiale, la Royal Navy, en dépit d'un réarmement tardif, déploya ses qualités d'efficacité traditionnelles. Elle assura l'intégrité des îles britanniques, la défense de lignes de communications vitales et le ravitaillement des armées engagées sur des théâtres éloignés. En liaison avec la marine américaine, elle joua encore un rôle capital dans les grands débarquements de 1943-44. (Phot. Popperfoto.)

Au cours du conflit, la Royal Navy sut effectuer une remarquable conversion, après avoir par trop négligé le rôle du sous-marin et surtout de l'avion. Dès 1939-40, l'accent fut mis sur le développement des forces anti-sous-marines grâce à un vaste programme d'escorteurs. Un effort particulier fut simultanément accompli en faveur du porte-avions, devenu le navire de combat principal à la place du cuirassé. Sur cette photo, prise en janvier 1945, à bord du porte-avions *Indomitable*, au large de Sumatra, des armuriers s'apprêtent à charger de bombes des appareils destinés à une attaque contre des installations pétrolières. (Phot. Popperfoto.)

Au lendemain de la capitulation de l'Allemagne, la Royal Navy renforça ses troupes d'Extrême-Orient, de façon à participer de manière efficace à la lutte contre le Japon. Sous les ordres de l'amiral Rawlings, la task force 57 comprenait ainsi 4 porte-avions, 2 navires de ligne, 5 croiseurs et 10 destroyers. Agissant à partir des îles de l'Amirauté, elle intervint dans la bataille d'Okinawa par des attaques contre les bases de Formose ou des Ryūkyū. On voit ici le cuirassé *Howe* franchissant le canal de Suez à destination du Pacifique. (Phot. Photri.)

Le RSHA. Au lendemain de la prise du pouvoir, Hitler, par ordonnances, devait réorganiser les polices à l'intérieur du Reich et en confier la coordination à la SS. Le Reichsführer SS Himmler se trouva placé à la tête de cette énorme organisation, tandis que son adjoint Heydrich assurait plus particulièrement, à partir de 1939, la direction du Reichssicherheitshauptamt, ou Office principal de la sécurité du Reich, qui recouvrait, notamment, la police criminelle et l'impitoyable police secrète d'État, ou Gestapo. Sur ce document, on reconnaît aux côtés de Hitler et de son état-major, lors des manœuvres du printemps de 1939, en Autriche, les deux grands chefs du nouveau système : Himmler (au centre, les mains croisées) et Heydrich (au fond, à droite). (Phot. Time Life-Colorific !)

Sur ce document figure Heinrich Himmler (à gauche) en conversation avec Ribbentrop et (au centre) le Gruppenführer SS Wolf. Avec le développement de la guerre et l'exécution de Heydrich en mai 1942, ce dernier commençant d'ailleurs à lui porter ombrage, Himmler ne cessa d'étendre son emprise sur l'Office de sécurité du Reich. En 1944, l'organisme concernait toutes les activités non-allemandes, y compris le maintien de l'ordre par la terreur dans les pays occupés, et toutes les formes de renseignements et de contre-espionnage avec l'intégration de l'Abwehr. (Phot. H. Jaeger-Time Life-Colorific !)

Les SA. Créées dès 1921 pour assurer le maintien de l'ordre dans les manifestations nazies et empêcher par la force les réunions des autres partis, les Sections d'assaut *(Sturmabteilungen)* pratiquèrent à une grande échelle l'intimidation et la violence dans la rue, n'hésitant pas à molester, sinon à tuer, leurs adversaires. Sous l'impulsion de Röhm, elles devinrent une énorme organisation paramilitaire passant de 100000 hommes environ à la fin de 1930, à 400000 en 1932, avant les élections présidentielles, et à 4500000 membres en 1934, après l'installation du régime nazi. Cette force considérable et anarchique finit par inquiéter l'armée, les clans rivaux au sein du parti et Hitler lui-même, qui, le 30 juin 1934, lors de la Nuit des longs couteaux, décapita les SA et les réduisit à un rôle subalterne. On voit ici un groupe de SA défilant en 1929 à Nuremberg, derrière l'un des chefs des sections berlinoises, Horst Wessel, qui allait trouver la mort en février 1930, dans une des fréquentes batailles de rue qui opposaient les nazis aux communistes. Sa mort, exploitée par la propagande de Goebbels, allait en faire le héros et le martyr de la cause nazie, et le chant dont il était l'auteur, le *Horst Wessel Lied*, repris par les SA, devint bientôt le chant officiel du mouvement et, plus tard, le second hymne national du Reich, après *Deutschland über alles*.

(Phot. N. Marchand, coll. M. R.)

Le débarquement de Salerne. Déclenché le 9 septembre 1943, près de Naples, ce débarquement fut la première grande opération amphibie anglo-américaine effectuée sur le continent européen. Coïncidant avec l'annonce de la capitulation italienne, il devait s'accompagner, de l'avis des états-majors alliés, d'une occupation rapide de toute l'Italie qui constituerait une menace extrêmement grave contre les frontières méridionales de l'Allemagne.

(Phot. US Army, Archives Idées et Éditions.)

Contrairement à l'attente des Alliés, le débarquement de Salerne se révéla extrêmement difficile. Dès leur mise à terre, les troupes anglo-américaines se heurtèrent à une violente réaction allemande, accompagnée de dangereuses contre-attaques. Un rembarquement fut même envisagé le 12 septembre. La tête de pont ne fut finalement sauvée que grâce à l'intervention massive de l'aviation alliée et, surtout, au soutien apporté par l'artillerie des navires de la flotte. On voit ici un croiseur lourd américain en action au large des plages de Salerne. À l'arrière-plan, un patrouilleur envoie un écran de fumée pour couvrir les troupes de débarquement.

(Phot. US Army, Archives Tallandier.)

Salomon. Après leur victoire à Guadalcanal, les troupes américaines entreprirent, avec l'appui des forces navales de Halsey, de dégager la bordure nord de l'Australie, de neutraliser la base de Rabaul en s'emparant de l'archipel des Salomon. La reconquête se révéla particulièrement difficile au cours de l'année 1943. Les Américains se bornèrent à une occupation partielle de certaines îles, isolant les garnisons japonaises condamnées à « pourrir » sur place jusqu'à la fin de la guerre. On voit ici des embarcations d'assaut américaines progressant en direction des plages de Bougainville, à l'abri d'écrans de fumigènes.

(Phot. US Army, Archives Idées et Éditions.)

Le *Scharnhorst*. Entré en service le 7 janvier 1939, ce croiseur de bataille, armé de 9 canons de 280, déplaçait plus de 30 000 tonnes et bénéficiait d'une remarquable protection. Amateloté le plus souvent à son sister-ship, le *Gneisenau*, le *Scharnhorst* devait faire preuve d'une très grande activité pendant la guerre, marquée par la destruction du croiseur auxiliaire *Rawalpindi* en 1939 et celle du porte-avions *Glorious* pendant la campagne de Norvège. Après avoir effectué plusieurs croisières dans l'Atlantique, le *Scharnhorst* rejoignit l'Allemagne par la Manche, en février 1942, et opéra dès lors en Norvège contre les convois alliés à destination de Mourmansk. C'est au cours d'une de ces sorties qu'il devait être intercepté et détruit par la Home Fleet, le 26 décembre 1943, après avoir offert une belle résistance. (Phot. H. Jaeger-Time Life-Colorific !)

La science. À la faveur de la guerre, certaines branches de la science connurent un développement spectaculaire, en raison de leurs applications tactiques, comme la chimie, la physique nucléaire ou l'électronique, à l'origine du radar. Il en fut de même des premiers antibiotiques comme la pénicilline, définitivement isolée en 1942, à la suite des travaux de Fleming, de Florey et de Chain. D'abord réservée aux aviateurs et aux ouvriers d'armement blessés, la pénicilline, grâce à un effort de production massif, commença à être utilisée à une très grande échelle par les services sanitaires alliés. On voit ici sir Alexander Fleming dans son laboratoire du Saint Mary's Hospital, à Londres.
(Phot. Imperial War Museum.)

À la veille de la guerre, la télévision en France dépassait à peine le stade expérimental. Si l'émetteur de la tour Eiffel permettait de diffuser des émissions régulières, la mauvaise qualité des programmes et le prix très élevé des récepteurs de 455 lignes décourageaient les acheteurs. L'Occupation permit à la télévision de réaliser d'incontestables progrès. Tout en amenant les Français à installer les services administratifs rue Cognacq-Jay, les Allemands établirent un studio d'enregistrement dans l'immeuble « Magic City ». Avec des techniciens français, les premières émissions débutèrent, en avril 1943, par des programmes très variés de 14 heures par jour, en grande partie à l'intention des blessés de la Wehrmacht soignés dans les hôpitaux de la région parisienne. Cette expérience devait être très utile à la télévision de l'après-guerre. On voit ici, sur la couverture de l'hebdomadaire *Toute la vie* du 24 avril 1944, la chanteuse Michèle Dorlan, la vedette la plus télévisée de l'époque. (Phot. J. Vigne, doc. « Toute la vie ».)

Sébastopol'. Au printemps de 1942, à la veille de la grande offensive en direction de la Volga et du Caucase, le commandement allemand estima nécessaire de faire tomber la place forte de Sébastopol', qui exerçait une menace sur son flanc droit. L'assaut, mené par l'armée de Manstein, fut précédé d'attaques aériennes massives et de l'emploi d'une grosse artillerie mettant en jeu des mortiers géants. En dépit de l'importance de la garnison soviétique établie sur des positions en profondeur, les Allemands, appuyés par les Roumains, réussirent, au cours du mois de juin, à enlever les principaux forts et à atteindre le port et le cœur de la ville, faisant près de 100000 prisonniers. On voit ici deux soldats allemands examinant un drapeau soviétique à l'effigie de Staline et de Lénine, enlevé dans une des galeries du fort Maxime Gorki.

(Phot. Bundesarchiv.)

Le SHAEF. Créé en février 1944 pour préparer et exécuter les débarquements prévus en France, puis conduire les opérations menant à la libération de l'Europe occidentale, le Supreme Headquarters Allied Expeditionary Force, ou SHAEF, commandement suprême des forces alliées en Europe, était placé sous l'autorité d'Eisenhower, entouré d'un état-major combiné anglo-américain. En voici les principaux responsables, réunis à Londres en mai 1944, lors des ultimes mises au point de l'opération Overlord. De gauche à droite : le général Bradley, commandant les forces terrestres américaines ; l'amiral Ramsay, commandant en chef de la Marine ; le maréchal de l'Air Tedder, adjoint du commandant en chef, Eisenhower ; Montgomery, le commandant en chef de toutes les forces terrestres ; le maréchal de l'Air Leigh-Mallory, commandant en chef de l'Air ; le général Bedell Smith, chef d'état-major.

(Phot. Imperial War Museum.)

Le char « Sherman ». Entré en service à l'au tomne de 1942, lors de la bataille d'El-Alamein le « Sherman » fut le char américain le plu célèbre de toute la guerre et il fut utilisé pa toutes les armées alliées. D'un poids de 30 t disposant d'un blindage de 100 à 76 mm, il étai armé d'un canon de 75 et de deux mitrailleuses L'équipage était composé de 5 hommes. A moment des débarquements en France, l'engi se révéla cependant nettement inférieur au blindés allemands type « Tigre », « Panther » e même Mark IV. Il fallut le rééquiper d'u 76 long. Mais sa production en grande série facilitée par la simplicité de sa conception méca nique eut l'avantage de permettre l'homogénéit des formations blindées sur le front ouest et d saturer la défense allemande. Au total, près d 50 000 chars « Sherman » sortirent des usine américaines et le châssis du « Sherman » donn également naissance à des chasseurs de chars e à des automoteurs dotés d'un canon de 155.

(Phot. US Army, Archives Idées et Éditions

Le Short « Stirling ». Entré en service à la veill de la guerre, ce quadrimoteur fut le premie bombardier lourd à vocation stratégique de l RAF. Il participa aux premiers grands raids su l'Europe en 1941. Mais la faiblesse de so plafond et de son armement défensif en fit un proie facile pour les chasseurs de la Luftwaffe Aussi se trouva-t-il progressivement remplac par les « Lancaster » et les « Halifax ». On vo ici sur un terrain allemand un Short « Stirling » obligé de se poser au cours d'un raid sur l Reich, et le Messerschmitt « BF-109 » à l'origin de ce succès de la Luftwaffe.

(Phot. Larousse, doc. Signal

Le Short « Sunderland ». Mis au point en 1937, cet hydravion lourd quadrimoteur britannique constitua une remarquable réussite. Disposant d'une autonomie de 4600 km, pour une vitesse de croisière de 300 km/h, et d'un puissant armement défensif, il équipa plusieurs squadrons du Coastal Command. Il fut utilisé pour l'exploration lointaine, pour la lutte anti-sous-marine, pour des missions de sauvetage et même de transport. Sans cesse amélioré, cet appareil fut produit à plus de 750 exemplaires.

(Phot. Popperfoto.)

La conquête de la Sicile. Déclenché les 9 et 10 juillet 1943, le débarquement de Sicile eut des conséquences stratégiques capitales à l'échelle de toute la guerre. Il démontra la décomposition de l'armée italienne et entraîna la chute du régime fasciste, le 26 juillet, accompagnée de l'arrestation de Mussolini. La conquête de l'île, en dépit de la compétition engagée entre l'armée de Patton (VIIe armée US) et celle de Montgomery (VIIIe armée britannique), se révéla finalement lente et difficile. Les troupes allemandes offrirent une résistance acharnée et habile, de part et d'autre du massif de l'Etna. Messine, dont on voit ici l'aspect de la rue principale, ne tomba que le 16 août, et les Alliées ne purent empêcher les divisions de la Wehrmacht de franchir le détroit et de se replier en Calabre avec tout leur matériel.

(Phot. US Army, Archives Tallandier.)

La ligne Siegfried. C'est au lendemain de la remilitarisation de la Rhénanie, en 1936, que l'Allemagne entreprit la construction du mur de l'Ouest *(Westwall)*, appelé « ligne Siegfried » par les Français. Couvrant la frontière occidentale du Reich, de la Hollande à la Suisse, ce système fortifié, à la différence de la ligne Maginot, n'offrait pas de grands ouvrages, mais une série de fortins échelonnés en profondeur et associés à des champs de mines et des obstacles antichars. Dès sa construction, la ligne Siegfried eut une conséquence stratégique importante : elle renforça l'aspect défensif de la doctrine militaire française et contribua à la passivité des démocraties occidentales en 1938 et en 1939. Sur cette photo, prise avant guerre, des officiers supérieurs allemands posent devant une casemate de l'ouvrage.

(Phot. H. Jaeger - Time Life - Colorific !)

La Silésie. Cette province allemande, traversée par le cours supérieur de l'Oder, fut soumise à une violente offensive de l'armée rouge, en février-mars 1945, de manière à menacer Berlin par le sud et à déboucher en direction de Dresde et de Prague. La résistance allemande fut acharnée, et la ville de Breslau, capitale de la province, ne se rendit que le 6 mai. Comme le montre ce document, l'attaque soviétique avait été précédée, au cœur de l'hiver et par un froid intense, de l'exode de la population. Au lendemain de la guerre, le gouvernement soviétique devait attribuer la Silésie à la nouvelle Pologne, en échange de l'annexion des territoires situés à l'est de la fameuse ligne Curzon.
(Phot. Bildarchiv Preussischer Kulturbesitz.)

Slim. Sorti du rang, il fut certainement avec Montgomery le meilleur chef britannique de la Seconde Guerre mondiale. Après la désastreuse campagne de 1942 en Birmanie, il eut le mérite de reconstituer une armée britannique en Inde et de l'entraîner à la guerre dans la jungle. Il put repartir victorieusement à l'offensive en 1944. Les victoires de Kohima et d'Imphal lui permirent d'atteindre Mandalay. Après la bataille décisive de Meiktila (février-mars 1945), il put achever la reconquête de la Birmanie et reprendre Rangoon. Il termina sa carrière, au lendemain du conflit, comme gouverneur de l'Australie. On le voit ici en mars 1945, lors de la cérémonie de levée des couleurs à Fort Dufferin, à Mandalay, après la prise du fort. (Phot. Popperfoto.)

La bataille de la Somme. Au lendemain de la désastreuse bataille du Nord marquée par le rembarquement de Dunkerque, le commandement français caressa encore l'espoir de contenir la Wehrmacht, en dépit de la disproportion des forces, sur la Somme et sur l'Aisne. La bataille débuta le 5 juin 1940 et, pendant 48 heures, les troupes françaises, faisant preuve d'une belle combativité, parvinrent à contenir les divisions allemandes. Mais, au bout de 48 heures, les Panzer réussirent sur le front de la Somme une percée en direction de Rouen. Le général Weygand dut alors se résigner à une retraite générale. On voit ici une batterie hippomobile allemande de 105 franchissant la Somme sur un pont de canots pneumatiques, près de Picquigny.
(Phot. Bildarchiv Preussischer Kulturbesitz.)

Les sous-marins. Sous-marin allemand à l'entrée de la base de Lorient en 1940. Contrairement aux prévisions de l'Amirauté britannique, convaincue des vertus de l'asdic et de l'efficacité des convois, les U-Boote affichèrent, au cours de la Seconde Guerre mondiale, une efficacité encore plus grande qu'en 1914-1918. Leurs succès se révélèrent incomparablement supérieurs à ceux enregistrés par les grands navires de surface et l'aviation. À eux seuls, les sous-marins allemands devaient envoyer par le fond plus de 2700 navires de commerce, soit 14 millions de t, ainsi que 2 cuirassés, 6 porte-avions et une centaine de destroyers et d'escorteurs.
(Phot. Bildarchiv Preussischer Kulturbesitz.)

Chambre des torpilles à bord du sous-marin allemand U-505. Ce document offre l'intérêt de souligner le manque d'espace régnant à bord des submersibles. Des couchettes rabattables voisinent avec les torpilles stockées à l'intérieur du bâtiment. On distingue les quatre tubes. Celui qui est situé en bas, à gauche, est fermé. En revanche, celui de droite, au même niveau, est ouvert. Une torpille, dont les hélices apparaissent nettement, se trouve engagée à l'intérieur. Au début de la guerre, les Allemands éprouvèrent des déceptions avec leurs torpilles à mise à feu magnétique, qui ne furent définitivement au point qu'en 1941. (Phot. Il Dagherrotipo.)

Speer. Ce jeune architecte fut choisi à 27 ans par Hitler pour assurer la mise en scène grandiose des cérémonies du parti dans le cadre du ministère de la propagande, avant d'être nommé inspecteur général des bâtiments de Berlin et chargé du remodelage de la capitale. Il construisit notamment, dans un style néo-classique colossal, la nouvelle Chancellerie et aménagea le Champ-de-Mars. En pleine guerre, en 1942, il fut nommé ministre de l'Équipement et des Munitions, chef de l'organisation Todt, puis ministre de l'Armement et de la Production de guerre, en 1943. Il réussit alors à mettre en place une véritable économie de guerre, à donner une impulsion considérable à l'industrie allemande, développant la mobilisation de la main-d'œuvre étrangère (travailleurs du STO, prisonniers de guerre et déportés) et l'exploitation systématique des pays occupés. Son action fut d'une telle efficacité que, malgré les bombardements alliés et le rétrécissement du territoire du Reich, la production des industries de guerre allemandes atteignit son niveau record en 1944. On le voit ici, portant un brassard nazi à bande blanche au nom de l'Organisation Todt, s'entretenir avec Hitler et le maréchal Milch de la Luftwaffe, au QG du Führer sur le front de l'Est, à Vinnitsa (Ukraine), au début de l'été 1942.

(Phot. Bibliothek für Zeitgeschichte, Stuttgart.)

La sphère de coprospérité. Cette version japonaise du Lebensraum (espace vital) hitlérien, baptisée « sphère de coprospérité de la Grande Asie orientale », est adoptée officiellement dès 1940. Elle correspond à la zone d'expansion du Japon considérée par lui comme indispensable pour assurer sa sécurité économique et militaire, et ses limites assez floues se révéleront extensibles au fur et à mesure des conquêtes en Asie du Sud-Est. La dénomination choisie a l'avantage de masquer l'impérialisme japonais et « l'ordre nouveau » qu'il entendait instaurer. La propagande nippone exploita à fond les thèmes de la solidarité asiatique et de la lutte, menée par le Japon, d'une Asie jaune contre l'oppresseur blanc, thèmes qui ne rencontrèrent pas l'écho favorable qu'on pouvait attendre de peuples hier soumis à la colonisation occidentale. Elle n'eut en réalité que peu de prise sur eux, du fait de la dureté de l'Occupation, comme le montre cette affiche imprimée à Ceylan en 1943, qui dénonce la coprospérité imposée à l'Asie par les Japonais et leurs collaborateurs fantoches.

(Phot. N. Marchand, coll. M. R.)

SS. Les débuts de la SS apparaissent étrangement modestes. En 1929, la Schutzstaffeln (groupes de protection) ne dépasse pas 280 hommes chargés, sous la direction de Himmler, de la garde personnelle de Hitler. Le démarrage de l'Ordre noir intervient au moment de la prise du pouvoir et, à la veille de la guerre, on peut parler en Allemagne d'un véritable État SS qui, après avoir supplanté les SA, domine toutes les polices et contrôle des pans entiers de l'économie, de la diplomatie, de la propagande et de l'armée. Avec la guerre, par le biais de la Waffen SS, l'Ordre noir constitue même une armée dans l'armée. En 1944, cette Waffen SS regroupe 38 grandes unités et aligne plus de 600 000 hommes, dont la moitié d'étrangers. Organe de renseignements du parti, chargés de « combattre ouvertement et sans ménagements les plus dangereux ennemis de l'État, les juifs, les francs-maçons et le clergé politique », collaborant étroitement avec la Gestapo, les SS sont, en outre, les responsables impitoyables de la gestion et de la surveillance des camps de concentration. Sur ce document, pris à l'occasion du congrès de Nuremberg de 1933, on distingue au premier plan les SS vêtus de noir, portant la casquette avec l'écusson à tête de mort, encore minoritaires aux côtés d'une SA (à l'arrière-plan) au sommet de sa puissance. (Phot. N. Marchand, coll. M. R.)

Staline. En dépit de la politique aberrante qui le conduisit à décapiter l'armée rouge en 1937 par une grande purge qui devait la désorganiser et l'affaiblir durablement, et de l'aveuglement qui lui fit ignorer tous les signes annonciateurs de l'agression hitlérienne en 1941, Staline apparaît en 1945 comme le grand vainqueur de la guerre. Il a su, après les lourdes défaites initiales, rétablir totalement son autorité sur l'Union soviétique et la conduire à la victoire. Avec l'effondrement de l'Allemagne et l'affaiblissement de l'Angleterre, réduite à jouer les seconds rôles, il domine alors l'Europe, dont la partie orientale se trouve en passe d'être satellisée. Malgré les pertes humaines et matérielles énormes subies par son pays, le Staline de Yalta incarne la deuxième puissance du monde, ce qui aurait paru impensable moins de quatre ans plus tôt. (Phot. Imperial War Museum.)

Stalingrad. En engageant la bataille de Stalingrad, au cours de l'été 1942, Hitler et le commandement de la Wehrmacht devaient commettre une erreur fatale. La bataille allait absorber dans de sanglants combats de rue des unités faites pour la guerre de mouvement et détourner l'armée allemande de sa mission principale : l'attaque et la conquête des puits de pétrole du Caucase. Pour les combattants des deux camps, Stalingrad fut un véritable enfer. On se battait pour chaque rue, chaque maison, chaque étage. Sur cette photo, une section allemande du génie, dotée d'armes automatiques, de grenades et de lance-flammes, progresse au milieu des décombres de Rinok, près de la Volga.

(Phot. Bibliothek für Zeitgeschichte, Stuttgart.)

Alors que les Allemands avaient réussi à s'emparer de la quasi-totalité des ruines de la ville, la seconde bataille de Stalingrad commença, le 19 novembre 1942, par une victorieuse contre-attaque de l'armée rouge, qui aboutit à l'encerclement de la VIe armée de Paulus. Göring ayant donné l'assurance que la Luftwaffe se trouverait en mesure de ravitailler les troupes prises au piège, Hitler se refusa à ordonner un repli encore possible. L'agonie de la VIe armée, manquant de vivres, de munitions, de carburant et de médicaments, se prolongea pendant près de deux mois et demi, fixant des forces russes considérables. La reddition des 90000 survivants eut lieu par unités séparées du 27 janvier au 3 février 1943 ; 8500 seulement devaient survivre à la captivité soviétique. On voit ici deux soldats allemands dans une tranchée, au tout début du siège, alors que les privations ne se font pas encore sentir.

(Phot. Bildarchiv Preussischer Kulturbesitz.)

Stalingrad. Soldats soviétiques combattant dans les ruines de Stalingrad. L'acharnement irréaliste de Hitler et du haut commandement de l'armée allemande, au cours de l'été et l'automne 1942, permit aux Soviétiques d'user, dans des combats de rue d'une intensité jamais atteinte, le fer de lance de la Wehrmacht. En résistant pied à pied dans les décombres de la ville, en multipliant les contre-attaques, ils donnèrent à l'armée rouge le temps de reconstituer une masse de manœuvre, à l'origine de la victorieuse contre-offensive de novembre, qui aboutit à l'encerclement et à l'anéantissement de la VIe armée de Paulus.

(Phot. Photri.)

La bataille de Stalingrad donna au soldat russe l'occasion d'affirmer ses qualités traditionnelles de courage et d'abnégation. Pendant tout l'été et le début de l'automne, les soldats de Tchouïkov se battirent dans les pires conditions, soumis à des bombardements d'artillerie et d'aviation intenses et le dos à la Volga. Le ravitaillement posait de terribles difficultés. La priorité était accordée aux munitions, puis à la vodka et enfin aux vivres. En raison des déficiences du service de santé, les pertes soviétiques furent extrêmement lourdes, très supérieures à celles des Allemands. Ce document montre des Soviétiques progressant dans les ruines de Stalingrad.

(Phot. Photri.)

Stimson. Il fait partie des personnages oubliés de la Seconde Guerre mondiale. Brillant avocat, de tendance républicaine, bénéficiant d'une grande fortune, il devint secrétaire d'État sous Hoover et se fit remarquer par son intransigeance à l'égard de la politique d'expansion des puissances totalitaires. Séduit par sa fermeté, Roosevelt le choisit comme secrétaire à la Guerre en 1940. Stimson eut ainsi le mérite d'assurer l'énorme effort de guerre de son pays et de lui donner la stature d'une grande puissance militaire. Avec Truman, il se montra enfin un des chauds partisans de l'emploi de la bombe atomique contre le Japon. On le voit ici en Italie, portant un casque colonial, aux côtés du commandant de la Ve armée américaine, le général Clark. (Phot. US Army, Archives Idées et Éditions.)

Le STO. Dès 1940, le gouvernement du IIIe Reich prit la décision de recourir à une main-d'œuvre fournie par les pays occupés pour assurer le fonctionnement de l'économie de guerre allemande. En France, au début de 1942, plus de 800 000 hommes travaillaient déjà pour le compte de l'Allemagne. Mais les besoins de main-d'œuvre du IIIe Reich, de plus en plus pressants, au fur et à mesure du développement de la guerre, l'amenèrent à exiger du gouvernement Laval le départ de travailleurs pour l'Allemagne. La propagande gouvernementale tenta d'abord d'inciter les travailleurs à se présenter comme volontaires, comme le montre cette affiche placardée sur les murs de Paris, puis d'organiser la « relève ». Pour trois ouvriers acceptant de partir en Allemagne, un prisonnier serait libéré. Mais, devant les médiocres résultats obtenus, poussé par les exigences nouvelles du Gauleiter Sauckel, l'État français prit, en 1943, la responsabilité de créer officiellement le « Service du travail obligatoire », et les départs forcés se multiplièrent. Au total, près de 750 000 Français furent requis sur place pour aller travailler dans les usines du Reich. Quant aux réfractaires, ils se trouvèrent à l'origine des maquis. (Phot. A. Zucca, Archives Tallandier.)

Stratégie et tactique. Grâce à de nouvelles méthodes tactiques, la stratégie connut une ampleur sans précédent au cours de la Seconde Guerre mondiale. L'efficacité du tandem char-avion permit de revenir à la guerre de mouvement, comme on le constata dès la campagne de Pologne, et de rompre avec l'impasse des fronts continus, qui avait paralysé les opérations au cours du premier conflit mondial. La motorisation des armées permit encore d'exploiter au maximum les percées réalisées par les éléments blindés et de compromettre les possibilités de rétablissement de l'adversaire. On voit ici une colonne allemande progressant en Russie, au cours de l'avance de 1941. La guerre de mouvement trouva cependant ses limites en URSS, compte tenu de l'immensité du pays et de la dispersion des centres vitaux.
(Phot. Larousse, doc. Signal.)

Indépendamment du char et de la motorisation, une des grandes innovations tactiques et stratégiques de la guerre fut l'emploi de l'avion. L'avion joua, en effet, un rôle déterminant comme appui direct des forces engagées au sol ou comme instrument d'action sur les arrières du champ de bataille, attaquant des états-majors, des lignes de communication ou des concentrations de troupes. Il révéla également ses possibilités comme outil stratégique, par des raids massifs sur les centres de population ou de production d'armement. À cet égard, l'offensive aérienne menée par les Anglo-Américains sur l'Allemagne obtint des résultats dévastateurs. Toutefois, en dépit des espoirs de certains partisans enthousiastes de l'arme aérienne, ces raids ne purent entraîner, à eux seuls, l'effondrement de l'Allemagne ou du Japon. On voit ici des quadrimoteurs américains Boeing « B-17 » de la VIIIe Air Force effectuant un vol au-dessus de l'Europe.
(Phot. US Air Force, N. Marchand, Archives Idées et Éditions.)

Un des éléments majeurs de la Seconde Guerre mondiale fut l'ampleur des opérations combinées. Contrairement aux précédents fâcheux du premier conflit, avec l'échec des Dardanelles, les débarquements tentés par les belligérants, de 1940 à 1945, se soldèrent presque tous par des succès. Ces succès s'expliquent par l'acquisition de la maîtrise de la mer et de la supériorité aérienne, par la puissance de la préparation navale et aérienne, et par l'emploi massif de chalands permettant de jeter en premières vagues des éléments blindés susceptibles de réduire les défenses adverses. On voit ici, dans le Pacifique, un chaland de débarquement américain en convoi se dirigeant vers l'archipel des Moluques en septembre 1944.
(Phot. US Army.)

Les Sudètes. Ils constituaient une population d'origine allemande de 3,5 millions de personnes, installée sur la bordure du plateau de Bohême, en Tchécoslovaquie. Exploitant le refus des Tchèques d'accorder l'autonomie à cette population minoritaire, Hitler réussit, à la faveur de la crise de Munich, en septembre 1938, à obtenir l'annexion de la région des Sudètes, procédant par la même occasion au démantèlement de la Tchécoslovaquie. On voit ici l'arrivée, le 3 octobre 1938, de Hitler à Eger (aujourd'hui Cheb), où il est accueilli par la population enthousiaste. (Phot. Time Life Magazine - Colorific !)

Le canal de Suez. En dépit d'une régression considérable du trafic commercial habituel, de fermetures successives jusqu'en 1943 de la route de la Méditerranée au profit de celle du Cap et de bombardements de la Luftwaffe, le canal de Suez joua un rôle stratégique majeur au cours du conflit. Grâce aux mesures de sécurité prises par les Anglais, sa fermeture ne dépassa pas au total 76 jours et un seul bateau fut coulé dans le chenal. C'est par le canal que furent assurés le ravitaillement de la VIIIe armée britannique en Égypte et le débarquement de Sicile en 1943. On voit ici, au cours de son transfert en Extrême-Orient, le cuirassé *Howe* franchissant le canal en 1944. (Phot. Imperial War Museum.)

Le « T-34 ». Dès les débuts de la guerre à l'Est, les Allemands éprouvèrent la désagréable surprise de se heurter à un nombre considérable de chars, dont le meilleur spécimen, apparu dès juin 1941, était le « T-34 », plus souple et plus maniable que l'énorme « KV-1 ». Pesant 30 t, doté d'un moteur Diesel, fortement protégé, le « T-34 » disposait d'un excellent canon de 76. Sans cesse perfectionné, armé à partir de 1943 d'un canon de 85, il resta en service pendant toute la guerre et fut fabriqué à près de 40 000 exemplaires. On voit ici plusieurs de ces chars embourbés et abandonnés par leurs équipages dans les marais du Drout, en Biélorussie. Ils sont examinés avec attention par les Allemands pendant leur offensive de l'été 1941. (Phot. Jourdes-Édimages.)

Tchang Kaï-chek. Chef du parti nationaliste, adversaire farouche des communistes, il restait, en 1941, le symbole de la lutte de la Chine contre l'impérialisme japonais. Son prestige lui valut de recevoir des États-Unis une aide considérable grâce au pont aérien au-dessus de l'Himâlaya et à la route de Birmanie. Tchang Kaï-chek, que l'on voit ici en compagnie du général américain Wedemeyer, le successeur de Stilwell, à la tête du théâtre des opérations en Chine en 1944, se révéla cependant pour les États-Unis un partenaire exigeant, mais peu coopératif. En dépit de la réorganisation de son armée, il ne manifesta aucun empressement à reprendre vigoureusement l'offensive contre les Japonais, préférant conserver ses forces pour régler le problème communiste au lendemain du conflit.

(Phot. US Army, Archives Idées et Éditions.)

La Tchécoslovaquie. Disloquée en tant qu'État au lendemain de la crise de Munich, en septembre 1938, la Tchécoslovaquie ne commença à réapparaître sur la scène internationale qu'à partir de 1942, avec la constitution d'un gouvernement en exil à Londres. Dirigé par Beneš et Masaryk, ce gouvernement obtint des Alliés une promesse de reconstitution de la Tchécoslovaquie et signa un pacte d'alliance et d'assistance mutuelle avec l'URSS (décembre 1943). En 1945, la Tchécoslovaquie fut libérée par l'armée rouge, qui fit une entrée triomphale à Prague, le 9 mai (notre document), au milieu de l'enthousiasme de la plus grande partie de la population. En fait, trois ans plus tard, la Tchécoslovaquie, après avoir échappé à la tutelle allemande, tombait dans l'orbite soviétique. (Phot. Levchine, N. Marchand - M.R.)

Le « Tigre ». Entré en service à partir de mars 1942, le « Tigre I » fut le char le plus puissant de son époque. D'un poids de 55 t, il était remarquablement protégé et disposait d'un excellent canon de 88 à grande vitesse initiale. Intégré dans des bataillons de chars lourds à la disposition du haut commandement, il fut engagé sur tous les fronts. À partir de 1944, le « Tigre I » donna naissance au « Tigre II » de 70 t, mieux profilé, mieux protégé et doté d'une pièce améliorée. Ces deux modèles souffraient cependant d'une vitesse et d'un rayon d'action limités. On voit ici un « Tigre I » engagé sur le front de Tunisie en 1943.

(Phot. Jean Vigne - doc. « Die Wehrmacht ».)

Les *Tigres volants*. Ils constituèrent une formation de pilotes volontaires recrutés par l'Américain Claire Lee Chennault, qui luttèrent aux côtés des Chinois contre les Japonais de 1940 à 1942, à bord de chasseurs Curtiss P-40 « Tomahawk » (notre document). Ils participèrent également à la campagne de Birmanie et à la protection du pont aérien au-dessus de l'Himālaya. Au cours de l'été 1942, le général Stilwell obligea cependant les *Tigres volants* à s'intégrer dans l'aviation de l'armée américaine. Cette décision, acceptée seulement par 5 pilotes sur près de 65, marqua la fin d'une étonnante épopée, au cours de laquelle les volontaires de Chennault avaient remporté 286 victoires.
(Phot. US Air Force, Arch. Idées et Editions.)

Le *Tirpitz*. Entré en service en 1941, ce sistership du *Bismarck* fut un des plus puissants navires de ligne de la Seconde Guerre mondiale. Déplaçant 45000 t, il était remarquablement protégé et offrait un armement de 8 pièces de 380, de 12 de 150, de 16 de 105 et une puissante artillerie antiaérienne. Basé dans le nord de la Norvège, le *Tirpitz* n'effectua que de rares sorties. Exerçant cependant une menace constante sur les convois alliés à destination de Mourmansk, il contribua à immobiliser jusqu'en 1944 plusieurs cuirassés alliés à Scapa Flow. À plusieurs reprises, les Anglais tentèrent en vain de le détruire au moyen d'attaques menées par des sous-marins de poche ou bien par des appareils de porte-avions. C'est finalement la RAF qui réussit à couler le *Tirpitz*, le 12 novembre 1942, en employant des bombes de 5 t. Ce document le représente vu de la plage avant du croiseur lourd *Admiral Hipper*, lors d'une de ses rares sorties de l'Altenfjord.
(Phot. Larousse, doc. Signal.)

Tobrouk. Principal port de la Cyrénaïque, Tobrouk devait jouer un rôle considérable au cours de la guerre en Afrique du Nord. Enlevé par la VIIIe armée britannique en janvier 1941, Tobrouk devait être ensuite investi d'avril à décembre par les Germano-Italiens et l'objet de bombardements (notre document). Après ce siège de 240 jours, le port fut dégagé à la faveur de l'offensive Crusader. En dépit de tous les pronostics, Rommel finit cependant par enlever Tobrouk, le 21 juin 1942, au lendemain de la victoire de Gazala. La reddition s'accompagna de la capture d'un matériel considérable et de 32000 hommes. Au lendemain d'El-Alamein, Tobrouk sera définitivement réoccupé par les Britanniques le 12 novembre 1942. (Bibliothèque du musée de l'Armée.)
(Phot. Larousse.)

L'organisation Todt. Créée en 1938 pour coordonner les travaux publics du Reich, l'organisation Todt, du nom de son promoteur, devint, à partir de 1940, une énorme entreprise, à l'échelle de l'Europe, employant plus de 2 millions de personnes, Allemands et étrangers. Indépendamment de la remise en état de routes, de voies ferrées ou d'aérodromes, elle entreprit la construction de systèmes fortifiés, comme les lignes d'Hiver et gothique en Italie ou le mur de l'Atlantique édifié sur toutes les côtes de l'Europe occidentale. Sur ce document, un groupe d'ouvriers nord-africains requis travaille sous surveillance allemande à la construction d'une des bases bétonnées destinées à servir d'abri pour les sous-marins.

(Phot. Jean Vigne, doc. Die Wehrmacht.)

Tōjō. Entré dans l'armée en 1905, il entame une carrière rapide et brillante. Dès 1936, il est chef d'état-major de l'armée de Mandchourie, puis chef d'état-major général de l'Armée deux ans plus tard. En juillet 1940, il est désigné comme ministre de la Guerre et incarne alors l'aile impérialiste, qui revendique la création d'un « ordre nouveau » englobant la Chine et l'Extrême-Orient. Après avoir fortement contribué à la chute du cabinet Konoye, en octobre 1941, Tōjō devient chef du gouvernement et prend la décision d'attaquer Pearl Harbor. Jusqu'en 1942, les grandes victoires nippones semblent justifier son rêve d'impérialisme. Mais, après les défaites des Gilbert et des Mariannes, Tōjō se voit contraint de démissionner. Au lendemain de la capitulation, il sera arrêté, puis jugé et condamné à mort avec d'autres responsables japonais, comme criminel de guerre, par le tribunal militaire international de Tōkyō, en 1948. On le voit ici lire le texte de sa déposition au cours du procès.

(Phot. US Army, Archives Idées et Éditions.)

sabordage de Toulon. Le 27 novembre 1942, aube, seize jours après l'occupation de la : libre, deux divisions allemandes pénétraient s le camp retranché de Toulon par surprise entaient de s'emparer de la flotte française. rti in extremis, l'amiral de Laborde réussit à ner l'ordre de sabordage aux bâtiments des es de haute mer. Près de 90 bâtiments furent i détruits, représentant près de la moitié de narine française. Seuls, 5 sous-marins réusnt à sortir, dont trois gagnèrent l'Afrique du d. Avec le sabordage de la flotte disparaissait ernier atout du régime de Vichy.

(Phot. US Army, Archives Idées et Éditions.)

niral Tovey, en compagnie de Winston Chur- et de sir Stafford Cripps, ministre de la duction aéronautique, sur le pont d'un cuié britannique de la classe *King George V* en 3. Vice-amiral en 1940, Tovey devait se faire arquer en Méditerranée à la tête des forces res, avant d'assurer le commandement de la ne Fleet de décembre 1940 à mai 1943. À ce , il participa à la poursuite et à la destruction *Bismarck* et à la protection des convois de rmansk. Promu amiral en 1943 et préfet itime de la Nore, il joua un rôle capital dans réparation du débarquement de Normandie.

(Phot. Imperial War Museum.)

Les trains blindés. Ils furent essentiellement employés par les Soviétiques en raison de la médiocrité de leur réseau routier, mais les Allemands ne tardèrent pas à les utiliser sur le front de l'Est, pour protéger leurs lignes de communication contre les actions des partisans et assurer l'appui-feu de leurs troupes. Ces trains blindés étaient composés, comme on le voit sur ce document de la Wehrmacht, de wagons-plates-formes portant des chars et des pièces légères antiaériennes, protégés par des panneaux d'acier, ou des canons de moyen calibre sous tourelle. Un wagon de commandement disposait de moyens de télécommunications et de réglage du tir.

(Phot. Alfred Ott.)

Les transmissions. Poste de transmissions américain établi en première ligne. Au cours du conflit, les transmissions radio, en particulier, effectuèrent des progrès considérables et modifièrent profondément la conduite des opérations. Le commandement se trouvait ainsi en contact direct avec les unités avancées beaucoup plus facilement qu'avec le système des agents de liaison, voire qu'avec le téléphone. Les troupes de première ligne se trouvaient également en mesure de faire parvenir des renseignements ou de demander l'appui de l'aviation ou de l'artillerie dans les délais les plus rapides.

(Phot. US Army, doc. N. Marchand-Archives Idées et Éditions.)

L'aviation de transport. Au cours des quatre premières années de la guerre, les Allemands furent pratiquement les seuls à employer le transport aérien dans le cadre de grandes opérations comme les campagnes de Norvège et de France, l'attaque de la Crète ou le ravitaillement de l'Afrikakorps de Rommel en Libye. Lors de la bataille de Stalingrad, 6500 t furent acheminées dans la poche et près de 50000 blessés évacués. Pendant cette période, les Allemands utilisèrent surtout des trimoteurs Junkers « Ju-52 », mais aussi des formations de « He-111 » et de « Ju-86 ». À partir de 1943, ils employèrent également des Messerschmitt « Me-323 » à six moteurs (notre document) offrant une remarquable capacité. (Phot. Bundesarchiv, doc. Die Wehrmacht.)

Les transports. Pendant toute la durée du conflit, les armées restèrent sous la dépendance de lignes de communication terrestres ou maritimes s'allongeant sur des milliers de kilomètres. Grâce aux transports maritimes, les États-Unis se trouvèrent en mesure de ravitailler les économies de guerre de leurs alliés et de mettre en œuvre des armées sur les théâtres du Pacifique et de l'Europe. Plus de 75000 navires traversèrent le seul océan Atlantique, transportant près de 270 millions de tonnes de matériel et plus de 4 millions d'hommes. On voit ici un cargo *liberty ship* débarquant en 1943 des barils d'essence et du matériel dans un port de Tunisie.

(Phot. Imperial War Museum.)

Truman. En vertu des dispositions de la Constitution américaine, le vice-président Truman devait succéder à Roosevelt, lors de sa disparition brutale, le 12 avril 1945. Il s'adapta rapidement à sa tâche et montra très vite ses qualités de dynamisme et d'efficacité. Il se heurta alors à la lourde tâche de terminer la guerre en Europe, de décider de l'emploi de la bombe atomique et d'affronter les premiers différends sérieux entre les États-Unis et l'URSS. On le voit ici, en juillet 1945, lors de la conférence de Potsdam, en compagnie de Churchill.

(Phot. Imperial War Museum.)

La campagne de Tunisie. De novembre 1942 à mai 1943, elle se révéla beaucoup plus dure que prévu, en raison du relief, du climat et de la résistance acharnée des forces germano-italiennes de Rommel, de von Arnim et du général italien Messe, renforcées d'effectifs considérables venus d'Europe, et qui allaient s'y engloutir. Elle offrit l'occasion aux troupes américaines de s'aguerrir et de tester la qualité de leur matériel. On voit ici des soldats allemands examinant un char « General Grant » détruit, d'une qualité encore inférieure à celle des blindés allemands de l'époque. (Phot. Jean Vigne, doc. Die Wehrmacht.)

Après six mois de combats, les armées alliées de Montgomery et d'Eisenhower réussirent à refouler les forces de l'Axe dans la région de Tunis et dans la presqu'île du cap Bon et à en obtenir la capitulation le 13 mai 1943, faisant près de 350 000 prisonniers. Cette importante victoire des Alliés s'explique essentiellement par leur suprématie maritime et aérienne, qui avait entraîné l'asphyxie des armées italo-allemandes enfermées, sans renfort possible, dans leur tête de pont du Nord tunisien. Sur ce document, des soldats américains examinent les débris d'avions allemands sur un terrain de Tunisie.

(Phot. Neal Preston-Time Life-Colorific !)

tra. Pendant toute la guerre, les Allemands lisèrent la machine à chiffrer « Enigma » (notre cument). Elle se présentait sous la forme ıne machine à écrire dotée de trois rotors nnant des combinaisons de trois chiffres pour aque lettre, se modifiant en fonction de la clé jour. À la veille du conflit, les services de ıseignements polonais et français tentèrent de rcer le secret d'« Enigma ». Les premiers résuls vraiment utilisables furent obtenus par les ıglais à partir de 1940 et jouèrent un rôle oissant, puis déterminant, dans la conduite des érations et l'évolution stratégique de la guerre. (Phot. Roland Lommé.)

L'Ukraine. Au cours de l'offensive allemande de l'été 1941, l'Ukraine constituait, avec ses importantes richesses agricoles et industrielles, l'objectif du groupe d'armées de Rundstedt. À l'automne, après la grande bataille d'encerclement de Kiev, la quasi-totalité de cette république grande comme la France se trouvait aux mains de l'envahisseur. Les Soviétiques avaient cependant réussi à évacuer la plus grande partie de l'outillage industriel. On voit ici, près du Dniepr, au cours des opérations de l'été, une colonne de réfugiés revenant chez eux qui croisent un groupe de chars allemands. (Phot. Larousse, doc. Signal.)

L'URSS. Tableau de Neprintsev représentant des partisans soviétiques dans la taïga. Cette toile caractéristique du « réalisme socialiste » de l'époque stalinienne illustre un des grands phénomènes de la Russie en guerre. Dès 1941, des milliers de partisans, provenant le plus souvent d'unités encerclées, poursuivirent la lutte sur les arrières des armées allemandes, se livrant à des sabotages et des actions de harcèlement. Ces groupes, reliés par radio et par avion avec le commandement de l'armée rouge, lui apportèrent un concours très important, agissant parfois en avant-gardes, ou participant à de vastes opérations planifiées contre les communications de la Wehrmacht. (Phot. Parimage.)

Scène de l'occupation allemande en Union soviétique. Un groupe de fidèles, parmi lesquels on compte des mutilés de guerre, s'apprête à entrer dans une église orthodoxe de Poltava, en 1942. Dans les régions occupées, les Allemands avaient rouvert les églises et rétabli le culte orthodoxe, pratiquement interdit par le régime soviétique. L'affluence fut immédiatement considérable, révélant la persistance du sentiment religieux. Dans les régions restées dans l'obédience de Moscou, une détente se manifesta également dans le cadre d'une lutte axée sur la défense des valeurs traditionnelles du peuple russe. (Phot. Bildarchiv Preussischer Kulturbesitz.)

Femmes ukrainiennes dans une rue de Poltava, en 1942. À leur entrée en URSS, les Allemands découvrirent une population restée très pauvre et dont le niveau de vie avait été sacrifié au profit du développement des industries lourdes et d'armement. En réaction avec la politique du régime soviétique, les occupants autorisèrent le rétablissement d'un petit commerce et d'un artisanat. L'affiche de gauche, en deux langues, révèle l'existence d'un fabricant de casquettes et l'inscription sur le volet de droite, un magasin de parfumerie. (Phot. Bildarchiv Preussischer Kulturbesitz.)

Retour de soldats à la gare de Moscou, au lendemain de la victoire de mai 1945. Cette image, très officielle et largement diffusée par les autorités soviétiques, traduit l'immense joie du peuple russe et son espoir après une victoire acquise au prix de terribles souffrances : plus de 20 millions de morts, dont 7 millions de militaires et 8 à 9 millions de civils dans les territoires occupés ; des pertes matérielles incalculables. L'après-guerre, avec la difficile reconstruction et le retour à la terreur stalinienne, ne devait cependant pas répondre à l'espérance de tout un peuple qui pensait avoir acquis le droit à davantage de confiance et de liberté.

(Phot. A. Chachete, doc. N. Marchand-M. R.)

L'US Air Force. Au moment de l'attaque de Pearl Harbor, en décembre 1941, l'aviation de l'armée américaine ne disposait pas même de 3 000 avions de première ligne. Au cours des années suivantes, elle allait connaître un prodigieux développement. Lors de la capitulation japonaise, elle disposait de plus de 75 000 avions et comptait 2 400 000 hommes. Les pertes avaient cependant été sévères, avec 23 000 appareils et 122 000 hommes d'équipage. Sur ce document, des « rampants » procèdent au chargement de bombes incendiaires à bord d'un bombardier moyen, bombes dont les effets devaient être dévastateurs sur les villes allemandes et japonaises. (Phot. US Army, Archives Idées et Éditions.)

Au cours de son étonnant développement et en dépit de l'éloignement des États-Unis des théâtres d'opération, l'aviation américaine ne sacrifia nullement la chasse prévue pour la protection des bombardiers, l'attaque des appareils adverses ou le soutien des troupes au sol. On voit ici des armuriers procédant à l'examen d'une caisse contenant des bandes de cartouches de 12,7 mm destinées aux mitrailleuses des chasseurs. Sur le fuselage de l'avion, à l'arrière-plan, chaque croix gammée indique une victoire.
(Phot. US Air Force, doc. N. Marchand, Archives Idées et Éditions.)

En vertu des doctrines élaborées à la veille du conflit, l'aviation américaine, au lendemain de Pearl Harbor, accorda une importance capitale au bombardement stratégique mené à l'aide de puissants quadrimoteurs. Indépendamment du « B-17 » appelé « forteresse volante », un des appareils les plus répandus était le Consolidated B-24 « Liberator ». Ce bombardier lourd exigeait, comme le montre ce document, un équipage atteignant au minimum 9 hommes : pilote et copilote, navigateur, bombardier, radio, ingénieur-mécanicien et trois mitrailleurs. Parmi ce personnel, les pertes furent particulièrement sévères. Les seuls raids au-dessus de l'Allemagne coûtèrent 70 000 hommes à l'aviation stratégique américaine.
(Phot. US Air Force, Archives Idées et Éditions.)

L'US Army. Mortier d'infanterie américain en action pendant les violents combats qui devaient aboutir à la libération du port de Saint-Malo (août 1944). Comme toutes les forces terrestres d'un pays à dominante maritime, l'armée américaine connut un développement spectaculaire au cours du conflit. En 1939, elle n'atteint pas 200 000 hommes, ce qui la place au 16e rang dans le monde, en ce qui concerne les effectifs. En dépit d'un effort de redressement réel, elle se limite encore à 37 divisions au moment de Pearl Harbor, soit le sixième à peine de l'armée allemande. Le véritable démarrage n'intervient qu'après l'agression japonaise et la mise en route du Victory Programme, qui, très ambitieux, ne sera d'ailleurs que très partiellement réalisé. Sur 215 divisions prévues, 91 seulement seront mises sur pied. Malgré sa puissance matérielle et sa participation décisive au combat sur tous les fronts, l'armée américaine dans son ensemble, et plus particulièrement ses forces combattantes opérationnelles (unités du champ de bataille et unités de soutien), ne pourra atteindre, au cours de cette guerre, le niveau de la Wehrmacht ou de l'armée rouge.

(Phot. US Army, Archives Idées et Éditions.)

En dépit de son apparence, ce document ne représente nullement une scène de combat, mais une séquence d'entraînement dans un camp des États-Unis. Sur une portière improvisée guidée par un câble, des soldats font traverser un cours d'eau à une Jeep. Pour répondre à la multiplication rapide des grandes unités à partir de 1942, le commandement américain dut recourir à des méthodes de formation accélérée. Chaque grande unité, au moyen d'un noyau composé d'officiers et d'hommes expérimentés, assurait l'instruction des nouveaux cadres et des recrues. Ce système entraîna quelques déboires. Au début de la campagne de Tunisie, nombre d'unités novices et nullement rôdées cédèrent du terrain lors des premiers contacts avec les vétérans de l'Afrikakorps.

(Phot. US Army, doc. N. Marchand, Arch. Idées et Éditions.)

Soldats américains avec leurs Jeeps embarqués à bord de chalands dans un port de la côte sud anglaise à la veille du débarquement de Normandie. Compte tenu de la position stratégique des États-Unis, séparés des principaux théâtres d'opérations par deux océans, la mise en œuvre de l'armée américaine ne pouvait s'effectuer que dans le cadre de transports maritimes à longue distance et d'opérations amphibies. En mars 1945, à la veille de la fin de la guerre en Europe, sur 8 millions d'hommes appartenant à l'armée américaine, 2 750 000 se trouvaient encore aux États-Unis, 3 500 000 étaient engagés sur le théâtre européen et 1 450 000 dans le Pacifique et en Asie. (Phot. US Army Arch. Idées et Éditions.)

Convoi d'artillerie américain sur une route anglaise à la veille du déclenchement de l'opération Overlord (juin 1944). Contrairement à l'armée allemande ou à l'armée rouge, qui conservaient encore en 1945 de nombreuses unités à pied ou hippomobiles, l'armée américaine de la Seconde Guerre mondiale, s'appuyant sur d'abondantes ressources de pétrole et une puissante industrie automobile, était intégralement motorisée. Elle disposait de plus de 3 millions de véhicules, dont plus de 600 000 Jeeps, 800 000 camions du type GMC, 150 000 camions lourds, etc. Si cette supériorité matérielle permit une progression très rapide des Alliés en France et en Belgique après la percée d'Avranches (31 juillet 1944), les Américains se trouvèrent confrontés, par la rapidité même de leur avance, à de nouveaux problèmes logistiques liés à l'allongement des lignes de communication : les difficultés de transport et d'approvisionnement en essence contribueront à la stabilisation du front de l'automne 1944.

(Phot. US Army, Archives Idées et Éditions.)

L'US Navy. La marine américaine connut un prodigieux développement au cours de la Seconde Guerre mondiale. De 1941 à 1945, son tonnage passa ainsi de 1 400 000 t à 4 500 000 t, sans compter 2 000 000 de tonnes de navires de débarquement. Le développement s'accompagna d'une profonde mutation. Le navire de ligne, qui constituait le fer de lance de la marine au début du conflit, céda la place au porte-avions. En 1945, la flotte américaine du Pacifique alignait ainsi 26 porte-avions de combat, 64 porte-avions d'escorte et seulement 23 navires de ligne. On voit ici l'arrière du pont d'envol du porte-avions *Enterprise,* encombré de chasseurs-bombardiers ailes repliées. Seul rescapé (avec le *Saratoga*) des porte-avions américains en service au moment de l'attaque de Pearl Harbor, il prit part à tous les engagements majeurs et fut surnommé le « survivant du Pacifique ». (Phot. US Navy.)

En 1945, la marine américaine alignait 323 destroyers. On voit ici un de ces bâtiments, appartenant à la classe *Porter,* assurant l'escorte d'un convoi de l'Atlantique à la veille du débarquement d'Afrique du Nord en novembre 1942. Sans bénéficier du prestige des porte-avions, les destroyers jouèrent un rôle capital tout au long du conflit, véritables « Maître Jacques » de la mer. Ils assuraient la protection des convois ou des grands bâtiments contre les avions et les sous-marins. Ils servirent également comme « picket-radars » à la détection aérienne avancée, voire au transport de troupes. En revanche, ils eurent fort peu l'occasion de répondre à leur véritable vocation, le lancement de torpilles.

(Phot. Dmitri Kessel-Time Life-Colorific.)

Pendant la guerre du Pacifique, en particulier, les sous-marins jouèrent un rôle déterminant, quoique injustement méconnu. Au lendemain de Pearl Harbor, ils représentaient la seule force américaine offensive, et l'amiral Nimitz, un ancien sous-marinier, sut parfaitement les utiliser. Au total, de 1942 à 1945, les sous-marins américains s'attribuèrent le tiers des navires de guerre japonais envoyés par le fond et ils coulèrent les deux tiers de la flotte de commerce nippone. Dès 1944, à la suite de cette action parfaitement réussie, le Japon se trouvait pratiquement au bord de l'asphyxie et ne pouvait plus communiquer avec les territoires du Sud-Est asiatique. Ce sous-marin (notre document) est escorté par un hélicoptère Sikorsky « R-4 » et un dirigeable éclaireur Goodyear de la marine américaine. (Phot. US Navy, Archives Idées et Éditions.)

V1. Devant l'incapacité de la Luftwaffe de reprendre les raids stratégiques, les Allemands inaugurèrent à partir du 12 juin 1944 des bombardements sur Londres au moyen d'engins-robots. La bombe volante à guidage préréglé Fieseler « Fi-103 », ou V1, dont on voit ici un exemplaire quelques instants après son lancement de la base d'essai de Peenemünde, pesait 2 t, atteignait 600 km/h et disposait d'un rayon d'action de 210 km. Elle transportait 1 t d'explosif. Engagés trop tard, les V1 ne purent modifier le cours de la guerre. Ils infligèrent cependant des dégâts considérables à la capitale britannique, tuant plus de 2 500 personnes. Ils obligèrent les Alliés à renforcer considérablement la défense aérienne et à consacrer une grande partie de leur aviation à l'attaque des sites de lancement. Après la libération du nord de la France et de la Belgique, les V1 furent employés contre Anvers. Au total, plus de 35 000 furent produits, dont plus de 9 200 lancés sur Londres. (Phot. Il Dagherrotipo.)

Le Vatican. Pendant toute la durée de la guerre, le Vatican se trouva aux prises avec une situation encore plus dramatique qu'en 1914-1918, dans un monde déchiré par les nationalismes et les idéologies et incapable de résister à la séduction ou à la pression des systèmes totalitaires. S'il s'efforça, parfois avec succès, de porter secours à certaines victimes du conflit, il ne put mettre fin aux plus révoltantes atrocités, et les efforts du pape Pie XII en faveur de la paix se révélèrent tragiquement inefficaces. La libération de Rome par les Alliés permit au Saint-Siège de retrouver une position plus favorable à sa liberté d'expression. Sur ce document, le général Clark, commandant la Ve armée américaine, et son chef d'état-major, le général Gruenther (à droite), arrivent à la cité du Vatican avec monseigneur Carroll, au lendemain de leur entrée dans la ville, en juin 1944.

(Phot. US Army, doc. N. Marchand, Arch. Idées et Éditions.)

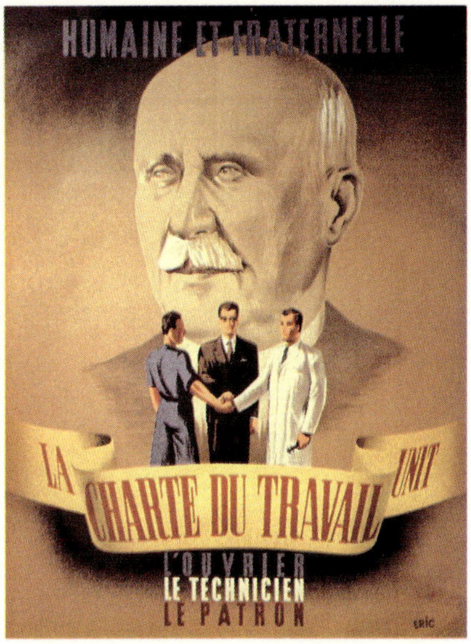

Vichy. Au lendemain de la défaite de 1940, les Français, dans leur très grande majorité, accueillirent avec soulagement l'armistice et se rallièrent au nouveau régime, qui bénéficiait du prestige et de la popularité du maréchal Pétain. Le gouvernement de Vichy, dénonçant la faillite du système démocratique, mit en place un État hiérarchique et autoritaire influencé par le régime de Franco ou l'Estado novo de Salazar. La dissolution de toutes les centrales syndicales existantes, le 9 novembre 1940, fut suivie, dans le cadre de la révolution nationale, par la promulgation de la Charte du travail, le 4 octobre 1941. Celle-ci prétendait mettre fin aux luttes de classes et réconcilier le capital et le travail, en unissant, comme le montre cette affiche de propagande de Vichy, sous l'autorité du chef de l'État, l'ouvrier et le technicien au patron. Le corporatisme de Vichy renforçait en fait le pouvoir patronal à l'intérieur de l'entreprise, mais aussi le contrôle de l'État sur les professions.

(Phot. coll. privée.)

La vie quotidienne. Dans tous les pays européens, la guerre s'accompagna d'un bouleversement complet de la vie de tous les jours, en raison de la pénurie d'énergie liée aux prélèvements allemands et au blocus anglo-américain. Ce bouleversement se révéla particulièrement sensible dans les transports, avec la disparition presque complète des véhicules individuels, taxis, voitures particulières. En France, cette disparition entraîna un regain de faveur massif de la bicyclette. À Paris, et dans les très grandes villes, on vit même apparaître des vélos-taxis avec remorque aménagée susceptible de contenir une ou deux personnes. On voit ici, à Paris, une station de vélos-taxis, porte Maillot, un dimanche de courses à Longchamp.

(Phot. A. Zucca, Archives Tallandier.)

Pendant toute la guerre, et même pendant les années qui suivirent, la disparition presque complète des moyens de transport individuels entraîna une sollicitation extrême des transports collectifs, chemins de fer, en particulier. À Paris, le métro connut son record historique de trafic en 1943. Il drainait une partie considérable de l'ancien trafic de surface, par suite de la réduction du nombre d'autobus. Ne subsistaient plus que les autobus dotés de gazogène ou fonctionnant au gaz de ville (notre document, ici, place de l'Étoile). Le remplissage des ballonnets de gaz s'effectuait aux têtes de ligne et ces ballonnets étaient dissimulés par un carénage de contre-plaqué peint en blanc. (Phot. A. Zucca, Archives Tallandier.)

Pendant toute la durée du conflit, et même au-delà, la vie quotidienne de tous les belligérants fut affectée par des restrictions alimentaires, liées aux réquisitions, au blocus, à la baisse de la production. Sévères en Grande-Bretagne et en Allemagne, ces restrictions furent nettement plus sensibles dans les pays occupés de l'Europe occidentale et atteignirent leur point culminant dans les États de l'Europe de l'Est, notamment en Union soviétique, où le niveau de vie était déjà extrêmement bas à la veille de la guerre. On voit ici, pendant l'occupation allemande, en 1942, des habitants de Kharkov faisant la queue devant un *gastronom,* magasin d'alimentation générale. (Phot. Bildarchiv Preussischer Kulturbesitz.)

Le ***Vittorio Veneto.*** Mis en chantier en 1934, ce navire de ligne, appartenant à une série de quatre bâtiments, fut le premier cuirassé construit suivant les normes du traité de Washington de 1922. D'un déplacement théorique de 40 000 t, il offrait un armement principal composé de 9 pièces de 381 en trois tourelles triples et un armement secondaire de quatre tourelles triples de 152, ainsi qu'une nombreuse DCA. Sa vitesse dépassait 30 nœuds. Le *Vittorio Veneto* eut l'occasion de participer à de nombreuses opérations en Méditerranée, notamment à la bataille du cap Matapan (mars 1941). Intégré dans la reddition de la flotte italienne, en septembre 1943, il fut démantelé après la guerre. (Phot. Il Dagherrotipo.)

L'armée Vlassov. À la faveur de son avance en Union soviétique, en 1941-42, la Wehrmacht bénéficia de l'engagement de centaines de milliers d'auxiliaires, animés par la haine du stalinisme ou de l'impérialisme grand-russe. Ces volontaires furent particulièrement nombreux en Ukraine, parmi les Cosaques et les Caucasiens. Nombre d'entre eux ne furent utilisés que pour des tâches auxiliaires, mais plusieurs dizaines de milliers se trouvèrent intégrés dans des bataillons de sécurité destinés à la lutte contre les partisans ou dans les légions nationales, et toujours placés sous commandement allemand. La tentative du général Vlassov de constituer une armée nationale russe, alliée au IIIe Reich, mais autonome, ne sera en fait jamais vraiment acceptée par les Allemands, qui craignaient la renaissance d'un nationalisme russe. Sur ce document, un volontaire du régiment de Cosaques « Plato » appartenant à une prétendue « armée de libération » reçoit ses insignes de la part d'un officier allemand. (Phot. Larousse, doc. Signal.)

La Wehrmacht. Au lendemain de l'abrogation des clauses militaires du traité de Versailles, en 1935, la Reichswehr de métier céda la place à la Wehrmacht, armée nationale fondée sur le service militaire obligatoire. Hitler s'efforça de lier solidement la nouvelle armée, seule force autonome qui subsistait encore en Allemagne, à sa personne et au nouveau régime, en récupérant à son profit les traditions militaires prussiennes. Dans ce but, Goebbels avait organisé, dès la prise du pouvoir par les nazis, une cérémonie dans l'église de la Garnison de Potsdam, le 21 mars 1933. La cour de la Garnison, dominée par le clocher de la chapelle où repose le corps de Frédéric II, continua à être le cadre de nombreuses cérémonies militaires. Les recrues (notre document) y prêtaient serment de fidélité au drapeau à croix gammée et juraient de combattre jusqu'à la mort pour le Führer et pour la patrie. (Phot. Larousse, doc. Signal.)

Au début de la guerre, par sa cohésion, son esprit combatif, la qualité de son matériel, la Wehrmacht constituait un remarquable instrument de combat, nettement supérieur à toutes les autres armées. Elle devait le démontrer en Pologne, en France, dans les Balkans et en Russie jusqu'en 1942. Le fer de lance en était constitué par un excellent ensemble d'unités blindées et motorisées, agissant en masse, provoquant des percées profondes, en liaison étroite avec l'aviation. Sur ce document, un groupement blindé s'apprête à faire mouvement en URSS, au cours de l'été de 1942. (Phot. Larousse, doc. Signal.)

Les victoires spectaculaires des divisions blindées ne doivent pas faire oublier, dans la Wehrmacht en guerre, le rôle ingrat, mais déterminant, des grandes unités d'infanterie. À marches forcées, celles-ci devaient suivre les Panzer, et achever la réduction des forces encerclées à la faveur de grandes manœuvres d'enveloppement. Sur ce document, on voit une colonne d'infanterie en Ukraine, progressant sur la rive gauche du Dniepr, au cours de la bataille de Kiev de septembre 1941. Des voitures régimentaires hippomobiles suivent la marche des fantassins.
(Phot. Bildarchiv Preussischer Kulturbezitz.)

Wilson. Élevé à la dignité de maréchal en décembre 1944, le général Henry Maitland Wilson, que l'on voit ici, quelques mois plus tôt, au quartier général des forces alliées en Italie, fut un des meilleurs chefs britanniques de la guerre et exerça l'essentiel de son activité en Méditerranée. Il joua ainsi un rôle déterminant dans la défaite italienne de Libye à la fin de 1940. En revanche, il dut organiser, dans les conditions les plus difficiles, le rembarquement des troupes britanniques en Grèce, en avril 1941, puis dirigea avec succès la campagne de Syrie. Devenu, en février 1943, commandant en chef au Proche-Orient, il succédait, en janvier 1944, à Eisenhower, au commandement suprême interallié en Méditerranée, à Alger, d'où il contrôla la suite des opérations en Italie, avant de préparer le débarquement de Provence et de superviser la campagne dans le sud de la France.

(Phot. Imperial War Museum.)

Le général Wingate. Esprit contestataire, d'une très grande culture, il fut un des officiers britanniques les plus novateurs de la Seconde Guerre mondiale. Connu par ses idées sur l'emploi de troupes « irrégulières » indigènes pénétrant profondément sur les arrières de l'ennemi pour détruire ses communications et le harceler, il démontra l'efficacité de ses méthodes en Éthiopie, où il contribua puissamment, à la tête de ses volontaires, à la libération du pays, en 1941. Mais c'est surtout en Birmanie qu'il eut l'occasion de mettre en pratique, avec succès, ses conceptions associant des groupes d'infanterie formés d'Hindous, de Gurkhas et de Birmans sélectionnés et entraînés par lui à la guerre de la jungle (les « Chindits »), à l'aviation chargée de les transporter et de les ravitailler. Il trouva la mort en 1944, au cours de l'une de ces opérations, dans un accident d'avion, à la frontière birmane.

(Phot. Popperfoto.)

La conférence de Yalta. C'est à Yalta, en Crimée, que se déroula, du 4 au 14 février 1945, la dernière grande conférence au sommet de la guerre réunissant Roosevelt, Staline et Churchill. Elle avait pour but d'étudier les conséquences de la défaite imminente de l'Allemagne et les conditions de la poursuite de la lutte contre le Japon. Contrairement à une croyance tenace, il n'y eut pas de partage du monde à Yalta. En ce qui concerne l'Europe de l'Est, les Occidentaux se refusèrent à admettre le principe d'une zone d'influence soviétique et tentèrent de faire triompher le principe d'une internationalisation des problèmes. En réalité, Roosevelt et surtout Churchill savaient que le devenir de l'Europe orientale dépendrait essentiellement des positions militaires sur le terrain. On reconnaît sur ce document, pris dans la cour du palais Livadia, Churchill, Roosevelt et Staline, assis. Derrière Roosevelt, l'amiral Leahy ; derrière Churchill, l'amiral Cunningham et le maréchal de l'Air Portal ; au troisième plan, derrière ces derniers, le maréchal Alanbrooke et l'amiral King.
(Coll. Delagarde.)

Pendant toute la durée de la conférence de Yalta, Roosevelt s'efforça de charmer Staline, à l'irritation de Churchill. Pour rétablir un équilibre mondial, le président des États-Unis se berçait de l'espoir de maintenir l'atmosphère cordiale de la grande alliance et se refusait à l'établissement de zones d'influence. À l'issue de la conférence, il crut avoir atteint son but. Roosevelt se montrait d'autant plus satisfait qu'il avait obtenu l'adhésion de Staline à l'entrée de l'URSS dans l'ONU, ainsi que l'engagement d'une intervention soviétique contre le Japon, jugée nécessaire à un moment où la réalisation de la bombe atomique n'était pas encore assurée. En réalité, Roosevelt, miné par la maladie, nourrissait de lourdes illusions sur l'idéologie soviétique et le caractère de Staline. (Coll. Delagarde.)

La Yougoslavie. À partir de 1937, Hitler caressa l'espoir de faire entrer la Yougoslavie dans l'orbite allemande. On le voit ici à Berlin, assistant, en juin 1939, en compagnie du prince Paul, régent de Yougoslavie, à une parade militaire. La politique du Führer parut réussir. Très impressionné par la puissance allemande, le régent s'était rapproché des pays de l'Axe, afin de les ménager. En mars 1941, soumis aux violentes pressions de Hitler qui exigeait, avec son adhésion au pacte tripartite, le libre passage de la Wehrmacht à travers la Yougoslavie, pour rétablir la situation en Grèce, il finit par céder, acceptant de signer le traité d'alliance de Vienne, qui faisait de son pays un satellite du IIIe Reich.

(Phot. Time-Life — Colorific !)

Le pacte de Vienne, signé le 25 mars 1941 par l'Allemagne et la Yougoslavie, fut considéré comme un acte de trahison par la majorité du peuple yougoslave. Le 27 mars, une violente émeute éclata à Belgrade, avec l'appui d'une partie de l'armée, entraînant la chute du régent et la proclamation d'un gouvernement d'union nationale. La riposte de Hitler fut extrêmement rapide et brutale. Dès le 6 avril, dans le cadre de l'opération Châtiment, Belgrade était bombardée par la Luftwaffe et les troupes allemandes pénétraient en Yougoslavie. On voit ici une colonne hippomobile en marche vers Skopje.

(Phot. Bildarchiv Preussischer Kulturbesitz.)

Déclenchée le 6 avril 1941, la campagne de Yougoslavie devait révéler, une fois de plus, les qualités offensives de l'armée allemande. Par une double manœuvre concentrique en direction de Belgrade et de Sarajevo, les opérations furent réglées en douze jours. Incapable de se rétablir en Serbie, l'armée yougoslave dut capituler le 18 avril. Le roi Pierre II réussit cependant à se réfugier à Londres. On voit ici le maréchal List, commandant la XIIe armée allemande chargée également d'envahir la Grèce, assistant au passage d'un convoi de ses troupes dans un village du sud de la Yougoslavie.

(Phot. Bildarchiv Preussischer Kulturbesitz.)

Dès la capitulation du 18 avril 1941, la Yougoslavie fut démembrée. L'Italie, l'Allemagne, la Hongrie et la Bulgarie s'attribuèrent de larges portions de son territoire. Des États fantoches, soumis à Mussolini ou au Reich, furent créés au Monténégro et dans une Serbie ramenée à ses frontières de 1913. Enfin une Grande-Croatie fut constituée, livrée à la dictature sanglante de Pavelić et de ses oustachis, nominalement indépendante, mais, en fait, étroitement inféodée à l'Axe. Ce dépeçage constitua le point de départ d'un véritable martyre de quatre ans pour la Yougoslavie, qui devait perdre 1 600 000 habitants, le dixième de sa population. Les massacres de Serbes par les oustachis croates et la répression particulièrement féroce des forces d'occupation provoquèrent le développement d'une résistance très active, mais divisée, qui ne put éviter les affrontements sanglants entre mouvements rivaux. Dans cette lutte fratricide entre les Tchetniks de Mihajlović, nationalistes panserbes attachés aux valeurs traditionnelles, trop « attentistes » sur le terrain, et les partisans de Tito, ouverts à toutes les nationalités et à toutes les forces vives du pays, menant un actif combat de guérilla, installant leur administration dans les « zones libérées », ces derniers devaient l'emporter. La brutalité des réactions allemandes et fascistes, les représailles impitoyables exercées sur la population civile ne pouvaient que faire surgir de nouveaux partisans, comme en témoigne cette affiche de Leopoldo Mendez. En 1944-1945, l'Armée de libération nationale de Tito, forte de 450 000 hommes, libérait seule une grande partie du territoire.

(Phot. E. Tweedy, Archives Idées et Éditions.)

Le « Zero ». Au lendemain de Pearl Harbor, le chasseur de l'aéronavale japonaise Mitsubishi 12 Shi A6M, appelé « Zeke » ou « Zero », constitua une désagréable surprise pour les Alliés. D'un poids de 2 800 kg, avec une vitesse de 550 km/h et d'une très grande maniabilité, le « Zero » l'emportait sur tous les chasseurs anglais ou américains en service. Son armement reposait sur 2 mitrailleuses et 2 canons de 20 mm. C'est seulement à partir de 1943, avec l'apparition des « Corsair » et des « Hellcat » que les Américains commencèrent à l'emporter. Au total, plus de 10 000 « Zero » furent construits pendant la guerre.

(Phot. X.)

L'aviation. Avion aperçu à travers le nez vitré du poste de pilotage d'un bombardier Heinkel « He-111 ». Expérimenté pendant la guerre d'Espagne, le Heinkel « He-111 » fut un des meilleurs bombardiers tactiques de la Luftwaffe pendant les campagnes de Pologne et de France. En revanche, la faiblesse de son armement défensif se trouva à l'origine de pertes sérieuses pendant la bataille d'Angleterre. D'un poids de 8 500 kg, le Heinkel « He-111 » pouvait emporter 2 t de bombes à 435 km/h. Plus de 7 000 appareils furent fabriqués de 1934 à 1944 en plusieurs versions, bombardement, torpillage, reconnaissance.

(Phot. Bildarchiv Preussischer Kulturbesitz.)

Armé de 8 mitrailleuses et pouvant atteindre 580 km/h, le Supermarine « Spitfire », engagé à Dunkerque et pendant la bataille d'Angleterre, où il contra avec succès la chasse allemande, fut un des plus célèbres appareils britanniques de la Seconde Guerre mondiale. Près de 25 000 furent fabriqués de 1937 à 1947. Sans cesse perfectionné, le « Spitfire » fut utilisé comme chasseur, chasseur-bombardier et appareil de reconnaissance. Indépendamment de la RAF et des pays du Commonwealth, il équipa l'US Army Air Force, les aviations soviétique, égyptienne, portugaise et turque. Une version navalisée, le « Seafire », entra en service en 1941. On le voit ici au-dessus de la côte française.

(Phot. Imperial War Museum.)

À partir de l'été de 1942, les appareils américains Boeing « B-17 », surnommés « forteresses volantes », constituèrent, en liaison avec les « Liberator », l'élément essentiel des formations de bombardiers stratégiques opérant au-dessus de l'Europe. Pourvus d'un armement défensif imposant, ces avions opérèrent des raids destructeurs de jour sur des centres industriels, mais subirent de lourdes pertes sous l'action de la DCA et de la chasse allemandes. Ils durent, de ce fait, être plusieurs fois modifiés, et ne purent donner toute la mesure de leur efficacité qu'à partir du moment où ils furent accompagnés de chasseurs d'escorte dotés de réservoirs supplémentaires, type « Mustang », comme celui qu'on aperçoit sur ce document. (Phot. US Air Force, Archives Idées et Éditions.)

Les blindés. Approvisionnement en munitions d'un char allemand type Mark III sur le front du Terek lors de la grande offensive allemande du Caucase, en septembre 1942. Ce document offre l'intérêt de souligner l'importance du soutien logistique des divisions blindées dans le cadre de la guerre de mouvement. La capacité d'action des Panzer dépendait étroitement, en effet, du ravitaillement en essence, en munitions et en pièces de rechange. Ces grandes unités comportaient également des chars de dépannage capables de procéder à des réparations sous le feu de l'ennemi. (Phot. Bildarchiv Preussischer Kulturbesitz.)

Chars lourds soviétiques du type Klim Vorochilov «KV-1» descendant en mai 1945 l'avenue Unter den Linden au lendemain de la bataille de Berlin. À l'arrière-plan, on reconnaît la porte de Brandebourg. En dépit de leur puissance et de l'épaisseur de leur blindage, ces chars se révélèrent vulnérables dans les combats de rue. Les *Panzerfaust*, en particulier, leur infligèrent de lourdes pertes. Des centaines de chars russes furent détruits et près de 300000 hommes tués ou blessés avant que l'armée rouge ne s'empare de Berlin. (Phot. Bildarchiv Preussischer Kulturbesitz.)

De 1942 à 1945, les unités blindées alliées furent essentiellement dotées de chars « Sherman » américains, dont près de 50 000 furent construits. Indépendamment du char lui-même doté d'un canon de 75 puis de 76 long, le châssis du « Sherman » fut utilisé pour des chasseurs de chars, des chars de dépannage et aussi des automoteurs d'artillerie comme le M40 « Long Tom » de 155 et surtout le M7, obusier de 105, que l'on voit sur ce document. Ces obusiers renforçaient considérablement la puissance de feu des divisions blindées.

(Phot. US Army, Archives Idées et Éditions.)

La marine. Officier marinier allemand surveillant l'embarquement d'une torpille à bord d'un sous-marin. Pendant la guerre, les Allemands ne cessèrent de perfectionner leurs torpilles. Ils inaugurèrent, dès 1939, des engins électriques à mise à feu magnétique dont la mise au point se révéla d'ailleurs laborieuse. À partir de 1943, ils furent les premiers à mettre au point des torpilles à tête chercheuse se dirigeant automatiquement sur les bruits de l'hélice. Baptisées « casse-destroyers », ces torpilles étaient spécialement destinées aux escorteurs des convois. Les Alliés répliquèrent par des bruiteurs remorqués.

(Phot. Bildarchiv Preussischer Kulturbesitz.)

Soldats américains embarquant en Angleterre à bord d'un chaland avant le débarquement de Normandie. L'ampleur des opérations amphibies fut considérable pendant la Seconde Guerre mondiale. Contrairement aux conflits précédents, les grandes marines se trouvèrent en mesure de mettre à terre et de ravitailler des armées imposantes. Ces débarquements entraînèrent la construction de toute une flotte auxiliaire de plus de 50 000 chalands, dont le tonnage dépassait 2 millions de tonnes pour la seule marine américaine.

(Phot. US Army. N. Marchand — Archives Idées et Éditions.)

Navire de transport américain dans le Pacifique en 1944. Au cours de la guerre, l'US Navy connut un développement spectaculaire. En dépit de 600 000 t de pertes, elle passa de 1 400 000 t en 1941 à 4 500 000 en 1945. À elle seule, la flotte du Pacifique alignait 23 navires de ligne, 26 porte-avions de combat, 64 porte-avions d'escorte, 52 croiseurs, 323 destroyers, 298 escorteurs, 181 sous-marins et 160 mouilleurs de mines, sans compter 2 783 chalands et près de 15 000 avions de combat. Quant aux effectifs de cette nouvelle marine, ils étaient passés de 350 000 hommes à 3 400 000. (Phot. C. Mydans - Time Life - Colorific !)

L'affrontement germano-soviétique allait apporter une nouvelle et dramatique illustration aux misères de la guerre. Les populations ukrainiennes, déjà très pauvres en 1941, connurent une occupation extrêmement pénible, imposant des rations de famine et le travail forcé. Sur ce document, on voit quelques civils au comble du dénuement dans les ruines de la ville de Kharkov, qui fut l'objet de combats acharnés de 1941 à 1943. (Phot. Bildarchiv Preussischer Kulturbesitz.)

Dans les pays totalitaires, la guerre entraîna un tragique développement des camps de concentration. Les nazis y exterminèrent des millions de Juifs dans le cadre de la « solution finale » et des centaines de milliers de résistants appartenant à toute l'Europe occupée. L'appareil concentrationnaire nazi fut la plus sinistre entreprise d'extermination raciale et d'anéantissement des plus hautes valeurs spirituelles de résistance à l'oppression. On voit ici un déporté de Buchenwald, quelques heures après la libération du camp par les Américains. Dans les camps soviétiques furent liquidés en masse des habitants de régions annexées, comme les Pays baltes, ou des citoyens soviétiques accusés de trahison ou de mollesse pendant l'occupation allemande.

(Phot. US Army.)

Pour la première fois dans une guerre, les bombardements aériens ajoutèrent leurs effets dévastateurs aux ruines provoquées par les combats. Soumise à des raids intenses à partir de 1943, l'Allemagne fut particulièrement éprouvée. La RAF et l'aviation américaine s'acharnèrent notamment sur Berlin. On voit ici les ruines de la Wilhelmstrasse et du ministère des Affaires étrangères du IIIe Reich, quelques mois après la fin de la guerre. L'ampleur des ruines était telle que certains estimaient à plus de quinze ans le temps nécessaire à leur déblaiement.

(Phot. US Air Force, Archives Idées et Éditions.)

Cette photographie donne une image de la guerre au quotidien telle que la vit le combattant, soumis au hasard et à la mort omniprésente. Au cours de la rupture de la ligne d'Hiver, en mai 1944, en Italie, une colonne de la 3e division algérienne du corps expéditionnaire français tombe dans une embuscade, à la sortie de la ville d'Esperia. En un quart d'heure, les mortiers allemands en position sur le Monte d'Oro devaient infliger des pertes sévères aux soldats algériens de l'armée d'Afrique. (Phot. G. Silk-Time Life-Colorific !)

Durant toute la durée de la guerre à l'Est et en dépit de pertes très lourdes, les Allemands s'efforcèrent d'enterrer dignement les soldats tués au combat. Ce document concerne le corps du soldat Karl Wahl, du régiment Grossdeutschland, recouvert d'une simple couverture et de la traditionnelle croix de bois. Le sol étant gelé en profondeur, le corps devra attendre le dégel pour être inhumé. Près de 3 millions de soldats allemands trouvèrent la mort en Union soviétique. (Phot. BZS, Archives Idées et Éditions.)

Dans les marines anglo-américaines, il est de tradition d'immerger les corps des marins morts en haute mer. Sur ce document, un peloton s'apprête à tirer une salve, au moment où va être basculé dans les flots le cadavre d'un matelot recouvert du drapeau américain. Le commandant du navire, l'aumônier et une partie de l'équipage assistent à cette ultime cérémonie, d'une poignante simplicité. (Phot. US Navy, Archives Idées et Éditions.)

Pendant la campagne d'Italie, Allemands et Alliés s'efforcèrent au maximum de respecter les richesses artistiques. Les destructions furent cependant considérables et concernèrent plus de 300 000 maisons et un grand nombre d'ouvrages d'art. Au cours de leur retraite, les Allemands préservèrent le Ponte Vecchio, à Florence, mais firent sauter les autres ponts de la ville. On voit ici les habitants de Florence passer l'Arno en utilisant les restes d'un ouvrage effondré (août 1944). (Phot. Imperial War Museum.)

Au cours de l'été de 1944, Paris connut des heures de fièvre, marquées par l'insurrection, la libération par les troupes françaises et américaines et la mise en place du gouvernement provisoire. Sur cette photo, une foule énorme, massée sur la place de la Concorde, s'apprête à acclamer le général de Gaulle, qui descend les Champs-Élysées en compagnie des généraux Juin et Leclerc et des membres du Comité national de la Résistance. (Phot. Jean Lemaire.)

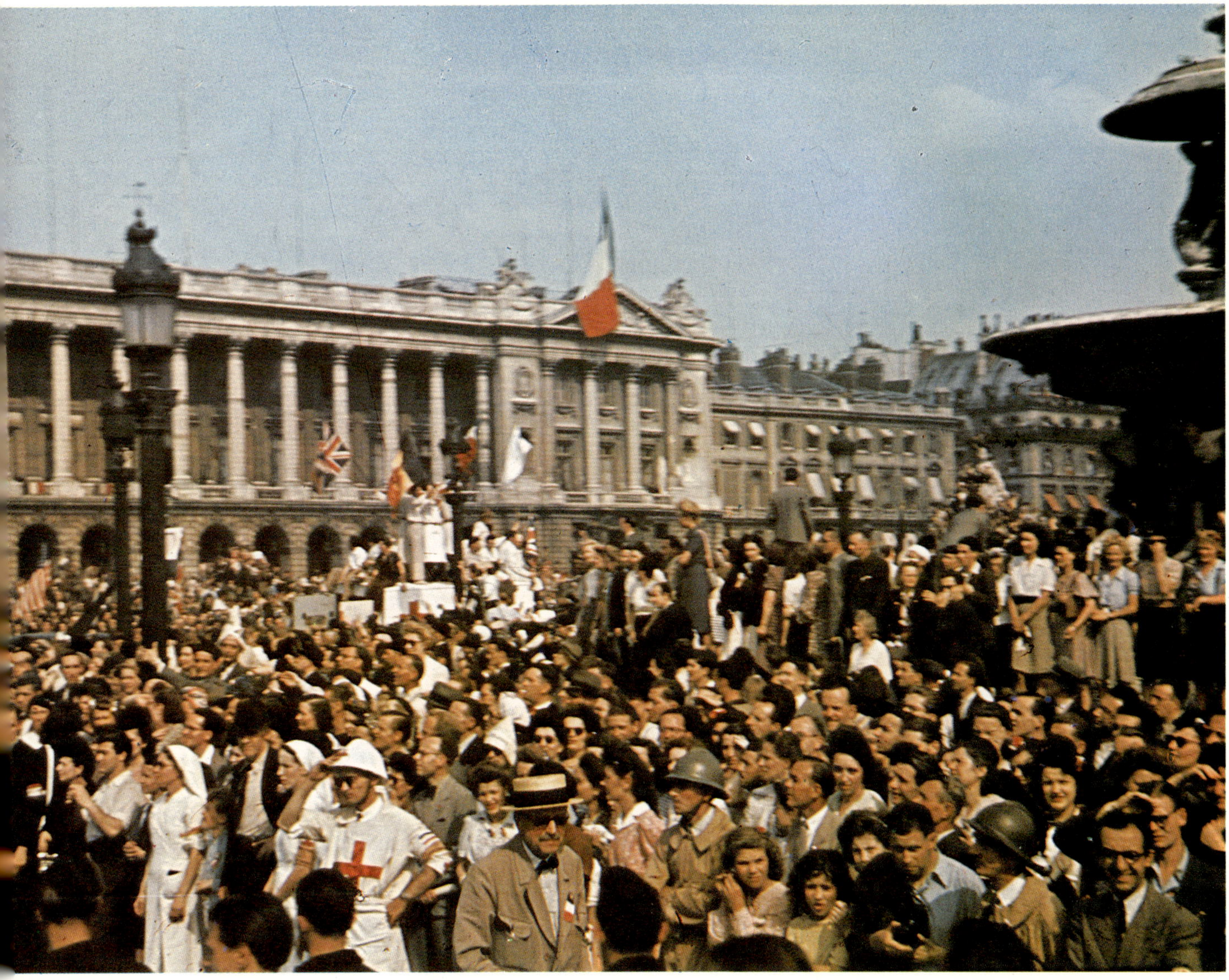

La capitulation allemande en mai 1945 vit la libération des dernières régions encore occupées en Europe — la Norvège, le Danemark et les Pays-Bas. On voit ici un groupe d'enfants accueillant avec enthousiasme l'équipage d'un char léger américain de reconnaissance. Les derniers mois de la guerre avaient été particulièrement durs en Hollande, marqués par les rigueurs de l'hiver, de sévères restrictions et la brutalité de l'Occupation. (Phot. US Army, Archives Idées et Éditions.)

Photocomposition M. C. P. — Fleury-les-Aubrais.

IMPRIMERIE L'OFF-SET, LEVALLOIS. - Dépôt légal Février 1984.
N° de Série Éditeur 11975. - IMPRIMÉ EN FRANCE *(Printed in France)*. — 519304-
Février 1984.